普通高等院校"十三五"规划教材

计量经济学原理与应用

第二版

许振宇 国 琳 吴云勇 ◎ 主 编
林 航 孙植华 林立芳 ◎ 副主编
陈燕娟 罗 娟

清华大学出版社
北 京

内容简介

本书系统阐述了计量经济学的基本原理与相关应用,编写原则为"精简理论,凸显实务",在讲清基本原理的基础上,结合社会经济实际问题,探究相关经济变量的内部数量关系,并列出详细的软件操作步骤,尽可能彰显出应用型教材的特点,突出计量经济学的知识性、趣味性、应用性、实践性、前沿性等特征。

全书共分十一章,讲述了计量经济学概念、一元线性回归模型、多元线性回归模型、异方差问题、序列相关问题多重共线性问题、随机解释变量问题、虚拟变量模型、滞后变量模型、联立方程模型、时间序列平稳性问题等,附录部分列出了相关统计分布表。

本书是为应用型高等院校经济学大类的专业基础课程"计量经济学"编写的实务类教材,包括独立学院、民办本科院校与高等职业技术学院的经济学专业、经济统计学专业、国际经济与贸易专业、金融学专业、金融工程专业、投资学专业、工商管理专业、市场营销专业等。本书的创新之处是设计了"情景·体验·拓展·互动"一体化,穿插有大量软件操作演示和经济案例分析,并提供了相关教学课件和思考题答案。也可以作为从事市场调研与数据分析的在职人员的参考书。

本书封面贴有清华大学出版社防伪标签,无标签者不得销售。
版权所有,侵权必究。举报: 010-62782989, beiqinquan@tup.tsinghua.edu.cn。

图书在版编目(CIP)数据

计量经济学原理与应用/许振宇,国琳,吴云勇主编. —2版. —北京:清华大学出版社,2019(2023.7重印)
(普通高等院校"十三五"规划教材)
ISBN 978-7-302-52751-0

Ⅰ.①计… Ⅱ.①许… ②国… ③吴… Ⅲ.①计量经济学-高等学校-教材 Ⅳ.①F224.0

中国版本图书馆 CIP 数据核字(2019)第 066339 号

责任编辑: 刘志彬
封面设计: 汉风唐韵
责任校对: 王凤芝
责任印制: 刘海龙

出版发行: 清华大学出版社
网　　址: http://www.tup.com.cn, http://www.wqbook.com
地　　址: 北京清华大学学研大厦 A 座　　　**邮　编:** 100084
社 总 机: 010-83470000　　　　　　　　　**邮　购:** 010-62786544
投稿与读者服务: 010-62776969, c-service@tup.tsinghua.edu.cn
质量反馈: 010-62772015, zhiliang@tup.tsinghua.edu.cn

印 装 者: 三河市龙大印装有限公司
经　　销: 全国新华书店
开　　本: 185mm×260mm　　**印 张:** 13.5　　**字 数:** 333 千字
版　　次: 2016 年 2 月第 1 版　2019 年 5 月第 2 版　　**印 次:** 2023 年 7 月第 7 次印刷
定　　价: 39.00 元

产品编号: 083074-01

Preface 前　言

第二次世界大战之后，许多西方经济学家因成功发展或应用计量经济学理论与方法而获得诺贝尔经济学奖。计量经济学为现代经济学的繁盛做出了重要贡献。著名西方经济学家萨缪尔森(P. Samuelson)指出："经济学已进入计量经济学的时代。"

计量经济学是一门理论与实务兼顾的学科。它以一定的经济理论和统计资料为基础，以建立经济计量模型为主要手段，以运用数学、统计学方法与信息技术等定量分析随机经济变量之间的数量关系为主要内容。著名西方经济学家克莱因(R. Klein)曾说："计量经济学在世界各大高校已成为经济学最具权威性的课程之一。"

计量经济学理论，是在一定的经济理论的指导下，研究如何发展数理统计方法，使之成为随机经济变量关系测定的重要工具。计量经济学实务，则偏重于如何运用计量经济学理论方法，探索现实经济统计变量之间存在的数量规律。

现有国内出版的计量经济学教材，往往过于偏重理论的诠释，不适宜应用型高等院校的教学要求。本书中相关数学理论晦涩，如果学生数学功底不够深厚，要充分理解和掌握其内容，自然难度较大。当前，应用型高等院校非常需要一本理论简洁、操作性强、师生互动的计量经济学实务教材。

基于上述背景，我们确定本书编写的原则为"精简理论，凸显实务"，授课对象为应用型高等院校学生。在讲清基本原理的基础上，结合社会经济实际问题，探究相关经济变量的内部数量关系，并列出详细的软件操作步骤。

本书的创新之处是设计了"情景—体验—拓展—互动"一体化，更适合应用型高等院校教师的教授和学生的自学，并提供了相关教学课件和每章后的闯关习题答案。

本书共分十一章，穿插有大量软件操作演示和经济案例分析，尽可能彰显出实务类用书的特点，突出计量经济学的知识性、趣味性、应用性、实践性、前沿性等特征。

第一章介绍计量经济学的概念、研究对象和模型的构建步骤;第二章介绍一元线性回归模型的基本假定、参数估计和统计检验;第三章介绍多元线性回归模型的基本假定、参数估计和统计检验;第四章介绍异方差问题的检验和修正;第五章介绍序列相关问题的检验和修正;第六章介绍多重共线性问题的检验和修正;第七章介绍随机解释变量问题的检验和修正;第八章介绍虚拟变量模型,包括二元概率模型、二元逻辑模型;第九章介绍滞后变量模型,包括自回归模型、格兰杰因果关系检验;第十章介绍联立方程模型,包括联立方程模型的识别和二阶段最小二乘法;第十一章介绍时间序列平稳性问题,包括平稳性问题的检验、协整关系的检验和误差修正模型;附录部分列出了相关统计分布表。

本书由许振宇主编,本书第一版曾获福建省2017年优秀特色教材。

在本书的编写过程中,参考了大量国内外计量经济学教材、计量经济学期刊论文、相关网络文库资料等,在此对其作者一并表示深深的谢意。

由于作者水平有限,书中难免谬误,恳请读者与专家批评指正。

许振宇

于福州

Contents 目 录

第一章　计量经济学概述

第一节　什么是计量经济学 …………………………………………… 2
第二节　计量经济学的研究对象 ……………………………………… 8
第三节　计量经济学模型的构建步骤 ………………………………… 14

第二章　一元线性回归模型

第一节　回归分析概述 ………………………………………………… 24
第二节　回归模型的基本假定 ………………………………………… 29
第三节　回归模型的参数估计 ………………………………………… 30
第四节　回归模型的统计检验 ………………………………………… 36

第三章　多元线性回归模型

第一节　多元线性回归模型概述 ……………………………………… 42
第二节　回归模型的基本假定 ………………………………………… 43
第三节　回归模型的正确设定 ………………………………………… 43
第四节　回归模型的参数估计 ………………………………………… 46
第五节　回归模型的统计检验 ………………………………………… 49

第四章　异方差问题

第一节　异方差问题概述 ……………………………………………… 55
第二节　异方差性的检验 ……………………………………………… 59
第三节　异方差性的修正 ……………………………………………… 67

第五章　序列相关问题

第一节　序列相关问题概述 ·· 79
第二节　序列相关性的检验 ·· 82
第三节　序列相关性的修正 ·· 86

第六章　多重共线性问题

第一节　多重共线性问题概述 ·· 97
第二节　多重共线性的检验 ··· 101
第三节　多重共线性的修正 ··· 106

第七章　随机解释变量问题

第一节　随机解释变量问题概述 ··· 116
第二节　随机解释变量问题的检验 ··· 118
第三节　随机解释变量问题的修正 ··· 120

第八章　虚拟变量模型

第一节　虚拟变量模型概述 ··· 125
第二节　二元概率模型 ··· 135
第三节　二元逻辑模型 ··· 141

第九章　滞后变量模型

第一节　滞后变量模型概述 ··· 150
第二节　自回归模型 ··· 157
第三节　格兰杰因果关系检验 ··· 159

第十章　联立方程模型

第一节　联立方程模型的识别 ··· 168
第二节　联立方程模型的估计 ··· 175

第十一章 时间序列平稳性问题

第一节 平稳性问题概述 …………………………………………………… 183
第二节 平稳性问题的检验 ………………………………………………… 185
第三节 协整关系的检验 …………………………………………………… 191
第四节 误差修正模型 ……………………………………………………… 194

附录 统计分布表

附录 A 标准正态分布表 …………………………………………………… 200
附录 B t 分布表 …………………………………………………………… 201
附录 C χ^2 分布表 ………………………………………………………… 203
附录 D F 分布表 …………………………………………………………… 204
附录 E DW 检验上下界表 ………………………………………………… 205

参考文献 ……………………………………………………………………… 207

第一章 计量经济学概述
Chapter 1

>>> **知识结构图**

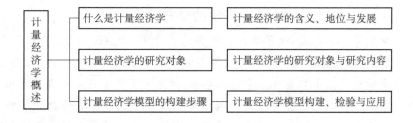

>>> **学习目标**

1. 知识目标：计量经济学的含义、地位与发展状况；计量经济学的研究对象与内容体系；计量经济学模型的含义、构建步骤、检验与应用。

2. 能力目标：理解计量经济学与数学、统计学、经济学之间的关系；理解计量经济学的内容体系；掌握计量经济学模型的构建步骤、检验方法与应用范围。

>>> **情景写实**

全球零售业巨头沃尔玛在对消费者购物行为分析时，发现男性顾客在购买婴儿尿片时常常会顺搭几瓶啤酒来犒劳自己，于是尝试推出了"啤酒＋尿布"的促销手段。没想到这个举措居然使尿布和啤酒的销量都大幅增加。

一项研究表明，在某个城市出现心力衰竭的死亡人数和啤酒的消耗量同时急剧升高的现象，这是否表明喝啤酒一定会引起心脏病发作呢？正确答案是：否！两者升高是因为人口迅速增加的结果。

因此，在做计量实证分析时，一定要考虑变量之间是否存在真正的内部联系，考虑其研究方法适用的范围和前提条件，否则会导致错误的结论。

第一节　什么是计量经济学

计量经济学（Econometrics）是经济学的基础学科之一。**它以一定的经济理论和统计资料为基础，运用数理方法与计算机技术等，以建立计量经济模型为主要手段，定量研究具有随机特性的经济变量，进而探究经济主体之间的互动规律。**

理论经济计量学以计量经济学理论与方法技术为研究内容，目的在于为应用计量经济学提供方法论，主要研究如何运用、改造和发展数理统计方法，使之成为随机经济关系测定的特殊方法。

应用计量经济学是在一定的经济理论的指导下，以反映事实的统计数据为依据，用经济计量方法研究经济数量模型的实用化，或探索实证经济规律、分析经济现象和预测经济行为，以及对经济政策作定量评价。

相关链接

计量经济学的学科地位

计量经济学从诞生之日起，就显示出了极强的生命力，而且经过20世纪四五十年代的大发展、60年代的大扩张、70年代现代计量经济学理论方法的研究与应用，已经在经济学科中占据非常重要的地位。正如著名计量经济学家、诺贝尔经济学奖获得者克莱因（R. Klein）所评价的："计量经济学已经在经济学科中居于最重要的地位""在大多数大学和学院中，计量经济学的讲授已经成为经济学课程表中最有权威的一部分。"著名经济学家、诺贝尔经济学奖获得者萨缪尔森甚至说："第二次世界大战后的经济学是计量经济学的时代。"

计量经济学是经济学的一个分支学科，以揭示经济活动中客观存在的数量关系为主要内容。第一届诺贝尔经济学奖获得者、计量经济学的创始人、挪威经济学家弗里希（R. Frisch）将计量经济学定义为经济理论、统计学和数学三者的有机结合（图1-1）。

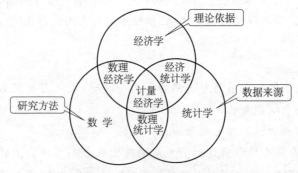

图1-1　计量经济学的学科地位

20世纪70年代末，计量经济学在我国得到了迅速的传播与广泛的应用。目前，它对于经济管理工作的重要性不言而喻。

经典实例

计量经济学与经济学、数理经济学、经济统计学的学科内涵有什么异同？

经济学：研究如何最优配置和高效利用现有可供选择的有限资源，实现人类现在和将来无限欲望的最大满足。

数理经济学：研究如何运用抽象的方法得出经济学概念与理论，包括借助数学函数和几何图形等工具，不考虑对经济理论的度量和经验解释。

经济统计学：研究如何获得经济学统计资料和借助统计资料实现现实经济现象动态变化过程的高效记录，包括收集、整理、输出经济数据等。

计量经济学：研究如何以经济学统计资料作为数据来源，以经济学作为理论依据，以数学作为研究方法，以计量经济学模型作为主要手段，实现经济理论验证、未来经济预测和经济政策评价。

一、计量经济学的起源

数学方法在经济学中的应用，最早可追溯到三百多年前，即1676年英国古典政治经济学的创始人威廉·配第（William Petty）编著的《政治算术》。"计量经济学"一词，是挪威经济学家弗里希在1926年仿照"生物计量学"一词提出的。随后不久，1930年成立了国际计量经济学学会，1933年创办了在经济学界影响力非常大的《计量经济学》学术杂志。

对于人们应如何理解"计量经济学"，弗里希在《计量经济学》学术杂志的创刊词中解释："用数学方法探讨经济学，可以从好几个方面着手，但任何一方面都不能与计量经济学混为一谈。计量经济学与经济统计学绝非一码事，它也不同于我们所说的一般经济理论，尽管经济理论大部分都具有一定的数量特征，计量经济学也不应视为数学应用于经济学的同义语。经验表明，经济学理论、统计学和数学这三者对于真正了解现代经济生活中的数量关系来说，都是必要的，但各自并非是充分条件，而三者有机结合起来才有力量，这种有机结合便构成了计量经济学。"

相关链接

计量经济学的学科属性

任何一项科学研究，大体需要经过以下几个阶段：首先是观察自然或社会现象，观察的现象通常都是偶然或随机的；然后设计严格的假设条件，在随机现象的基础上提出理论模型；最后对理论模型实行一系列严格的数理检验，如果数理检验通过了，说明理论模型是成立的。检验方法多样，工科、理科主要借助实验或实践，社会学可以借助各种数理统计检验。计量经济学中的回归模型就是理论模型，计量经济学正是通过各种数理检验（如R^2检验、F检验、t检验）验证回归模型成立与否的一门学科。

1998年7月，教育部高等学校经济学学科教学指导委员会讨论并确定了高等学校经济学一级学科各专业的8门共同的核心课程，其中包括"计量经济学"。由于计量经济学教材中充满着各种数学原理的应用，而当时对经济学等学科的数学基础认识不足，于是教育部将"计量经济学"纳入文科课程范畴，这也是当前许多高校出现计量经济学课程"教师难教、学生难学"窘况的原因之一。

总体而言,要真正学好"计量经济学",需要良好的数学、统计学和经济学知识基础,同时还需较强的思维分析能力,以及较专业的计量建模能力和计量软件(如 Eviews 软件)的应用能力。对于基础不够好的学生,需要提前预习教材,多听老师讲授,多阅读国内外同类相关书籍,多进行计量软件的实训操作等。学习计量经济学,可为写作毕业论文和实证分析经济学现象等提供保障。

二、计量经济学的应用

目前,国内对计量经济学的理论研究很少,大多是关于计量经济学应用的研究。对现代计量经济学理论,国内基本上处于学习和跟踪阶段。计量经济学在经济管理等工作中应用非常广泛,大致表现在以下几个方面:

▶ 1. 理论检验

理论检验是计量经济学最主要的用途。从一系列样本观察开始,然后通过数理分析,概括出相关经济理论模型,这是理论构建。用已有的经济理论模型去拟合(或预测、应用等)现实世界,如果拟合得非常好,那么这一理论就得到检验,反之就未通过检验。这是理论检验。从逻辑上看,理论构建是一种归纳推理的过程,即从特殊到一般;而理论检验则是一种演绎推理的过程,即从一般到特殊。

社会经济研究的主要目的,是对社会经济现象及其规律(或理论模型)作出科学归纳和正确解释。一个成功的计量经济学模型,必须很好地拟合社会经济的样本数据。样本数据是已经发生了的经济活动,如果模型拟合得非常好,则模型中的数量关系就是经济活动所遵循的经济规律。

相关链接

冒险犯罪的经济模型

诺贝尔经济学奖得主加里·贝克尔设计了一个著名的计量经济学模型,试图验证个体犯罪行为的选择机制。通常每一项特定的犯罪都有较可观的经济回报,但当实施该犯罪行为时往往也有不可忽视的机会成本。根据利润最大化原理,理性的个体会在经济回报与机会成本的比较中作出选择,只有当经济回报大于机会成本时,个体才会冒险去犯罪。

计量经济学模型为 $y=f(x_1,x_2,x_3,x_4,x_5,x_6,x_7,\cdots)$,$y$ 为犯罪所获得的利润。其中:x_1 为犯罪活动获得的经济回报;x_2 为犯罪活动所耗时间;x_3 为个体单位时间的合法收入;x_4 为犯罪活动被抓的概率;x_5 为被抓后被判有罪的概率;x_6 为获罪后被监禁的时间长度;x_7 为个体年龄;……

▶ 2. 结构分析

当一个变量或几个变量发生变化时,会对其他变量以至整个经济系统产生一定的影响。结构分析就是对经济现象中变量之间相互关系的研究,如价格 P 与需求量 Q 之间的关系。结构分析所采用的主要方法有弹性系数法、边际分析法等。

相关链接

施肥量对大豆收成的影响

大豆的生长通常需要大量肥料,一般施肥量越大,大豆收成就越高。当然,施肥量只是影响收成的重要因素之一,还有土地肥力因素、降雨量、种群特征、耕作劳动量等。为了得到施肥量与收成之间的相互关系,可以选择几块面积相同、土地肥力相同的耕地,同时种上大豆。这几块耕地除了施肥量不同之外,其他影响要素都相同。分别对这几块耕地施撒不同倍数($n=1,2,3,4,5,\cdots$)的肥料量,等收割后,登记这几块耕地的大豆收成,并根据结构分析法找出施肥量与大豆收成量之间的数量关系。

▶ 3. 最优决策

最优决策是指决策者选择最优方案,追求理想条件下的最优目标。

决策行为包括以下几个要素:

(1) 决策主体,通常分为个人决策者与集体决策者。
(2) 决策目标,不同的决策其目标函数可能不同。
(3) 决策变量,指影响决策目标并且决策者能够调控的因素。
(4) 决策参数,指影响决策目标而决策者无法调控的因素。
(5) 约束条件,指决策变量与决策参数变化的范围及其相互关系,如社会经济因素、制度环境因素等。

按照决策的目标函数,可以分为投入产出效率最大化、利润最大化、产量最大化、成本最小化等;按照决策变量分为行业组合决策、产品组合决策、产量决策、要素组合决策、投资组合决策、人力资源组合决策、营销组合决策等。

相关链接

粥分配的民主决策

从前,有9个伙伴住在一起,每天共喝一桶粥,粥每天都不够分。

一开始,他们采用抓阄的方式决定由谁来分粥。每次抽选一个人,几周下来,结果他们觉得只有自己分粥的那一次是饱的。

接着,他们想到采用投票的方式选出一个道德高尚的人当首长,让首长全权负责分粥。权力过分集中就易产生腐败,于是就有人挖空心思去讨好首长,甚至贿赂他。首长后来也越来越嚣张跋扈,顺我者粥多,逆我者粥少。直到某一天,该首长被举报家有大量粥来源不明并因而被免职。

然后,他们设计出三人的分粥立法委员会、三人的分粥行政委员会和三人的分粥司法委员会,各委员会相互监督。结果是三个委员会经常互相攻击,不断相互扯皮,办事效率低下,导致大家喝到嘴里的粥天天都是凉的。

最后,大家摸索出一个最优决策:实行轮流分粥制,但分粥的那个人必须要等其他人挑选完后,才能拿剩下的最后一碗。为了不让自己的粥最少,每个人每次分粥时都尽可能把粥分配平均。

自此以后,大家和和气气,日子越过越好。

▶ 4. 政策评价

政策评价是研究不同的政策实施对经济目标所产生影响的差异。在采取某项政策前,有时先在局部范围内进行试验,然后推广与实行。

计量经济学模型,揭示了经济系统中变量之间的相互联系,将经济目标作为被解释变量,经济政策作为解释变量,可以很方便地评价各种不同的政策对目标的影响。一是预期目标法,给定目标变量的预期值,即希望达到的目标,通过求解模型,可以得到政策变量值;二是政策模拟法,将各种不同的政策代入模型,计算各自的目标值,然后比较其优劣,决定其政策的取舍。

相关链接

牛肉面馆老板的烦恼

在闹市入口有家牛肉面馆,一开始生意非常红火,但后来却不知什么原因不做了。

朋友问老板为什么,老板说:"现在的人贼着呢!我当时雇了个会做拉面的师傅,但在工资上总也谈不拢。开始的时候,为了调动师傅的积极性,我们按卖的多少来分成,每卖一碗面让他挣 5 毛钱。经过一段时间,发现来吃面的客人越多他的收入越高。这样一来,他就在每碗面里加超量的牛肉,吸引回头客。一碗面才 4 块钱,本来就靠薄利多销,他每碗多放几片牛肉我还怎么挣钱?"

"后来我看这样不行,钱全被他赚去了!就换了个办法,给他每月发固定工资,工资给高点也无所谓,这样他不至于多加牛肉了吧?因为客多客少和他的收入没关系。但你猜怎么着?"老板有点激动了,"他在每碗里都少放牛肉,把客人都赶走了!""这又是为什么?"朋友激动地问。"牛肉的分量少,顾客就不满意,回头客就少,生意肯定清淡,他才不管你赚钱不赚钱呢,反正他拿的是固定的工钱,卖多少无所谓,没客人他才清闲呢!"

▶ 5. 经济预测

经济预测是与未来有关的旨在减少不确定性对经济活动影响的一种经济分析,不是靠经验、凭直觉或猜测,而是以科学的理论方法、可靠的资料、精密的计算及对客观规律性的认识作出的分析和判断。

计量经济学模型作为一类经济数学模型,是以模拟历史、从已经发生的经济活动中找出变化规律的技术手段,从经济预测特别是短期预测发展起来的。在 20 世纪五六十年代,运用计量经济学模型对西方国家经济预测不乏成功的实例;进入 20 世纪 70 年代,人们对计量经济学模型的预测功能提出了质疑,并不源于它未能对 1973 年和 1979 年的"石油危机"提出预报,而是几乎所有的模型都无法预测"石油危机"对经济造成的影响。

经典实例

计量经济学模型能告诉我们什么?

以某区域汽车市场计量经济学模型为例,$y=f(x_1,x_2,x_3,x_4,x_5,x_6,x_7,\cdots)$,$y$ 为汽车销售量,其中:x_1 为该区域人均收入水平;x_2 为汽车价格;x_3 为汽油价格;x_4 为汽车售后服务水平；x_5 为交通罚款平均值；x_6 为汽车寿命；x_7 为银行利率水平；……

一旦该区域的汽车市场计量经济学模型各参数计算出来，即完整的计量经济学模型已经建立。那么，我们可以获得以下信息：

(1) 影响汽车销售量的主要因素是什么（收入、价格等）？
(2) 各种因素对汽车销售量影响的性质怎样（正、负）？
(3) 各种因素影响汽车销量的具体数量程度（各变量的参数值）？
(4) 以上分析所得结论是否可靠（F 检验、R^2 检验、t 检验等）？
(5) 今后发展的趋势怎样（经济预测）？

三、计量经济学的发展

1969 年，首届诺贝尔经济学奖授予了"计量经济学奠基人"挪威经济学家弗里希和"计量经济模式建造者之父"荷兰经济学家丁伯根(J. Tinbergen)。随后，一半以上的诺贝尔经济学奖颁给了对计量经济学模型颇有建树的经济学家。

近十多年来，诺贝尔经济学奖两次授予计量经济学的分支学科，2000 年是表彰赫克曼(J. Heckman)和麦克法登(L. MacFaddan)对横截面数据的分析方法作出的杰出贡献，2003 年是表彰恩格尔(R. Engle)和格兰杰(C. Granger)分别用"随着时间变化的易变性"和"共同趋势"两种新方法分析经济时间数列。这都说明，计量经济学"技术层面"的研究工作越来越得到广泛的认可和高度的重视。

计量经济学早已不再是数理统计在经济学领域的简单应用，针对研究对象的独特性，计量经济学不断开创出新的理论和方法，如广义矩估计、协整分析、因果关系、脉冲效应、高频数据处理、虚拟变量处理、面板数据处理、状态空间模型、联立方程模型等，不仅拓展和丰富了统计学的研究范式，也给人们带来了对经济社会的全新认识。

如今，计量经济学与微观经济学、宏观经济学一起构成了现代经济学的三大核心。计量经济学对社会学、政治学乃至历史学等的研究也产生了深远的影响。它们也越来越多地借鉴和使用计量经济学的分析工具。在我国，计量经济学经过 30 多年的发展，计量经济学模型已经成为经济理论研究和实际经济分析的主流实证方法。当前，科研论文如果没有计量经济学模型实证分析，很难发表在《美国经济评论》和《经济研究》《中国社会科学》《管理世界》等国内外顶级学术期刊上。

与此同时，部分研究者不了解计量模型方法具体的应用背景和适用条件，陷入滥用和错用的误区。一项实证研究从计量经济学模型的设定开始，一直到模型的估计、检验、评价和解释，其随意和错误随处可见。于是，人们对计量经济学模型方法产生了不同的甚至是相反的评价，究其原因：部分来自于计量经济学模型方法本身，更多来自于计量经济学模型的应用研究。国内学者李子奈、潘文卿、高铁梅、叶阿忠、张晓峒、于俊年等为我国计量经济学的普及作出了奠基性的贡献。

相关链接

三次著名的计量经济学国际大讨论

计量经济学作为一门独立的经济学分支学科，其区别于其他相关学科的本质特征是什么？计量经济学应用研究的科学性和可靠性如何保证？这些问题引发了三次著名的计量经济学国际大讨论。

第一次大讨论，始于有名的"凯恩斯-丁伯根之争"（Keynes, 1939、1940；Tinbergen, 1940），凯恩斯认为丁伯根所用的多元回归分析是一种"巫术"，计量经济学作为"统计炼金术"的分支还远未成熟到足以成为科学的分支。凯恩斯反对使用概率论，而丁伯根的"回归"却未能利用概率论的原理很好地解释估计结果，当时的经济学实证研究陷入困难丛生的境地。最后这场争论以Haavelmo(1944)《计量经济学中的概率论方法》一文的发表而告结束。该文为经济学中的概率论原理正名，并在概率论的基础上建立起统一的计量经济学基本框架。

20世纪80年代初，掀起了有关经验研究可信性问题的第二次大讨论。Sims(1980)对当时大型宏观计量经济模型的外部约束条件的可靠性提出质疑，认为这些不现实的约束条件将导致不可靠的政策分析结论，建议使用更少约束条件的VAR建模策略。该模型已被研究者和政策制定者所广泛采用，主要用于分析经济如何受到经济政策临时性变化和其他因素的影响，Sims也因此获得2011年诺贝尔经济学奖。Hendry(1980)对计量经济学沦为"炼金术"问题展开了尖锐的批判，提出经验研究走向科学的一条金科玉律——"检验、检验、再检验"。Leamer(1983)指出模型假定以及控制变量选择的随意性会导致结果的脆弱性，提倡进行回归模型的敏感性分析。Black(1982)以及Pratt和Schlaifer(1984)对随机变量之间的相关关系错误推广至因果关系等现象提出了批判，同时对两者的区别进行了详细的论述。随后，计量经济学家提出了各种建模思想、估计量以及检验统计量，理论计量进入百花齐放的阶段。

然而，理论计量研究与经验研究之间的裂缝反而扩大了，理论计量越来越复杂，应用计量则在某些领域变得越来越简单（Heckman, 2001）。为此，进入21世纪以来，以*Journal of Econometrics*百期纪念专刊对计量经济学方法论、模型方法发展的总结为开端，以重要学术期刊的专刊为阵地，计量经济学界掀起了对经验研究可信性的第三次大讨论。一场经验研究的"可信性革命"（Angrist and Pischke, 2010）蔚然成风，并形成了模型设定的统计适切性和因果关系的有效识别两大核心议题。

综观三次大讨论，可信性革命的核心问题在于实现经济理论、统计学、数学在计量经济学应用研究中的科学结合。第一次大讨论主要关注经济理论与数学的结合问题，解决了计量经济学的概率论基础问题，同时确立了凯恩斯宏观经济理论在模型设定中的导向作用。第二次大讨论突出了数据与模型的结合问题，在宏观实证领域摒弃了模型设定的经济理论导向，确立了数据关系的导向作用。第三次大讨论强调了模型设定的统计适切性问题和因果关系的有效识别问题，本质上是试图实现经济理论导向和数据关系导向的综合，向实现经济理论、统计学、数学的科学结合迈出了坚实的一步。

第二节 计量经济学的研究对象

计量经济学的两大研究对象：横截面数据（Cross Sectional Data）和时间序列数据（Time Series Data）。前者旨在归纳不同经济行为者是否具有相似的行为关联性，以模型参数估计结果显现相关性;后者重点在分析同一经济行为者不同时间的资料,以展现研究对象的动态行为。

新兴计量经济学研究切入同时具有横截面及时间序列的资料,换言之,每个横截面都同时具有时间序列的观测值。这种资料称为面板数据(Panel Data)。面板数据研究多个不同经济体动态行为之差异,可以获得较单纯横截面或时间序列分析更丰富的实证结论。例如诺贝尔经济学奖得主格兰杰(C. Granger)指出,在回归模型中对一组检验进行诠释进而揭示因果关系是可行的,其所提出的格兰杰因果关系检验强化了回归分析的说服力。

经典实例

当代计量经济学的主要研究领域

当代计量经济学研究,主要集中在单位根检验、时间序列模型、波动模型、向量自回归模型与向量误差修正模型、离散选择模型与受限模型和面板数据模型六个领域。其他研究领域还有非参数与半参数估计、广义矩估计、贝叶斯估计、分数积分研究、模拟与自举技术等。

一、横截面数据

横截面数据是指在同一时间(时期或时点)截面上反映一个总体的一批(或全部)个体的同一特征变量的观测值,是样本数据中的常见类型之一。横截面数据是由同一时间、不同统计单位、相同统计指标组成的数列。与时间序列数据相比较,其区别在于组成数据列的各个数据的排列标准不同,时间序列数据是按时间顺序排列的,横截面数据是按照统计单位排列的。例如,工业普查数据、人口普查数据、家庭收入调查数据。

横截面数据不要求统计对象及其范围相同,但要求统计的时间相同,即必须是同一时间截面上的数据。与时间序列数据完全一样,横截面数据的统计口径和计算方法(如价值量的计算标准)也应当是可比的。例如,为了研究某一行业各个企业的产出与投入的关系,需要关于同一时间截面上各个企业的产出 Q 和劳动投入 L、资本投入 K 的横截面数据。这些数据的统计对象显然是不同的,因为是不同企业的数据,但是关于产出 Q 和投入 L、K 的解释、统计口径和计算方法仍然要求相同,即各企业的 Q、L、K 在统计上要求可比。

分析横截面数据时,应主要注意两个问题:一是异方差问题,由于数据是在某一时期对个体或地域的样本的采集,不同个体或地域本身就存在差异;二是数据的一致性,主要包括变量的样本容量是否一致、样本的取样时期是否一致、数据的统计标准是否一致。

二、时间序列数据

时间序列数据是在不同时间点上收集到的数据。这类数据反映某一事物随时间的动态变化状态,如 1949—2009 年的国内生产总值。时间序列数据除了年度数据之外,还有季度数据、月度数据、周度数据、天度数据、时度数据等。

时间序列分析是根据系统观测得到的时间序列数据通过曲线拟合和参数估计等建立数学模型的数量方法。基本原理:一是承认事物发展的延续性,应用过去数据,推测事物的发展趋势;二是考虑到事物发展的随机性,因为任何事物的发展都可能受偶然因素影响,为此要利用加权平均法对历史数据进行处理。该方法常应用在国民经济宏观控制、区域综合发展规划、企业经营管理、市场潜量预测、气象预报、环境污染控制等方面。

一个时间序列通常由趋势、季节变动、循环波动和不规则波动四种要素组成。趋势是时间序列在长时期内呈现出来的持续向上或持续向下的变动；季节变动是时间序列在一年内重复出现的周期性波动，是诸如气候条件、生产条件、节假日或风俗习惯等因素影响的结果；循环波动是时间序列呈现出非固定长度的周期性变动，是涨落相同的交替振动；不规则波动是时间序列中除去趋势、季节变动和循环波动之后的随机波动。

不规则波动通常总是夹杂在时间序列中，致使时间序列产生一种波浪形或震荡式的变动。只含有不规则波动的序列也称为平稳序列。

相关链接

时间序列数据的输入与编辑

EViews 6.0 软件操作步骤：

(1) 创建工作文件。打开 EViews 工作界面，选择 File/New/Workfile 菜单命令，如图 1-2 所示。

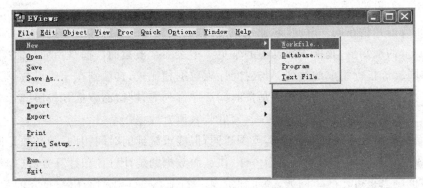

图 1-2 新建工作文件的命令

(2) 完成 Workfile Create。选择 Workfile structure type(文件结构类型)为 Dated-regular frequency(时间序列)，选择 Date specification(时间标准)中的 Frequency(频率)为 Annual(年度)，Start(开始年份)如 1978 年，End(结束年份)如 2014 年，单击 OK 按钮，如图 1-3 所示。

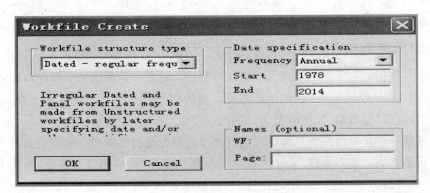

图 1-3 新建工作文件的对话框

出现 c(常数项)和 resid(残差项)两个数据系列,如图 1-4 所示。

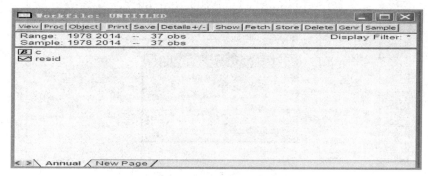

图 1-4 常数项和残差项系列

(3)创建工作组。选择 Quick/Empty Group(空组)菜单命令,如图 1-5 所示。

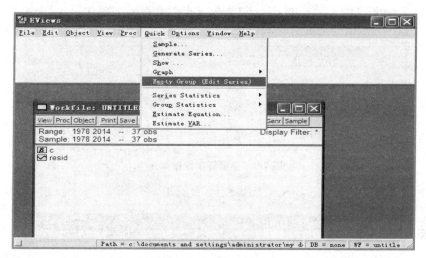

图 1-5 新建工作组的命令

出现 Group 组变量与数据输入界面,如图 1-6 所示。

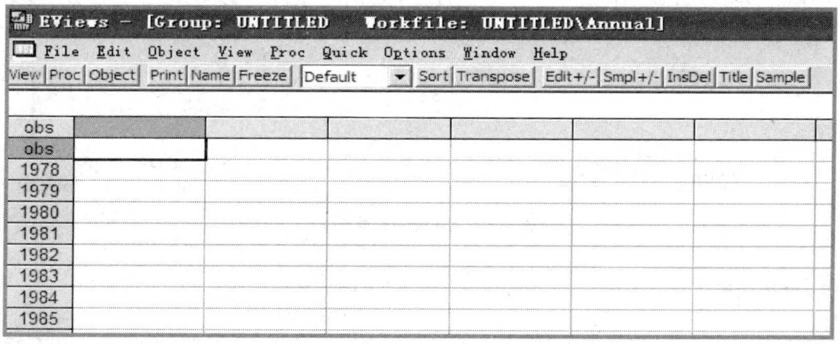

图 1-6 数据输入界面

(4)输入变量名与变量对应的样本数据。在 obs(观察值)文本框中输入 Y 与 x_1,x_2 等变量名,将鼠标移出格子外并单击,得到 Series create 对话框,如图 1-7 所示;可以选择变量的属性,如 Numeric series(数值系列)。

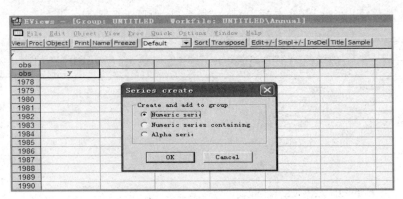

图1-7 变量属性对话框

在NA(数值)时间系列中输入样本数据,如1-8所示。

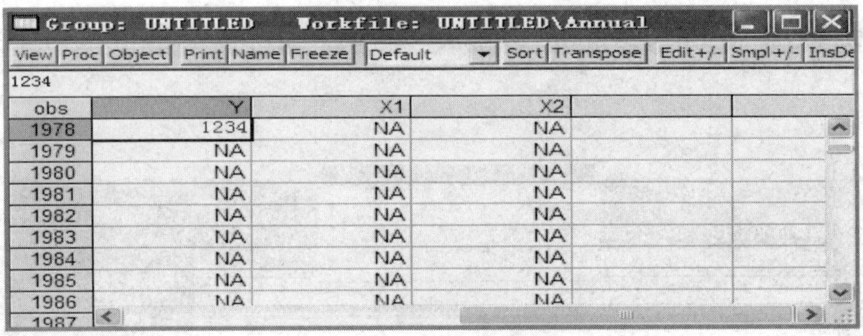

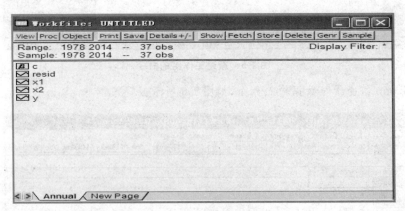

图1-8 变量样本数据输入

在文件界面自动增加了 y, x_1, x_2 数据系列,如图1-9所示。

图1-9 变量数据系列

三、面板数据

面板数据有时间序列和横截面两个维度。当这类数据按两个维度排列时,排在一个平面上,其与只有一个维度的数据排在一条线上有着明显的不同,整个表格像是一个面板。例如,A、B、C、D 四个城市在 2000 年的 GDP 分别为 8,9,10,11(亿元),这是横截面数据;A 城市 2000～2003 四年的 GDP 分别为 8,9,10,11(亿元),这就是时间序列数据;A、B、C、D 四城市 2000～2003 四年的 GDP(亿元)分别为:

A 城市(2000~2003):8,9,10,11　　B 城市(2000~2003):9,10,11,12
C 城市(2000~2003):10,11,12,13　　D 城市(2000~2003):11,12,13,14

这就是面板数据。面板数据可以克服时间序列分析受多重共线性的困扰,能够提供更多的信息、更多的变化、更多的自由度和更高的估计效率。

相关链接

面板数据的输入与编辑

EViews 6.0 软件操作步骤:

(1) 创建工作文件。打开 EViews 工作界面,选择 File/New/Workfile 菜单命令。

(2) 完成 Workfile Create。选择 Workfile structure type(文件结构类型)为 Balanced Panel(平衡面板),选择 Panel specification(面板标准)中的 Frequency(频率)为 Annual(年度),Start(开始年份)如 1978,End(结束年份)如 2014,在 Number of cross 文本框中输入截面数据成员个数,如图 1-10 所示。单击 OK 按钮。

出现 c(常数项)和 resid(残差项)、crossid(截面项)、dateid(时间序列项)四个数据系列,如图 1-11 所示。

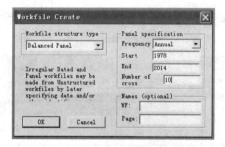

图 1-10　面板数据属性设置　　　　图 1-11　变量数据系列

(3) 创建 Pool(数据库)对象。选择 Object/New Object(新对象)菜单命令,如图 1-12 所示。

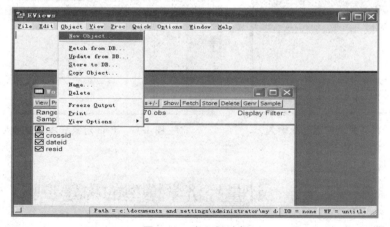

图 1-12　建立新对象

出现 New object 对话框,在 Type of object(对象类型)列表中选择 Pool(数据库),在 Name for object(对象名)文本框中输入对象名称,单击 OK 按钮,如图 1-13 所示。

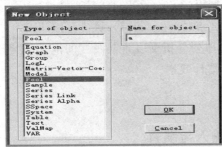
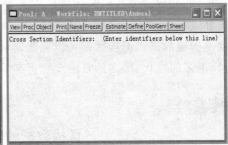

图 1-13 建立 Pool 对象

出现 Pool 的编辑窗口,可以在窗口输入截面成员的标识名。例如中国省际面板数据,可以选取湖南省、湖北省、河南省、江西省、安徽省中部五省份,分别用字母 HN、HB、HN、JX、AH 表示,一般每一个标识名占一行,如图 1-14 所示。

(4) 输入 Pool 对象的样本数据。打开 Pool 对象,选择 View/Spreadsheet(stacked data)电子表格菜单命令,如图 1-15 所示;在弹出的对话框里输入序列名称,如 Pool01,如图 1-16 所示,单击 OK 按钮;出现 Pool01 数据表,单击工具栏中的 Edit+/— 可对样本数据进行输入和编辑,如图 1-17 所示。

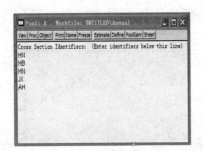

图 1-14 Pool 编辑窗口　　　　　　图 1-15 Pool 电子表格

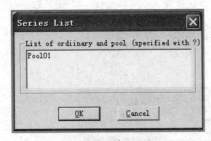

图 1-16 Pool 对象序列名称输入　　　图 1-17 Pool 对象样本数据输入

第三节　计量经济学模型的构建步骤

一、什么是计量经济学模型

模型是用人们所熟悉的形式(几何或数学或实物)去解读和说明现实世界的某些功能(或

规律)。模型是所研究的系统(过程或事物)的一种表达形式,是对现实世界的抽象,如图 1-18 所示。模型是人类思维的创造物,通常易于操作和易于演练,具有重要的仿真模拟功能。

图 1-18 星系与太极图

计量经济模型(The model of Econometrics)是表示经济现象及其主要因素之间数量关系的方程式,通常用随机性的数学方程加以描述。数学方程式主要由经济变量、参数以及随机误差三大要素组成。例如道格拉斯生产函数:

$$Q = Ae^{\gamma t}K^{\alpha}L^{\beta}\mu \tag{1-1}$$

式中,Q、K、L、t 为经济变量;A、γ、α、β 为参数;μ 为随机误差项。

相关链接

大豆收成与施肥量的计量经济学模型

假定大豆收成的计量经济学模型为:$Y = \alpha + \beta X + \mu$,其中 Y 为大豆收成;X 为施肥量;α、β 为参数;μ 为随机误差项。农业研究者感兴趣的是:在其他因素不变的情况下,施肥量如何影响大豆收成。参数 β 给出了这个答案,因为 $\Delta Y = \beta \Delta X$。当然,施肥量只是影响收成的重要因素之一,随机误差项 μ 包括了土地肥力因素、降雨量、种群特征、耕作劳动量等因素。

经济变量(Variable)是反映经济变动情况的随机变量,分为自变量和因变量,如式(1-1)中的 Q 为因变量,K 与 L、t 为自变量。为了描述自变量与因变量的变化,引入一些不是当前问题必须研究的另外变量,我们把这样的变量叫作参数(Coefficient),一般反映出事物之间相对稳定的比例关系。

自变量也可分为内生变量和外生变量。内生变量是在经济体系内部由纯粹经济因素影响而自行变化的变量(通常不被政策因素所左右),如式(1-1)中的 K、L、t;外生变量是在经济机制中受外部因素(主要是政策因素)影响而非经济体系内部因素所决定的变量,如式(1-1)中的技术指数 A。

随机误差项(Stochastic Error)是指那些很难预知的偶然性误差,包括统计与整理经济资料、模型运算等过程中所出现的差错,通常正负误差可以抵消,可忽略不计。

相关链接

经济变量的统计描述

EViews 6.0 软件操作步骤:

(1) 输入变量名与样本数据,如图 1-19 所示。

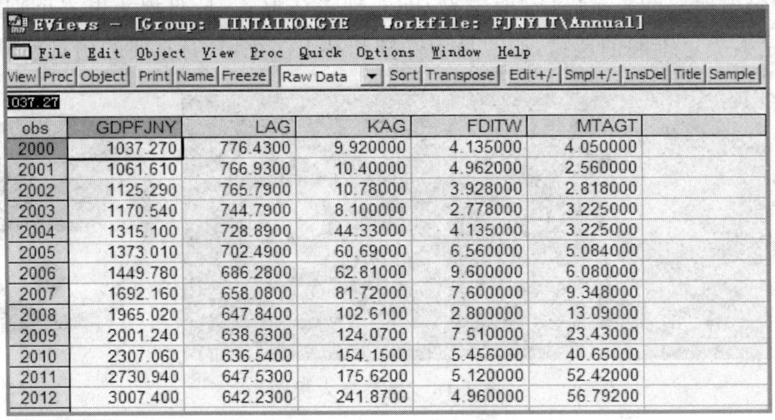

obs	GDPFJNY	LAG	KAG	FDITW	MTAGT
2000	1037.270	776.4300	9.920000	4.135000	4.050000
2001	1061.610	766.9300	10.40000	4.962000	2.560000
2002	1125.290	765.7900	10.78000	3.928000	2.818000
2003	1170.540	744.7900	8.100000	2.778000	3.225000
2004	1315.100	728.8900	44.33000	4.135000	3.225000
2005	1373.010	702.4900	60.69000	6.560000	5.084000
2006	1449.780	686.2800	62.81000	9.600000	6.080000
2007	1692.160	658.0800	81.72000	7.600000	9.348000
2008	1965.020	647.8400	102.6100	2.800000	13.09000
2009	2001.240	638.6300	124.0700	7.510000	23.43000
2010	2307.060	636.5400	154.1500	5.456000	40.65000
2011	2730.940	647.5300	175.6200	5.120000	52.42000
2012	3007.400	642.2300	241.8700	4.960000	56.79200

图 1-19　变量名与样本数据输入

(2) 组描述性统计。选择 Quick/Group statistics/Dsecriptive Statistics/Common sample 菜单命令，如图 1-20 所示。

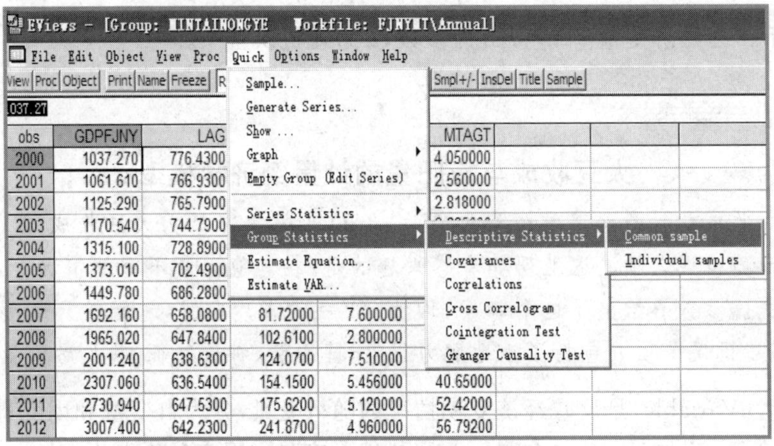

图 1-20　组描述性统计的命令

(3) 经济变量描述统计输出。在 Series List 对话框中输入系列名或组名，如图 1-21 所示，单击 OK 按钮；得到各经济变量的组描述统计量，如图 1-22 所示，自上至下依次为均值(或期望值)、中位数、最大值、最小值、标准差、偏度、峰度、JB 统计值、正态分布的概率、变量总和、离差平方和、样本数。

图 1-21　系列名的输入

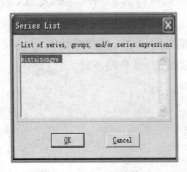

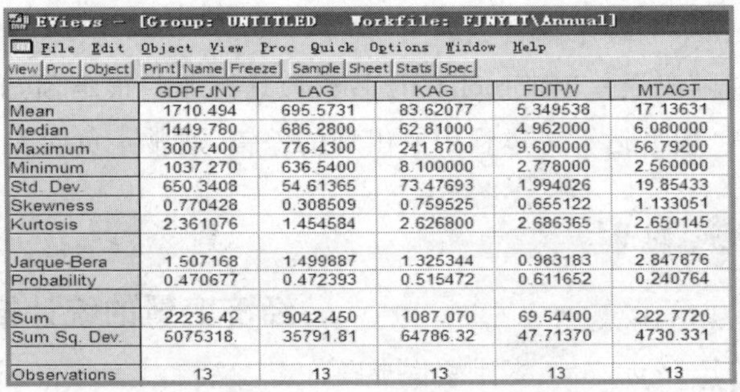

	GDPFJNY	LAG	KAG	FDITW	MTAGT
Mean	1710.494	695.5731	83.62077	5.349538	17.13631
Median	1449.780	686.2800	62.81000	4.962000	6.080000
Maximum	3007.400	776.4300	241.8700	9.600000	56.79200
Minimum	1037.270	636.5400	8.100000	2.778000	2.560000
Std. Dev.	650.3408	54.61365	73.47693	1.994026	19.85433
Skewness	0.770428	0.308509	0.759525	0.655122	1.133051
Kurtosis	2.361076	1.454584	2.626800	2.686365	2.650145
Jarque-Bera	1.507168	1.499887	1.325344	0.983183	2.847876
Probability	0.470677	0.472393	0.515472	0.611652	0.240764
Sum	22236.42	9042.450	1087.070	69.54400	222.7720
Sum Sq. Dev.	5075318.	35791.81	64786.32	47.71370	4730.331
Observations	13	13	13	13	13

图 1-22　组描述性统计量的输出

(4) 经济变量描述统计列表。由软件(英文)格式转换成常规学术论文(中文)格式,如表 1-1 所示。

表 1-1　主要变量的统计描述

变量	单位	均值	标准差	最小值	最大值
GDPFJNY	亿元	1 710.49	650.34	1 037.27	3 007.40
LAG	万人	695.57	54.61	636.54	776.43
KAG	万元	83.62	73.48	8.10	241.87
FDITW	亿元	5.35	1.99	2.78	9.60
MTAGT	亿元	17.14	19.85	2.56	56.79

二、计量经济学模型的构建步骤

计量经济学模型构建的主要步骤如图 1-23 所示。

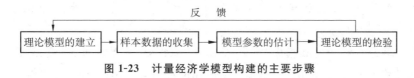

图 1-23　计量经济学模型构建的主要步骤

▶ 1. 理论模型的建立

首先,对所研究的经济现象要有足够的认识和较深入的分析;其次,要确定研究目标,即明白这个计量经济学模型需要去解析哪些内在规律;再次,寻找影响研究目标的主要因素,合理确定因变量和自变量;最后,从数理统计的综合角度去构建理论模型。

例如:

$$\ln(人均食品需求量) = \alpha + \beta\ln(人均收入) + \gamma\ln(食品价格) + \delta\ln(其他商品价格) + \mu \quad (1\text{-}2)$$

式中,α、β、γ、δ 为参数;μ 为随机误差项。

(1) 确定模型包含的变量。根据经济学理论和经济行为分析,如式(1-2)中人均食品需求量与人均收入、食品价格、其他替代品和互补品的价格等因素相关;考虑数据的可得性,有些变量数据很容易在国家或地方统计局网、国家与地方统计年鉴、中国知网、百度搜索、世界银行网、NBER 网等(见相关链接)找到;考虑入选变量之间的关系;要求变量间互相独立,避免变量的多重共线性。

(2) 确定模型的数学形式。利用经济学和数理经济学的成果,如生产函数、消费函数、利润函数等;根据样本数据作出的变量关系图,如菲利普斯曲线、库兹涅茨曲线、洛伦茨曲线等;选择可能的形式模拟,如一元一次方程、一元二次方程、半对数方程、全对数方程、差分方程、微分方程、指数方程等。

(3) 拟定模型中参数的期望值区间。以式(1-2)为例,预先拟定好 α、β、γ、δ 的正负符号、大小区间、相关关系等。

▶ 2. 样本数据的收集

(1) 几类常用的样本数据。包括时间序列数据、截面数据、虚变量离散数据(0,1)、面板数据等。

(2) 数据质量。包括下列问题：

完整性问题：尽可能数据齐全，数据残缺会对模型估计结果产生误差。

准确性问题：尽可能统计资料准确，错误的数据会产生错误的结果。

可比性问题：尽可能数据统计口径统一，统计标准不同的数据放在一起比较就毫无意义，如要求汇率换算统一、货币单位统一等。

一致性问题：尽可能保证整体数据与样本数据统计的一致，尽可能保持近代数据与现代数据统计的一致等。

相关链接

部分社会经济数据网

中国国家统计局网：大量官方发布的经济社会统计数据。网址为 http://www.stats.gov.cn/。

中国经济学教育科研网数据库：全国、分地区、分行业、主要城市、宏观、地区进度、金融、世界经济等数据。网址为 http://down.cenet.org.cn/list.asp? id=5。

联合国粮农组织的统计数据库：包括世界生产、贸易、粮食、土地、林业、渔业、人口、农机等数据。网址为 http://faostat.fao.org/。

经济统计简报：包括产出、收入、就业、失业、工资、生产和商业活动、价格与货币、信贷与证券市场、国际统计等方面的数据。网址为 http://www.whitehouse.gov/fsbr/esbr.htm。

美国国民经济研究局网：受同行高度评价的数据库，搜集了资产价格、劳动就业、生产、货币、供给、商业周期指标等方面数据。网址为 http://www.nber.org/。

综列研究：提供了自 1968 年以来的美国个人和家庭纵向调查的数据。网址为 http://www.umich.edu。

美国股票交易数据网：约 700 家在证券市场上挂牌的公司的信息。网址为 http://www.amex.com/。

能源信息管理(DOE)：每个能源细类的经济信息和数据。网址为 http://www.eia.doe.gov/。

联邦储备银行经济数据库：包括利率、货币和商业指标、汇率等。网址为 http://www.stls.frb.org/fred/fred.html。

国际贸易事务网：提供与许多贸易统计、跨国项目等网站的链接。网址为 http://www.ita.doc.gov/。

美国统计数据库：提供国际贸易数据和鼓励出口信息等方面最全面的来源，还包括几个国家人口、政治和社会经济状况方面的数据。网址为 http://www.stat-usa.gov/BEN/databases.html。

经济学统计资料:从各联邦机构、经济指标、联邦储备委员会、消费价格数据等整理出来的优秀统计资源。网址为 http://www.lib.umich.edu/libhome/Documents.centers/stecon.html。

劳工统计局网:涉及就业、失业和工资等各方面的数据。网址为 http://stats.bls.gov:80/。

美国人口普查局网:提供关于收入、就业、收入分配和贫穷等社会经济数据。网址为 http://www.census.gov/。一般社会调查数据:从1972年开始每年对美国家庭采访所得到的调查数据。35 000人以上对约2 500个不同的问题做出了回答。网址为 http://www.icpsr.umich.edu/GSS/。

贫穷状况研究所网:由无党派、非营利大学的研究中心提供,一系列有关贫穷状况和社会不平等状况的问题的数据。网址为 http://www.ssc.wisc.edu/irp/。

▶ 3. 模型参数的估计

(1) 模型参数估计方法。模型参数估计是一个纯数学技术问题,常用的有最小二乘法、二阶段最小二乘法、广义矩估计法、最大似然对数法等。

(2) 估计方法的选择。每一种模型参数估计方法都有其优点和缺点,需要根据特定的研究问题认真分析和考虑哪一种最适合,有时需要采用好几种参数估计方法进行综合分析。

(3) 应用软件。市场上有很多种可以完成计量经济学模型参数估计、模型检验、预测等基本运算的计量经济学软件包,例如 EViews、SPSS、STATA、MATLAB、SAS、ET、ESP、GAUSS、MICROTSP、DATA-FIT、MINITAB、SYSTAT、SHAZAM 等。目前,时间序列数据模型使用较多的软件是 EViews。

▶ 4. 理论模型的检验

(1) 经济意义检验。以式(1-2)为例,假定变量数据的三组不同样本输入到应用软件,得到以下三种结果:

ln(人均食品需求量)＝－2.0－0.5ln(人均收入)＋4.5ln(食品价格)＋0.8ln(其他商品价格)

ln(人均食品需求量)＝－2.0＋0.5ln(人均收入)－4.5ln(食品价格)＋0.8ln(其他商品价格)

ln(人均食品需求量)＝－2.0＋0.5ln(人均收入)－0.8ln(食品价格)＋0.8ln(其他商品价格)

根据人均收入与人均食品需求量成正比例关系,故弹性系数 β 等于＋0.5是正确的;根据食品价格与人均食品需求量成反比例关系,故弹性系数 γ 是负数,但到底是 0.8 还是 4.5 呢?又根据微观经济学知识,食品价格需求弹性系数较小,通常小于1,故－0.8是正确的。

(2) 统计检验。由数理统计理论决定,包括拟合优度检验、总体显著性检验、变量显著性检验等,即 R^2 检验、F 检验、t 检验等。

(3) 计量经济学检验。由计量经济学理论决定,包括异方差性检验、序列相关性检验、多重共线性检验、随机解释变量问题、协整检验、格兰杰因果检验等。

(4) 模型预测检验。由模型的应用要求决定,包括稳定性检验(扩大样本重新估计)和预测性能检验(对样本外一点进行实际预测)等。

三、构建计量经济学模型的注意事项

构建计量经济学模型,需要注意三个要素:经济理论、数理方法和数据质量。

经济理论是指所研究的社会经济学问题的微观经济学与宏观经济学理论,是计量经济学模型构建的基础。一个不懂经济学理论、不了解经济规律的人,是不可能建立起一个哪怕是极其简单的计量经济学模型的。计量经济学家首先应该是一个经济学家。切忌在对经济问题的内部结构认识不清的情况下,想当然地设置自变量和模型的具体形式。

数理方法主要包括模型分析方法和参数计算方法,是计量经济学研究的工具,是计量经济学不同于其他经济学分支学科的主要特征。数理方法是计量经济学模型构建的重点,技术水平往往成为衡量一项研究成果等级的主要依据。人们往往过于重视数理方法的研究,而忽视对经济学理论的探讨。当然,数理方法的突破是计量经济学学科义不容辞的责任,但部分学者不了解计量经济学数理方法具体的应用背景和适用条件,陷入滥用和错用的误区。

变量样本数据反映了所研究的社会经济问题的活动水平、相互联系以及外部环境,是计量经济学研究的原料。相比之下,人们对数据质量的重视往往不够。在评审一项研究成果时,专家们往往对实证数据的可得性、可用性、可靠性关注太少。当在研究过程中出现问题时,人们较少从数据质量方面去寻找原因。目前,数据已经成为制约计量经济学实际应用的关键。

关键术语

计量经济学　横截面数据　时间序列数据　面板数据　计量经济学模型

闯关习题

一、单项选择题

1. 计量经济学是下列(　　)学科的分支学科。
   A. 统计学 B. 数学
   C. 经济学 D. 数理统计学

2. 横截面数据是指(　　)。
   A. 同一时点上不同统计单位相同统计指标组成的数据
   B. 同一时点上相同统计单位相同统计指标组成的数据
   C. 同一时点上相同统计单位不同统计指标组成的数据
   D. 同一时点上不同统计单位不同统计指标组成的数据

3. 同一统计指标,同一统计单位按时间顺序记录形成的数据列是(　　)。
   A. 时期数据 B. 混合数据
   C. 时间序列数据 D. 横截面数据

4. 在计量经济模型中,由模型系统内部因素决定,表现为具有一定的概率分布的随机变量,其数值受模型中其他变量影响的变量是( )。
   A. 内生变量　　　　　　　　　B. 外生变量
   C. 滞后变量　　　　　　　　　D. 前定变量
5. 描述微观主体经济活动中变量关系的计量经济模型是( )。
   A. 微观计量经济模型　　　　　B. 宏观计量经济模型
   C. 理论计量经济模型　　　　　D. 应用计量经济模型
6. 经济计量模型的因变量一定是( )。
   A. 控制变量　　　　　　　　　B. 政策变量
   C. 内生变量　　　　　　　　　D. 外生变量
7. 下面属于横截面数据的是( )。
   A. 1991~2003年各年某地区20个乡镇企业的平均工业产值
   B. 1991~2003年各年某地区20个乡镇企业各镇的工业产值
   C. 某年某地区20个乡镇的平均工业产值的合计数
   D. 某年某地区20个乡镇各镇的工业产值
8. 经济计量分析工作的基本步骤是( )。
   A. 设定理论模型—收集样本资料—估计模型参数—检验模型
   B. 设定模型—估计参数—检验模型—应用模型
   C. 个体设计—总体估计—估计模型—应用模型
   D. 确定模型导向—确定变量及方程式—估计模型—应用模型
9. ( )是具有一定概率分布的随机变量,它的数值由模型本身决定。
   A. 外生变量　　　　　　　　　B. 内生变量
   C. 前定变量　　　　　　　　　D. 滞后变量
10. 计量经济模型的基本应用领域有( )。
    A. 结构分析、经济预测、政策评价
    B. 弹性分析、乘数分析、政策模拟
    C. 消费需求分析、生产技术分析
    D. 季度分析、年度分析、中长期分析

二、简述题
1. 简述计量经济学模型,以及所包括的三个要素。
2. 简述计量经济学模型的构建步骤。

课外修炼

阅读《计量经济学导论》

《计量经济学导论》(伍德里奇著,费剑平译,第四版,中国人民大学出版社)是我国引进的国外优秀计量经济学教材之一。该书主要根据实际经验应用来解释计量经济学中的假定,并用简洁、准确的语言阐释了计量经济学研究的最新特点。

一、作者简介

伍德里奇,密歇根州立大学经济学教授,曾在国际知名期刊发表学术论文三十余篇,参与过多种书籍的写作。

二、主要特点

(1) 不需要具备高深的数学知识,读者只要掌握部分线性代数和概率统计基础知识即可。

(2) 强调计量经济学在实际问题中的应用。

(3) 含有大量例题,许多是受启发于应用经济学最新有影响的作品。

> 有些路,可能很远,一直走下去,你会很累。可是,你想要的生活,却在很远的前方等着你!

第二章 一元线性回归模型
Chapter 2

>>> 知识结构图

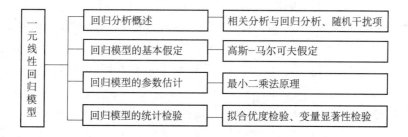

>>> 学习目标

1. 知识目标：回归分析的含义；随机干扰项成因；高斯-马尔可夫假定；最小二乘法；拟合优度检验；变量的显著性检验等。

2. 能力目标：理解相关分析与回归分析的差异；理解高斯-马尔可夫假定的设立；掌握最小二乘法的原理；区分拟合优度检验、变量的显著性检验等。

>>> 情景写实

在喧闹都市的办公室中忙碌了一天的人们，多么希望自己能一步跨入一个热带天堂，幻想一片一望无边的海滩，挽起裤腿站在水边，任凭海浪轻抚脚面，椰林随风清唱，海鸥自由翱翔，太阳在天际徐徐落下，余晖把海面染红。这种想象能使许多人忘却疲劳，在心中创造一个使自己心旷神怡的幻境。但是，如果那景象三维立体、细致入微，如果你能看到自己用手拾起一片贝壳，这个幻境就会变得活灵活现，你就会认为自己实际已去过了那个海岛。基于虚拟现实技术的"休息机"可以为人们提供这种跨越空间的手段。

那么，这种虚拟仿真（Virtual Reality）是一种什么样的技术呢？它是用一个系统模仿另一个真实系统的技术。虚拟仿真实际上是一种可创建和可体验虚拟世界（Virtual World）的计算机系统。同样，回归模型的构建实则是对现实样本数据进行最小误差的数学模拟或虚拟。

第一节 回归分析概述

各种社会经济现象之间存在着不同程度的联系,有的联系是非常确定的函数关系(Functional Relationship),如销售收益与商品销售量的关系 $TR=P_0Q$;有的联系是不确定的相关关系(Correlation Relationship),如需求量 Q^d 与个人可支配收入 DPI 的关系,当 DPI 确定时,Q^d 是不确定的,我们把需求量 Q^d 称为随机变量(Random Variable)。计量经济学正是利用数学、统计学等工具探寻具有随机特性的经济变量之间数量关系的一门学科。

一、变量间的非确定性关系

相关关系是指客观现象之间确实存在的,但数量上不是严格对应的依存关系,在这种关系中,对于某一现象的每一数值,可以有另一现象的若干数值与之相对应。

例如,成本的高低与利润的多少有密切关系,但某一确定的成本与相对应的利润的数量关系却是不确定的。这是因为影响利润的因素除了成本外,还有价格、供求平衡、消费喜好等因素以及其他偶然因素的影响。

再如,生育率与人均 GDP 的关系也属于典型的相关关系。人均 GDP 高的国家,生育率往往较低,但二者没有唯一确定的关系。这是因为除了经济因素外,生育水平还受教育水平、城市化水平以及不易测量的民族风俗、宗教和其他随机因素的共同影响。

▶ 1. 相关分析

所谓相关,就是两个或两个以上的变量之间的非确定性关系。这种相关关系可以是线性(直线型)的,也可以是非线性(曲线型)的;可以是正相关,也可以是负相关,还可以是零相关,如图 2-1 所示。

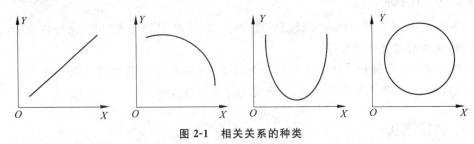

图 2-1 相关关系的种类

相关链接

受教育程度与薪酬的相关性

哈佛大学的大学生曾做过受教育程度与薪酬方面的调查,他们发现:一个人的学历越高,那么这个人的工薪也越高。这个结论在中国是否成立呢?

根据国内相关研究,工资在 5 000 元以上,占到员工总数的 13%;工资在 3 500~5 000 元,也近 13%;工资在 2 000~3 500 元占最大的比例,约总数的 56%;剩下 15% 的员工,每月只有 2 000 元以下的微薄工资。月收入在 5 000 元以上的白领中,有 86% 的人接受过大学教育;而在工资为3 500~5 000元的员工中,也有72%的人来自各所大学;普通家庭有69%的人为高中以上学历;底层员工中接受大学教育的只有28%。

由此可得,受教育程度越高,那么平均工薪也相应越高,印证了"受教育程度代表收入"这句话。各企业白领中,几乎没有不接受大学教育的,大学四年教给你的不仅是各种知识,对于个人修养和社会交往也是一种极大的提升。由于这些优越的工作充满技术性,所以没有相当的知识储备是无法完成的。一个仅仅接受过初中教育的人,即使有幸得到了这种工作,也很快会由于技术不过关而被辞退。相反,即使一个有着大量知识的高学历的大学生沦落到底层,但"腹有诗书气自华",只要他肯沉下心来努力工作,博得赏识,他最终也会被上层领导看中,获得不错的职位,得到满意的工作。

受教育程度越高,往往选择工作的范围也就越广,也就有更大的可能和更多的机会获得与自己兴趣相投的工作;受教育程度低就只能在极其有限的底层职位中转来转去,一年更换工作许多次,就像临时工,哪里需要哪里干。可以这么说:高学历者选择工作,低学历者被工作选择。即使如此,那些学生们叫板道比尔·盖茨大学退学却仍然成了世界首富。可笑的是,他们并不知道世界首富比尔·盖茨先生在哈佛大学退学后仍旁听了四年。

在当今中国,一般地区每月个人平均支出在2 200元左右。如果每月工资都不到2 000元,是很难维持生计的,这又催发了"啃老族"的诞生。现在工薪阶层的员工多数为年轻人,他们想要更好的待遇,而自己却由于儿时的不努力导致生活在社会的底层。这些人往往怨天尤人,抱怨自己付出劳动多,得到的回报却很少。殊不知,造成这种情况的正是从前不努力的自己!

▶ 2. 相关系数

相关系数(Correlation Coefficient)是用以反映随机变量之间相关关系密切程度的统计指标。公式如下:

$$r = \frac{\sum_{i=1}^{n}(X_i-\overline{X})(Y_i-\overline{Y})}{\sqrt{\sum_{i=1}^{n}(X_i-\overline{X})^2 \sum_{i=1}^{n}(Y_i-\overline{Y})^2}} = \frac{\text{cov}(X_i,Y_i)}{\sqrt{\text{var}(X_i)\text{var}(Y_i)}} \tag{2-1}$$

相关系数一般用字母r表示,用来度量两个变量间的线性关系,$|r|>0.8$时,称为高度相关;当$|r|<0.3$时,称为低度相关。

相关链接

相关系数的计算

EViews 6.0软件操作步骤:

(1) 输入变量名和样本数据。

(2) 选择Quick/Group statistics/Correlations菜单命令,如图2-2所示。

(3) 经济变量普通相关系数的输出。在Series List对话框中,输入系列名或组名(图2-3),单击OK按钮,得到各经济变量的普通相关系数矩阵,如图2-4所示。

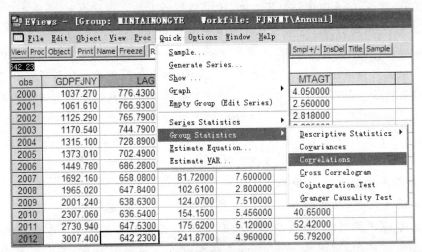

图 2-2 计算相关系数

图 2-3 输入系列名

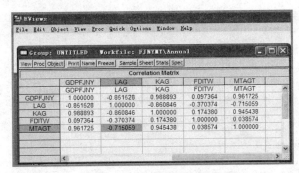

图 2-4 相关系数矩阵

(4) 经济变量相关系数列表。由软件(英文)格式转换成常规学术论文(中文)格式(表2-1)。

表 2-1 主要变量之间的相关系数矩阵

	GDPFJNY	LAG	KAG	FDITW	MTAGT
GDPFJNY	1	−0.851 5	0.988 9	0.097 4	0.961 7
LAG	−0.851 5	1	−0.860 8	−0.370 4	−0.715 1
KAG	0.988 9	−0.860 8	1	0.174 4	0.945 4
FDITW	0.097 4	−0.370 4	0.174 4	1	0.038 6
MTAGT	0.961 7	−0.715 1	0.945 4	0.038 6	1

▶ 3. 回归的概念

"回归"(Regression)一词,来源于生物学。1885年,英国生物学家高尔顿(Francis Galton,1822~1911)对人体遗传特征进行实验研究。他根据1 078对父子身高的散点图发现,父母身材高的孩子个子普遍较高,父母身材矮的孩子个子普遍较矮,但孩子的身材高矮不是无限制的,父母身高的孩子,他们的平均身高比父母平均身高要小些;父母身材矮的孩子,他们的平均身高比父母平均身高要大一些。即孩子的身高总是越来越趋向于人群总体的平均身高,他称这种现象为"回归"。

他的学生皮尔逊为了纪念高尔顿,将"回归"一词引入到数量统计分析,特指当变量之间存在显著的相关关系时,样本观测值具有聚集在回归线周围的倾向,如图 2-5 所示。对于每一个自变量 X_i 的取值,都出现很多不同的 Y_i 值,但总有一个条件期望值 $E(Y_0|X_i)$ 与之对应,所以条件期望值形成的轨迹(直线或曲线)称为回归线。

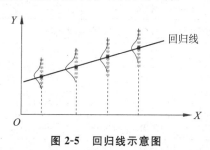

图 2-5　回归线示意图

▶ 4. 回归分析

回归分析(Regression Analysis)是应用极其广泛的数据分析方法之一。它基于观测数据建立变量间适当的依赖关系,以分析数据的内在规律,并可用于预报、控制等问题。其目的主要求证两个或多个变量间是否相关、相关方向与强度,并建立数学模型以便观察特定变量来预测研究者感兴趣的变量。

如果在回归分析中,只包括一个自变量(解释变量)和一个因变量(被解释变量),且二者的关系可用一条直线近似表示。这种回归分析称为一元线性回归分析。如果回归分析中包括两个或两个以上的自变量,且因变量和自变量之间是线性关系,则称为多元线性回归分析。

回归分析的主要步骤:

(1) 寻求变量间的近似的函数关系,即回归方程,如 $Y=\alpha+\beta X+\mu$,一般通过散点图大致确定回归方程类型。

(2) 求出合理的回归参数,如 α、β 的值。

(3) 进行相关性和回归模型检验,如 R^2 检验、F 检验、t 检验等。

(4) 通过检验后,根据回归方程与具体条件进行预测和控制。

二、回归函数

由于变量间关系的随机性,回归分析是根据解释变量的已知值,考查被解释变量的总体均值,即当解释变量取某个确定值时,与之统计相关的被解释变量所有可能出现的对应值的平均值。

例:某社区由 100 户家庭组成,要研究该社区每月家庭消费支出 Y 与每月家庭可支配收入 X 的关系,即已知各家庭的月收入数据预测该社区各家庭的平均月消费支出水平。可将该 100 户家庭划分为组内收入差不多的 10 组,以分析每一收入组的家庭消费支出(表 2-2)。

表 2-2　某社区家庭每月收入与消费支出统计表

	每月家庭可支配收入 X/元									
	800	1 100	1 400	1 700	2 000	2 300	2 600	2 900	3 200	3 500
每月家庭消费支出 Y/元	561	638	869	1 023	1 254	1 408	1 650	1 969	2 090	2 299
	594	748	913	1 100	1 309	1 452	1 738	1 991	2 134	2 321
	627	814	924	1 144	1 364	1 551	1 749	2 046	2 178	2 530
	638	847	979	1 155	1 397	1 595	1 804	2 068	2 266	2 629
		935	1 012	1 210	1 408	1 650	1 848	2 101	2 354	2 860
		968	1 045	1 243	1 474	1 672	1 881	2 189	2 486	2 871
			1 078	1 254	1 496	1 683	1 925	2 233	2 552	
			1 122	1 298	1 496	1 716	1 969	2 244	2 585	
			1 155	1 331	1 562	1 749	2 013	2 299	2 640	
			1 188	1 364	1 573	1 771	2 035	2 310		
			1 210	1 408	1 606	1 804	2 101			
				1 430	1 650	1 870	2 112			
				1 485	1 716	1 947	2 200			
							2 002			
共计/元	2 420	4 950	11 495	16 445	19 305	23 870	25 025	21 450	21 285	15 510

由于不确定因素的影响,对同一收入水平 X_0,不同家庭的消费支出 Y_i 不完全相同。根据样本数据,描出散点图(图 2-6),可以得出随着收入的增加,消费总体也在增加,且 Y 的条件均值均落在一正斜率的直线上。

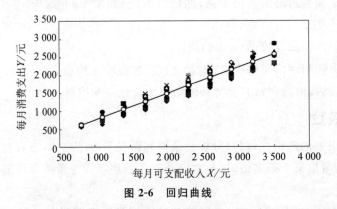

图 2-6　回归曲线

在给定解释变量 X_i 条件下,被解释变量 Y_i 的期望(平均值)轨迹称为回归曲线,相应的函数 $E(Y|X_i)=f(X_i)=\alpha+\beta X_i+\mu$,称为回归函数(Regression Function)。

三、随机误差项

回归函数说明了在给定的收入水平 X_0 下该社区家庭平均的消费支出水平,但对某个别

家庭其消费支出可能与该平均水平有偏差,即,$\mu_i = Y_i - E(Y|X_i)$。

μ_i 为观察值 Y_i 围绕它的期望值 $E(Y|X_i)$ 的离差(Deviation),是一个不可观测的随机变量,又称为随机误差项(Stochastic Error)。它是测试过程中诸多因素随机作用而形成的具有抵偿性的误差,是不可避免的,可以设法将其减少,但又不能完全消除。

随机误差具有统计性,在多次重复测量中,绝对值相同的正、负误差出现的机会大致相同,大误差出现的概率比小误差出现的概率小。多次测量的随机误差的平均值趋向于零,因此不影响测量的准确度,随机误差使测量值产生波动,影响测量结果的精密度。

产生随机误差的原因一般包括未知的影响因素、残缺数据、数据观察误差、模型设定误差、变量内在随机性等。

第二节 回归模型的基本假定

一元线性回归模型是最简单的计量经济学模型,模型中只有一个解释变量,其一般形式为 $Y_i = \alpha + \beta X_i + \mu$,其中 α,β 为回归参数。对回归参数的估计方法有很多种,目前使用最广泛的是普通最小二乘法(Ordinary Least Squares)。为保证参数 α,β 估计量具有良好的性质,根据普通最小二乘法的适用条件,对一元线性回归模型提出若干基本假定。

一、高斯-马尔可夫假定(Gauss-Markov Assumption)

假设 1 解释变量 X_i 是确定性变量,不是随机变量。

假设 2 随机误差项随 μ_i 具有零均值、同方差和无序列相关性,即

$$E(\mu_i) = 0 \qquad i = 1,2,3,\cdots,n \qquad (2\text{-}2)$$

$$\text{var}(\mu_i) = \sigma_\mu^2 \qquad i = 1,2,3,\cdots,n \qquad (2\text{-}3)$$

$$\text{cov}(\mu_i,\mu_j) = 0 \qquad i \neq j \quad i,j = 1,2,3,\cdots,n \qquad (2\text{-}4)$$

假设 3 随机误差项随 μ_i 与解释变量 X_i 之间不相关,即

$$\text{cov}(X_i,\mu_i) = 0 \qquad i = 1,2,3,\cdots,n \qquad (2\text{-}5)$$

假设 4 μ_i 服从零均值、同方差、零协方差的正态分布,即

$$\mu_i \sim N(0,\sigma_\mu^2) \qquad i = 1,2,3,\cdots,n \qquad (2\text{-}6)$$

如果假设 1 与假设 2 成立,则假设 3 也成立;如果假设 4 成立,则假设 2 也成立。

二、暗含的假定

假设 5 随着样本容量的无限增加,解释变量 X 的样本方差趋于一有限常数,即

$$\sum (X_i - \overline{X})^2 / n \to Q, \qquad n \to \infty \qquad (2\text{-}7)$$

旨在排除时间序列数据出现持续上升或下降的变量作为解释变量,因为这类数据不仅使大样本统计推断变得无效,而且往往产生所谓的伪回归问题(Spurious Regression Problem)。

假设 6 回归模型是正确设定的,即回归模型没有设定偏误(Specification Error)。

某些经济现象需要进行深入研究,计量经济学模型的正确设定非常重要,包括选择了正

确的函数形式和选择了正确的自变量和因变量。

第三节 回归模型的参数估计

一、普通最小二乘法

对一元线性回归模型 $Y_i = \alpha + \beta X_i + \mu$ 两边取期望值,得到样本回归直线:
$$E(Y_i) = \hat{Y}_i = \hat{\alpha} + \hat{\beta} X_i$$

式中,$\hat{\alpha}$ 为 α 的估计量;$\hat{\beta}$ 为 β 的估计量。

任意选定一组样本观测值 $A(X_i, Y_i)$,要求样本回归函数值 $B(X_i, \hat{Y}_i)$ 尽可能好地拟合 A 这组样本值。若定样本值 Y_i 与回归拟合值 $\hat{Y}_i$ 之差为 ε_i,即 $\varepsilon_i = Y_i - \hat{Y}_i$,通常将 ε_i 称为残差(Residual)。

因为 ε_i 既可以为正值,也可以为负值,故普通最小二乘法原理:给定样本观测值 $A(X_i, Y_i)$ 的情况下,估算最合适的回归模型参数 $\hat{\alpha}$ 与 $\hat{\beta}$,使得被解释变量的回归拟合值 $\hat{Y}_i$ 与样本值 Y_i 之差的二次方和最小,即如何使得

$$Q = \sum_{i=1}^{n} \varepsilon_i^2 = \sum_{i=1}^{n} (Y_i - \hat{Y}_i)^2 = \sum_{i=1}^{n} [Y_i - (\hat{\alpha} + \hat{\beta} X_i)]^2 \tag{2-8}$$

达到最小。

二、回归模型参数的估算

根据微积分中极小值计算原理,于是 Q 函数式(2-8)分别对 $\hat{\alpha}$ 与 $\hat{\beta}$ 求一阶偏导数,且定其一阶偏导数值为 0,即

$$\begin{cases} \dfrac{\partial Q}{\partial \hat{\alpha}} = 0 \\ \dfrac{\partial Q}{\partial \hat{\beta}} = 0 \end{cases} \Rightarrow \begin{cases} -2\sum_{i=1}^{n}[Y_i - (\hat{\alpha} + \hat{\beta} X_i)] = 0 \\ -2\sum_{i=1}^{n}[Y_i - (\hat{\alpha} + \hat{\beta} X_i)]X_i = 0 \end{cases} \tag{2-9}$$

式(2-9)一般称为正规方程组(Normal Equations)。显然

$$\sum_{i=1}^{n} \varepsilon_i = \sum_{i=1}^{n}[Y_i - (\hat{\alpha} + \hat{\beta} X_i)] = 0 \tag{2-10}$$

$$\sum_{i=1}^{n} \varepsilon_i X_i = \sum_{i=1}^{n}[Y_i - (\hat{\alpha} + \hat{\beta} X_i)]X_i = 0 \tag{2-11}$$

解正规方程组得

$$\begin{cases} \sum_{i=1}^{n} Y_i = n\hat{\alpha} + \hat{\beta} \sum_{i=1}^{n} X_i \\ \sum_{i=1}^{n} X_i Y_i = \hat{\alpha} \sum_{i=1}^{n} X_i + \hat{\beta} \sum_{i=1}^{n} X_i^2 \end{cases} \Rightarrow \begin{cases} \hat{\alpha} = \bar{Y} - \hat{\beta} \bar{X} \tag{2-12} \\ \hat{\beta} = \dfrac{\sum_{i=1}^{n}(X_i - \bar{X})(Y_i - \bar{Y})}{\sum_{i=1}^{n}(X_i - \bar{X})^2} \tag{2-13} \end{cases}$$

相关链接

时间序列数据的普通最小二乘法参数估计

EViews 6.0 软件操作步骤:

(1) 输入变量名和样本数据。

(2) 选择 Quick/Estimate Equation 菜单命令,如图 2-7 所示。

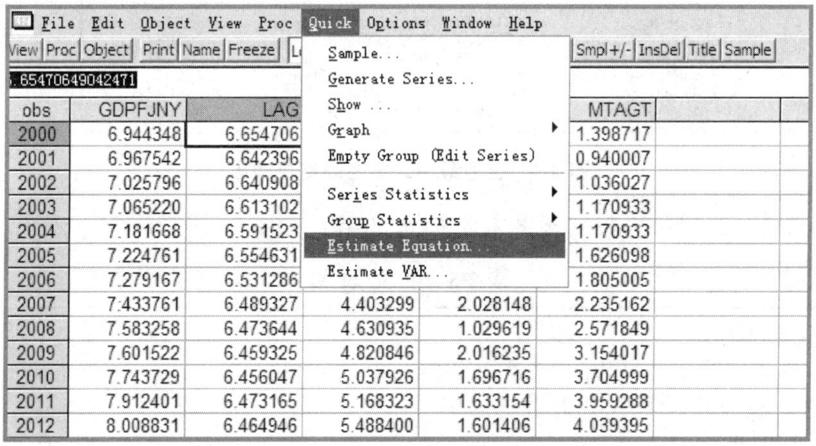

图 2-7 选择方程参数估计

(3) 打开如图 2-8 所示的对话框,在 Equation Specification 设置框中输入因变量与自变量,因变量与自变量用空格隔开,例如 log(GDPFJNY) c log(LAG),其中 log() 是对数函数,即对变量求对数,c 为常数项;在 Method 下拉列表中选择 LS-Least Squares(普通最小二乘法)。

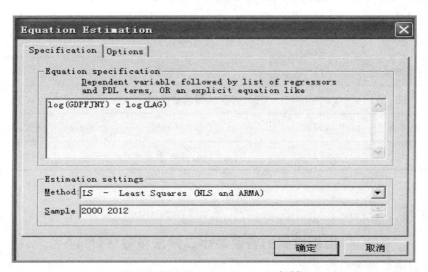

图 2-8 Equation Specification 对话框

(4) 单击"确定"按钮,输出回归模型结果(如图 2-9 所示):ln(GDPFJNY) = 35.2834 - 4.2649ln(LAG)。

```
EViews - [Equation: UNTITLED   Workfile: FJNYMI\Annual]
 File Edit Object View Proc Quick Options Window Help
View|Proc|Object|  Print|Name|Freeze|  Estimate|Forecast|Stats|Resids|

Dependent Variable: LOG(GDPFJNY)
Method: Least Squares
Date: 03/19/15   Time: 10:35
Sample: 2000 2012
Included observations: 13

    Variable      Coefficient   Std. Error    t-Statistic    Prob.
       C           35.28338      3.585589      9.840329     0.0000
    LOG(LAG)       -4.264941     0.548058     -7.781912     0.0000

R-squared            0.846279    Mean dependent var     7.382462
Adjusted R-squared   0.832304    S.D. dependent var     0.360837
S.E. of regression   0.147765    Akaike info criterion -0.845747
Sum squared resid    0.240180    Schwarz criterion     -0.758832
Log likelihood       7.497355    F-statistic            60.55816
Durbin-Watson stat   0.472049    Prob(F-statistic)      0.000008
```

图 2-9 普通最小二乘法的结果输出

（5）由软件（英文）格式转换成中文格式（表 2-3）。

表 2-3 中 文 表 格

因变量：ln(GDPFJNY)

方法：最小二乘法

日期：2015 年 3 月 19 日　　时间：10:35

样本：2000—2012 年

样本数：13 个

自变量	回归参数	标准差	t 一统计值	显著水平
常数项	35.283 38	3.585 589	9.840 329	0.000 0
Ln(LAG)	−4.264 941	0.548 058	−7.781 912	0.000 0
R^2 拟合优度	0.846 279	因变量的均值		7.382 462
修正的 R^2	0.832 304	因变量标准差		0.360 837
回归方程标准差	0.147 765	赤池信息准则		−0.845 747
残差平方和	0.240 180	施瓦兹准则		−0.758 832
似然函数的对数值	7.497 355	F 一统计值		60.558 16
D.W. 统计值	0.472 049	F 一统计值的显著水平		0.000 008

相关链接

面板数据的普通最小二乘法参数估计

EViews 6.0 软件操作步骤：

（1）输入变量名和样本数据。

（2）单击 Pool 对象，选择 Proc/Estimate 菜单命令，如图 2-10 所示。

（3）弹出 Pool Estimation 对话框（图 2-11），在 Dependent variable 文本框中输入因变量

名,Method 下拉列表中选择 LS-Least Squares(普通最小二乘法),在 Cross-section(截面)和 Period(时期)下拉列表中可对影响方式进行设定:None 为无影响,Fixed 为固定影响,Random 为随机影响。

在 Weights(权重)下拉列表中选择加权项或不加权,如果选择 Cross-section weights 为广义最小二乘法使用估计截面残差的方差,可减少截面数据的异方差影响;如果选择 Cross-section SUR 为广义最小二乘法使用估计截面残差的协方差,可减少截面数据的异方差和同期相关性影响,但截面成员很多且时期很短时该方法失效;如果选择 Period Weights 为广义最小二乘法使用估计时期残差的方差,可减少时期异方差影响。

在 Regressors and AR( ) terms 框中输入解释变量;在 Cross-section specific 框中输入的变量对 Pool 对象中每个截面成员的系数都不同,输出结果用截面成员的标识名称和一般序列名称组合形式;在 Period specific 框中输入的变量对 Pool 对象中每个时期的系数都不同,输出结果用时期的标识名称和一般序列名称组合形式。

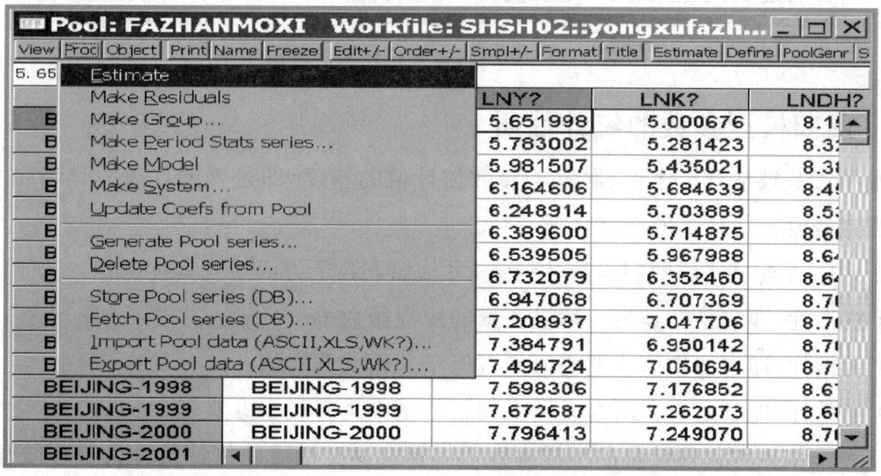

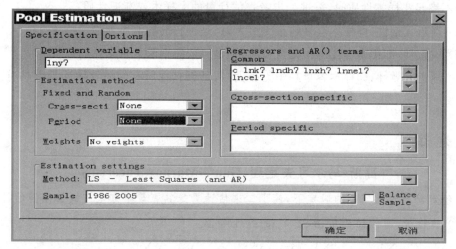

图 2-10　选择菜单

图 2-11　Pool 对象评价的设定

(4) 单击"确定"按钮,输出回归模型结果(图2-12)。

```
Dependent Variable: LNY?
Method: Pooled Least Squares
Date: 05/24/07   Time: 20:30
Sample: 1986 2005
Included observations: 20
Cross-sections included: 29
Total pool (balanced) observations: 580

Variable        Coefficient    Std. Error    t-Statistic    Prob.

C               -0.860243      0.121396      -7.086277      0.0000
LNK?             0.829189      0.013059      63.49591       0.0000
LNDH?            0.261396      0.012005      21.77396       0.0000
LNXH?            0.237727      0.055628      4.273479       0.0000
LNNE1?          -0.145277      0.063819      -2.276374      0.0232
LNCE1?           0.090158      0.056143      1.605873       0.1089

R-squared              0.986459    Mean dependent var    7.086138
Adjusted R-squared     0.986341    S.D. dependent var    1.240231
S.E. of regression     0.144947    Akaike info criterion -1.014609
```

图 2-12 Pool 对象评价结果的输出

三、回归模型参数的统计性质

当模型参数被估计出之后,需考虑参数估计值的精度,即是否能代表总体参数的真值,或者说需考查参数估计量的统计性质。

一个用于考查总体的回归参数估计量,可从如下几个方面考查其优劣性:

(1) 线性性,即它是否是另一随机变量的线性函数。

(2) 无偏性,即它的均值或期望值是否等于总体的真实值。

(3) 有效性,即它是否在所有线性无偏估计量中具有最小方差。

这三个准则也称作估计量的小样本性质。拥有这类性质的估计量称为最佳线性无偏估计量(Best Liner Unbiased Estimator)。

当不满足小样本性质时,需进一步考查估计量的大样本或渐近性质:

(4) 渐近无偏性,即样本容量趋于无穷大时,是否它的均值序列趋于总体真值。

(5) 一致性,即样本容量趋于无穷大时,它是否依概率收敛于总体的真值。

(6) 渐近有效性,即样本容量趋于无穷大时,是否它在所有的一致估计量中具有最小的渐近方差。

相关链接

高斯-马尔可夫定理(Gauss-Markov Theorem)

在给定经典线性回归的假定下,最小二乘估计量是具有最小方差的线性无偏估计量。

(1) 线性性,即估计量 $\hat{\beta}_0$、$\hat{\beta}_1$ 是 Y_i 的线性组合。

证明: $\hat{\beta}_1 = \dfrac{\sum x_t y_t}{\sum x_t^2} = \dfrac{\sum x_t (Y_t - \overline{Y})}{\sum x_t^2} = \dfrac{\sum x_t Y_t}{\sum x_t^2} + \dfrac{\overline{Y} \sum x_t}{\sum x_t^2}$

令 $k_t = \dfrac{x_t}{\sum x_t^2}$，因 $\sum x_t = \sum(X_t - \overline{X}) = 0$，故有

$$\hat{\beta}_1 = \sum \dfrac{x_t}{\sum x_t^2} Y_t = \sum k_t Y_t$$

$$\hat{\beta}_0 = \overline{Y} - \hat{\beta}_1 \overline{X} = \dfrac{1}{n}\sum Y_t - \sum K_t Y_t \overline{X} = \sum \left(\dfrac{1}{n} - \overline{X} K_t\right) Y_t = \sum w_t Y_t$$

（2）无偏性，即估计量 $\hat{\beta}_0$、$\hat{\beta}_1$ 的均值（期望）等于总体回归参数真值 β_0 与 β_1。

证明：$\hat{\beta}_1 = \sum k_i Y_i = \sum k_i (\beta_0 + \beta_1 X_i + \mu_i) = \beta_0 \sum k_i + \beta_1 \sum k_i X_i + \sum k_i \mu_i$

易知　　$\sum k_i = \dfrac{\sum x_i}{\sum x_i^2} = 0 \qquad \sum k_i X_i = 1$

故　　$\hat{\beta}_1 = \beta_1 - \sum k_i \mu_i$

$$E(\hat{\beta}_1) = E(\beta_1 + \sum k_i \mu_i) = \beta_1 + \sum k_i E(\mu_i) = \beta_1$$

同样地，容易得出

$$E(\hat{\beta}_0) = E(\beta_0 + \sum w_i \mu_i) = E(\beta_0) + \sum w_i E(\mu_i) = \beta_0$$

（3）有效性（最小方差性），即在所有线性无偏估计量中，最小二乘估计量 $\hat{\beta}_0$、$\hat{\beta}_1$ 具有最小方差。

先求 $\hat{\beta}_0$ 与 $\hat{\beta}_1$ 的方差：

$$\mathrm{var}(\hat{\beta}_1) = \mathrm{var}\left(\sum k_i Y_i\right) = \sum k_i^2 \mathrm{var}(\beta_0 + \beta_1 X_i + \mu_i) = \sum k_i^2 \mathrm{var}(\mu_i)$$

$$= \sum \left(\dfrac{x_i}{\sum x_i^2}\right) \sigma^2 = \dfrac{\sigma^2}{\sum x_i^2}$$

$$\mathrm{var}(\hat{\beta}_0) = \mathrm{var}\left(\sum w_i Y_i\right) = \sum w_i^2 \mathrm{var}(\beta_0 + \beta_1 X_i + \mu_i) = \sum (1/n - \overline{X} k_i)^2 \sigma^2$$

$$= \sum \left[\left(\dfrac{1}{n}\right)^2 - 2\dfrac{1}{n}\overline{X} k_i + \overline{X}^2 k_i^2\right] \sigma^2 = \left(\dfrac{1}{n} - \dfrac{2}{n}\overline{X}\sum k_i + \overline{X}^2 \sum \left(\dfrac{x_i}{\sum x_i^2}\right)^2\right) \sigma^2$$

$$= \left(\dfrac{1}{n} + \dfrac{\overline{X}^2}{\sum x_i^2}\right) \sigma^2 = \dfrac{\sum x_i^2 + n\overline{X}^2}{n\sum x_i^2} \sigma^2 = \dfrac{\sum X_i^2}{n\sum x_i^2} \sigma^2$$

证明最小方差性：

假设 $\hat{\beta}_1^*$ 是其他估计方法得到的关于 β_1 的线性无偏估计量

$$\hat{\beta}_1^* = \sum c_i Y_i$$

其中，$c_i = c_i - k_i + k_i$，c_i 为不全为零的常数。

则容易证明 $\mathrm{var}(\hat{\beta}_1^*) \geqslant \mathrm{var}(\hat{\beta}_1)$。

证明：$\mathrm{var}(\hat{\beta}_1^*) = \mathrm{var}\left(\sum c_i Y_i\right) = \sum c_i^2 \sigma^2$

$$= \sum (c_i - k_i + k_i)^2 \sigma^2 = \sum [(c_i - k_i)^2 + k_i^2 + 2k_i(c_i - k_i)] \sigma^2$$

$$= \sum [(c_i - k_i)^2 + k_i^2] \sigma^2 \geqslant \sum k_i^2 \sigma^2 = \mathrm{var}(\beta_1)$$

同理，可证明 β_0 的最小二乘估计量 $\hat{\beta}_0$ 具有最小的方差。

第四节　回归模型的统计检验

回归分析是通过样本所估计的参数来代替总体的真实参数，或者说是用样本回归线代替总体回归线。由统计性质知，如果有足够多的重复抽样，参数的估计值的均值就等于其总体的参数真值。

但在一次抽样中，估计值不一定就等于该真值。那么，在一次抽样中，参数的估计值与真值的差异有多大？是否显著？这就需要对回归模型进行统计检验，通常包括模型整体拟合优度检验（R^2 检验）、变量个体显著性检验（t 检验）。

一、拟合优度检验

拟合优度检验实则是对样本回归直线与样本观测值之间拟合程度的检验。采用普通最小二乘估计方法，已经保证了模型最好地拟合了样本观测值，为什么还要检验拟合程度？问题在于，在一个特定的条件下做得最好的并不一定就是高质量的。普通最小二乘法所保证的最好的拟合是同一个问题内部的比较，拟合优度检验结果所表现的优劣是不同问题之间的比较。

▶ 1. 总离差二次方和的分解

对一元线性回归模型 $Y_i = \alpha + \beta X_i + \mu$ 两边取期望值，得到样本回归直线 $E(Y_i) = \hat{Y}_i = \hat{\alpha} + \hat{\beta} X_i$，已知样本总离差 $y_i = Y_i - \bar{Y} = (Y_i - \hat{Y}_i) + (\hat{Y}_i - \bar{Y})$，可以分解成两部分（如图 2-13 所示）：$(Y_i - \hat{Y}_i)$ 为样本残差 e_i、$(\hat{Y}_i - \bar{Y})$ 为回归离差 $\hat{y}_i$。如果要回归曲线拟合得好，即 Y_i 与 $\hat{Y}_i$ 非常接近，显然 $|e_i|$ 越小越好。

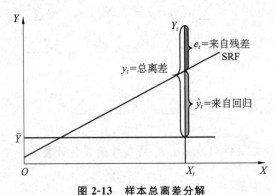

图 2-13　样本总离差分解

因考虑到样本总离差 $y_i = Y_i - \bar{Y}$ 既可以为正数也可以为负数，所以对总离差 $y_i = Y_i - \bar{Y}$ 求二次方，即

$$[(Y_i - \hat{Y}_i) + (\hat{Y}_i - \bar{Y})]^2 = \hat{y}_i^2 + e_i^2 + 2\hat{y}_i e_i \tag{2-14}$$

又因

$$\sum_{i=1}^{n} \hat{y}_i e_i = \sum_{i=1}^{n} (\hat{Y}_i - \bar{Y}) e_i = \sum_{i=1}^{n} [(\hat{\alpha} + \hat{\beta} X_1) - (\alpha + \beta \bar{X})] e_i = \hat{\beta} \sum_{i=1}^{n} e_i X_1 - \beta \bar{X} \sum_{i=1}^{n} e_i$$

$$\tag{2-15}$$

根据式(2-10)和式(2-11)，可得 $\sum_{i=1}^{n} \hat{y}_i e_i = 0$，

所以
$$\sum y_i^2 = \sum \hat{y}_i^2 + \sum e_i^2 + 2\sum \hat{y}_i e_i$$
$$= \sum \hat{y}_i^2 + \sum e_i^2 \quad (2\text{-}16)$$

总离差二次方和(Total Sum of Squares, TSS)可分解成两部分，一部分为回归离差二次方和(Explained Sum of Squares, ESS)；另一部分为残差二次方和(Residual Sum of Squares, RSS)，即 TSS＝ESS＋RSS。

▶ 2. 可决定系数 R^2

如何衡量回归模型值拟合样本观测值的优度呢？统计学设计出了一个可决定系数 R^2 (Coefficient of Determination)：

$$R^2 = \frac{\text{ESS}}{\text{TSS}} = 1 - \frac{\text{RSS}}{\text{TSS}} \quad (2\text{-}17)$$

可得 $R^2 \in [0,1]$，显然 RSS 越小，回归模型拟合样本观测值越好，由此 R^2 越接近 1，说明实际观测点离样本回归线越近，拟合优度越高。

但需要注意的是，用 R^2 比较模型拟合优度时，要求被解释变量必须相同。

二、变量显著性检验

变量的显著性检验旨在对回归模型中因变量与各自变量之间的线性关系是否显著作出评判。

▶ 1. 构造 t 统计量

已知样本回归直线 $\hat{Y}_i = \hat{\alpha} + \hat{\beta} X_i$，参数 $\hat{\alpha}$、$\hat{\beta}$ 都服从正态分布：

$$\hat{\alpha} \sim N\left(\alpha, \frac{\sigma_\mu^2 \sum_{i=1}^{n} X_i^2}{n \sum_{i=1}^{n} x_i^2}\right) \quad (2\text{-}18)$$

$$\hat{\beta} \sim N\left(\beta, \frac{\sigma_\mu^2}{\sum_{i=1}^{n} x_i^2}\right) \quad (2\text{-}19)$$

式中，$N(\ )$为正态分布函数；n 为样本个数；σ_μ^2 为随机误差项 μ 的方差，因 σ_μ^2 是不可观察的，通常用 σ_μ^2 的无偏估计量 $\hat{\sigma}_\mu^2 = \dfrac{\sum_{i=1}^{n} e_i^2}{n-2}$ 替代。

以 $\hat{\beta}$ 为例，构造 t 统计量：

$$t = \frac{\hat{\beta} - \beta}{S\hat{\beta}} = \frac{\hat{\beta} - \beta}{\sqrt{\dfrac{\hat{\sigma}_\mu^2}{\sum_{i=1}^{n} x_i^2}}} \quad (2\text{-}20)$$

该统计量服从自由度为 $n-2$ 的 t 分布，因此可用该统计量作为 $\hat{\beta}$ 显著性检验的 t 统计量。同理，构造 $\hat{\alpha}$ 的 t 统计量：

$$t = \frac{\hat{\alpha} - \alpha}{S_{\hat{\alpha}}} = \frac{\hat{\alpha} - \alpha}{\sqrt{\dfrac{\hat{\sigma}_\mu^2 \sum\limits_{i=1}^{n} X_i^2}{n \sum\limits_{i=1}^{n} x_i^2}}} \tag{2-21}$$

该统计量服从自由度为 $n-2$ 的 t 分布，因此可用该统计量作为 $\hat{\alpha}$ 显著性检验的 t 统计量。

▶ **2. 提出假设**

以 $\hat{\beta}$ 为例，如果变量 X_i 是显著的，那么参数 β 显著不为 0。于是，可设原假设 $H_0: \beta = 0$，备择假设 $H_1: \beta \neq 0$。

▶ **3. 确定显著水平**

给定一个显著性水平 α，一般情况下，α 取 0.01（或 0.05），即 1% 是显著的（或 5% 是显著的）。

▶ **4. 确定临界值**

查 t 分布表（见附录），得到一个临界值 $t_{\frac{\alpha}{2}}(n-2)$。

▶ **5. 做出判断**

以 $\hat{\beta}$ 为例，计算 t 统计量，如果 $|t| >$ 临界值 $t_{\frac{\alpha}{2}}(n-2)$，则拒绝原假设 $H_0: \beta = 0$，即在 $1-\alpha$ 的置信度下接受备择假设 $H_1: \beta \neq 0$，表明在 $1-1\% = 99\%$ 的置信度下变量 X_i 对因变量 $\hat{Y}_i$ 是显著的。

反之，$|t| \leq$ 临界值 $t_{\frac{\alpha}{2}}(n-2)$，则接受原假设 $H_0: \beta = 0$，表明在 99% 的置信度下变量 X_i 对因变量 $\hat{Y}_i$ 是不显著的。

t 检验是单个自变量对因变量独自验证显著性的一种方法，体现了该解释变量独自对被解释变量在一定置信度下的影响是否显著。

关键术语

相关系数　回归函数　随机误差项　高斯-马尔可夫假定　普通最小二乘法　拟合优度检验　变量的显著性检验

闯关习题

一、单项选择题

1. 对样本的相关系数 r，以下结论错误的是（　　）。

A. $|r|$ 越接近 0，X 与 Y 之间线性相关程度高

B. $|r|$ 越接近 1，X 与 Y 之间线性相关程度高

C. $-1 \leq r \leq 1$

D. $r = 0$，则在一定条件下 X 与 Y 相互独立

2. 回归分析的目的是（　　）。

A. 研究解释变量对被解释变量的依赖关系

B. 研究解释变量对被解释变量的相关关系

C. 根据解释变量数值来估计或预测被解释变量的总体均值

D. 以上说法都不对

3. 在回归模型中，正确表达了随机误差项序列相关的是（　　）。

A. $\text{cov}(u_i, u_j) \neq 0, i \neq j$　　　　　　B. $\text{cov}(u_i, u_j) = 0, i \neq j$

C. $\text{cov}(X_i, X_j) = 0, i \neq j$　　　　　　D. $\text{cov}(X_i, u_j) = 0, i \neq j$

4. 变量 X 与变量 Y 的相关分析中（　　）。

A. X 是随机变量，Y 是非随机变量　　　　B. Y 是随机变量，X 是非随机变量

C. X 和 Y 都是随机变量　　　　　　　　　D. X 和 Y 均为非随机变量

5. 回归分析中，用来说明拟合优度的统计量为（　　）。

A. 相关系数　　　　B. 回归系数　　　　C. 可决系数　　　　D. 标准差

6. 表示 x 和 y 之间真实线性关系的是（　　）。

A. $\hat{Y}_t = \hat{\beta}_0 + \hat{\beta}_1 X_t$　　　　　　　　　B. $E(Y_t) = \beta_0 + \beta_1 X_t$

C. $Y_t = \beta_0 + \beta_1 X_t + u_t$　　　　　D. $Y_t = \beta_0 + \beta_1 X_t$

7. 参数 β 的估计量 $\hat{\beta}$ 具备有效性是指（　　）。

A. $\text{var}(\hat{\beta}) = 0$　　　　　　　　　　B. $\text{var}(\hat{\beta})$ 为最小

C. $(\hat{\beta} - \beta) = 0$　　　　　　　　　D. $(\hat{\beta} - \beta)$ 为最小

8. 对回归模型 $Y_i = \beta_0 + \beta_1 X_i + u_i$ 进行检验时，通常假定 u_i 服从（　　）。

A. $N(0, \sigma_i^2)$　　　　　　　　　　B. $t(n-2)$

C. $N(0, \sigma^2)$　　　　　　　　　　D. $t(n)$

9. 用一组有 30 个观测值的样本估计模型 $Y_i = \beta_0 + \beta_1 X_i + u_i$，在 0.05 的显著性水平下对 β_1 的显著性作 t 检验，则 β_1 显著地不等于零的条件是其统计量 t 大于（　　）。

A. $t_{0.05}(30)$　　　B. $t_{0.025}(30)$　　　C. $t_{0.05}(28)$　　　D. $t_{0.025}(28)$

10. 年劳动生产率 X（千元）和工人工资 Y（元）之间的回归直线方程为 $\hat{Y}_t = 20 + 60 X_t$，这表明年劳动生产率每提高 1 000 元时，工人工资平均（　　）。

A. 增加 60 元　　　B. 减少 60 元　　　C. 增加 20 元　　　D. 减少 20 元

二、简述题

1. 简述相关系数的计算公式及 EViews 6.0 软件操作步骤。

2. 什么是回归？什么是回归线？

3. 回归分析的主要内容包括哪些？

4. 随机误差项产生的主要原因有哪些？

5. 一元线性回归模型在使用普通最小二乘法估计参数时，需要满足哪些基本假定？

6. 什么是普通最小二乘原理，并根据普通最小二乘法原理推导参数的计算公式。

7. 简述一元线性回归模型的拟合优度检验的基本思想。

8. 简述一元线性回归模型的变量的显著性检验的基本思想。

三、软件操作题

表 2-4 是已知某县 1996—2015 年财政收入 Y 和国内生产总值(GDP)X 的统计表。

表 2-4　某县 1996—2015 年财政收入与国内生产总值统计表　　　(单位：万元)

年份	财政收入 Y	国内生产总值 X	年份	财政收入 Y	国内生产总值 X
1996	1 132.26	3 624.1	2006	2 357.24	14 922.3
1997	1 146.38	4 038.2	2007	2 664.9	16 917.8
1998	1 159.93	4 517.8	2008	2 937.1	18 598.4
1999	1 175.79	4 860.3	2009	3 149.48	21 662.5
2000	1 212.33	5 301.8	2010	3 483.37	26 651.9
2001	1 366.95	5 957.4	2011	4 348.95	34 560.5
2002	1 642.86	7 206.7	2012	5 218.1	46 670
2003	2 004.82	8 989.1	2013	6 242.2	57 494.9
2004	2 122.01	10 201	2014	7 404.99	66 850.5
2005	2 199.35	11 954.5	2015	8 651.14	73 452

请利用 EViews 6.0 软件，得出财政收入 Y 和国内生产总值(GDP)X 的一元线性回归模型，并解释拟合优度值(R^2)和变量 t 值的含义。

课外修炼

阅读《计量经济学基础》

一、基本信息

《计量经济学基础》由古扎拉蒂著,中国人民大学出版社于 2012 出版。

二、作者简介

古扎拉蒂,西点军校的经济学荣誉退休教授。他曾在纽约城市大学执教 25 年多,之后又在纽约美国西点军校政治科学系执教 17 年。古扎拉蒂在美国及世界知名的学术期刊上发表了大量论文,这些期刊包括《经济学与统计学评论》(Review of Economics and Statistics)、《经济学杂志》(Economic Journal)、《金融与数量分析杂志》(Journal of Financial and Quantitative Analysis)和《商学杂志》(Journal of Business)等,他的计量经济学教材被翻译成多种语言出版。

> 大学是塑造灵魂的地方,是提升人格和培养文化素养的场所,而不仅仅为学生以后的谋生或就业而存在。

第三章 多元线性回归模型
Chapter 3

>>> **知识结构图**

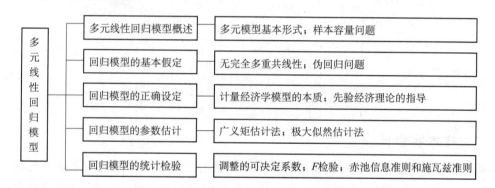

>>> **学习目标**

1. 知识目标：多元线性回归模型概述；样本容量问题；回归模型的基本假定；广义矩估计法；极大似然估计法；调整的可决定系数；方程总体线性的显著性检验等。

2. 能力目标：理解样本容量问题；理解伪回归问题；掌握广义矩估计法和极大似然估计法；区分可调整的 R^2 检验、F 检验等。

>>> **情景写实**

在中国古代，有个国王叫齐宣王，非常喜欢听乐队吹竽，而且一定要三百人一起吹。根本不会吹竽的南郭先生，那时也请求给齐宣王吹竽。齐宣王很高兴。官府给南郭先生的待遇和那几百人一样。说明：整体吹竽效果很好，总体显著性检验（F 检验）通过。

齐宣王死后，他的儿子齐湣王继承了王位。齐湣王也喜欢听吹竽，但他喜欢一个一个的独奏，南郭先生就只好灰溜溜地逃走了。说明：进行单个变量的显著性检验（t 检验）时，南郭先生没有通过，被淘汰掉。因此，在做计量实证分析时，当总体显著性检验（F 检验）通过时，还有必要进行变量的显著性检验（t 检验）。

一个和尚挑水喝,两个和尚抬水喝,三个和尚没水喝。这说明:变量的显著性检验(t检验)通过时,还有必要进行总体显著性检验(F检验)。

可以得出,F检验与t检验不能相互替代,缺一不可。

第一节 多元线性回归模型概述

一、多元线性回归模型的一般形式

▶ 1. 时间序列数据形式

$$Y = \beta_0 + \beta_1 X_1 + \beta_2 X_2 + \cdots + \beta_k X_k + \mu \tag{3-1}$$

式中,k为解释变量的数目;β_i为模型参数;μ为随机误差项。常数项β_0可被看作一虚变量的系数,该虚变量的样本观测值始终取1,则模型中解释变量的数目为$(k+1)$。

▶ 2. 面板数据形式

$Y_i = \beta_0 + \beta_1 X_{i1} + \beta_2 X_{i2} + \cdots + \beta_k X_{ik} + \mu_i$,改成矩阵形式为

$$\begin{pmatrix} Y_1 \\ Y_2 \\ \vdots \\ Y_n \end{pmatrix} = \begin{pmatrix} 1 & x_{11} & x_{12} & \cdots \\ 1 & x_{21} & x_{22} & \cdots \\ \vdots & \vdots & \vdots & \\ 1 & x_{n1} & x_{n2} & \cdots \end{pmatrix} \begin{pmatrix} \beta_0 \\ \beta_1 \\ \vdots \\ \beta_k \end{pmatrix} + \begin{pmatrix} \mu_1 \\ \mu_2 \\ \vdots \\ \mu_k \end{pmatrix} \tag{3-2}$$

二、样本容量问题

模型参数估计是建立在被解释变量和解释变量的大量样本观测值的基础上运算完成的,其精度对样本数据的依赖性很大,通常样本数目越多精度越高。当然,也得考虑样本数据效果的有用性和时间的一致性等。例如,要分析我国当代经济发展规律,一般选择社会经济数据从1978年(党的十一届三中全会)开始。

▶ 1. 最小样本容量

从普通最小二乘法原理出发,不管其质量如何,欲能得出参数估计量,所要求的样本容量的下限必须不少于模型中解释变量的数目(包括常数项),即$n \geq k+1$。

▶ 2. 满足基本要求的样本容量

当样本数目n满足不少于模型中解释变量的数目(包括常数项)$k+1$时,但n还是太小,除了参数估计质量不高外,一些后续统计检验工作难以实现。例如,当$n \geq 8+k$时,t分布较为稳定;当$n > 30$时,Z检验才能应用。

回归模型的良好性质,只有在大样本容量下才能在理论上真正得到实现。计量经济学一般实证经验表明,当$n \geq 30$,或者至少$n \geq 3(k+1)$时,才满足模型估计的基本统计要求。

第二节　回归模型的基本假定

为了使参数估计量具有良好的统计性质,特对多元线性回归模型作出若干假定。

一、回归模型的经典假定

假设 1　解释变量 X_i 是非随机(即固定)的,且 X_i 之间不存在严格线性相关(无多重共线性)。

假设 2　随机误差项随 μ_i 具有零均值、同方差及无序列相关性:

$$E(\mu_i)=0 \qquad i=1,2,3,\cdots,n \tag{3-3}$$

$$\text{var}(\mu_i)=\sigma_\mu^2 \qquad i=1,2,3,\cdots,n \tag{3-4}$$

$$\text{cov}(\mu_i,\mu_j)=0 \qquad i\neq j \quad i,j=1,2,3,\cdots,n \tag{3-5}$$

假设 3　解释变量 X_i 与随机误差项项 μ_i 不相关:

$$\text{cov}(X_i,\mu_i)=0 \qquad i=1,2,3,\cdots,n \tag{3-6}$$

假设 4　随机误差项项 μ_i 满足正态分布:

$$\mu_i \sim N(0,\sigma_\mu^2) \qquad i=1,2,3,\cdots,n \tag{3-7}$$

二、隐含的假定

假设 5　样本容量趋于无穷时,各解释变量的方差趋于有界常数:

$$\sum(X_i-\overline{X})^2/n \to Q, \qquad n \to \infty \tag{3-8}$$

假设 6　多元线性回归模型的设定是正确的。

计量经济学模型的正确设定非常重要,包括选择了正确的函数形式以及正确的自变量和因变量。

第三节　回归模型的正确设定

任何一项计量经济学应用研究,最重要的工作是设定计量经济学模型。只有设定了正确的总体回归模型,才能通过严格的数学过程和统计推断,得到正确的研究结果。回归模型的设定正确与否可以决定计量经济学应用研究的成败。

进入 20 世纪 70 年代,人们对计量经济学模型的预测功能提出了质疑,并不源于它未能对 1973 年和 1979 年的"石油危机"提出预报,而是几乎所有的计量经济学模型都无法预测"石油危机"对经济造成的影响。当代,翻开任何一本国际顶级经济学刊物,应用计量经济学模型分析方法的研究论文随处可见,但是人们对它的否定甚至攻击也不绝于耳。

一、计量经济学模型的本质

对计量经济学模型的正确设定,必须首先明确回答以下两个问题:

(1)要确定的是经济主体内在的本质,还是经济主体之间的关系?

（2）要确定的是经济主体之间的动力学关系,还是经济变量(经济主体经济活动的结果)之间的数据关系？

计量经济学模型分析的目的是发现和塑造整个经济世界的经济主体之间的互动规律。计量经济学模型不应该是确定在经济主体动力学关系(图3-1)上无所指的经济变量之间的关系,经济变量及相关数据是经济主体活动的结果,脱离经济主体之间动力学关系建构的经济变量,不过是纯粹的数字。经济主体的任何行为,都应在主体和其所处的环境之间寻找原因。

构建计量经济学模型,需要注意经济理论、数理方法和数据质量三个要素。部分研究者因不了解计量模型方法的具体应用背景和适用条件,而陷入滥用和错用的误区。

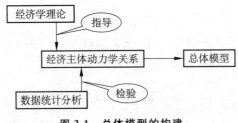

图 3-1　总体模型的构建

二、先验经济理论的指导

对于同一个作为研究对象的被解释变量,它和所有影响因素之间只能存在一种客观的正确的关系。不同的研究者、不同的研究目的、不同的数据选择方法等,会对计量经济学模型的处理(约化和简化)不同,最终所得的应用模型自然不同,但正确的总体模型只能是一个。

相关链接

消费者行为理论与消费函数模型

消费者行为理论是西方经济学最基本的研究。按照不同的消费者行为理论,目前存在多种消费函数模型。

1. 绝对收入消费函数模型

$$C_t = \alpha + \beta_0 Y_t + \beta_1 Y_t^2 + \mu_t, \quad t=1,2,3,\cdots,n \tag{3-9}$$

消费 C_t 是由绝对收入 Y_t 唯一决定的,参数能较好地体现收入边际消费递减规律。

2. 相对收入消费函数模型

Duesenberry 认为,在一个群体收入分布中处于低收入的个体,往往有较高的消费倾向,即

$$\frac{C_i}{Y_i} = \alpha_0 + \alpha_1 \frac{\bar{Y}_i}{Y_i} \tag{3-10}$$

由式(3-10)可以推导出

$$C_i = \alpha_0 Y_i + \alpha_1 \bar{Y}_i + \mu_i \tag{3-11}$$

Duesenberry 也认为,当前收入低于曾经达到的最高收入时,往往有较高的消费倾向,即

$$\frac{C_t}{Y_t} = \alpha_0 + \alpha_1 \frac{Y_0}{Y_t} \tag{3-12}$$

由式(3-12)可以推导出

$$C_t = \alpha_0 Y_t + \alpha_1 Y_0 + \mu_t \tag{3-13}$$

3. 生命周期消费函数模型

Modigliani、Brumberg 和 Ando 于 1954 年提出预算约束为

$$\sum_{t=1}^{T} \frac{C_t}{(1+r)^{t-1}} = \sum_{t=1}^{T} \frac{Y_t}{(1+r)^{t-1}} \tag{3-14}$$

当效用函数达到最大时,消费则是各个时期的收入和贴现率的函数,即

$$C_t = c_t(Y_1, Y_2, \cdots, Y_T, r) \tag{3-15}$$

4. 持久收入消费函数模型

Friedman 于 1957 年提出持久收入消费理论,即

$$C_t = \alpha_0 + \alpha_1 Y_t^p + \alpha_2 Y_t^t + \mu_t \tag{3-16}$$

5. 合理预期消费函数模型

$$C_t = \alpha + \beta Y_t^e \tag{3-17}$$

式中,收入预期值 Y_t^e 是现期实际收入与前一期预期收入的加权和,即

$$Y_t^e = (1-\lambda)Y_t + \lambda Y_{t-1}^e \tag{3-18}$$

从上述不同的消费函数模型,可以得到如下启示:

(1) 不同的研究者,依据不同的消费理论,就可以设定不同的消费函数模型。

(2) 如果仅仅试图检验哪种消费理论适合于我国,也许是有意义的。如果研究的目的是为了揭示我国的消费行为,或者是揭示影响消费的各个因素对我国消费的实际影响,那么不同的研究者就会得到不同的结论,这样的研究是没有意义的。

(3) 先验的经济理论,可以指导我们分析实际的经济行为关系,但不能直接作为总体回归模型设定的导向。

三、样本数据关系的导向

计量经济学模型方法是一种经验实证的方法。一旦总体模型被设定,利用样本数据进行的数理检验,只能发现已经包含其中的哪些变量是不显著的,而不能发现未包含其中的显著变量;只能发现已经被采用的数理函数关系是不恰当的,而不能发现未被采用的正确函数关系。

总体回归模型必须反映现实的经济行为,而现实经济活动中变量之间的关系是复杂的,而且这些变量都是变化的。如果只将一部分变量引入模型,只有在其他变量不变的条件下,模型所揭示的它们与被解释变量之间的结构关系才是正确的。"其他变量不变"的条件,在现实中是无法得到满足的,所以必须将所有变量同时引入模型,因为被解释变量的变化是它们共同作用的结果。

计量经济学模型的研究范式要求对变量的设定首先做出假定,然后再进行数理检验,即各种统计检验方法。假定是从先验经济理论出发的,统计检验是从数据出发的,二者似乎在这里得到了完美的结合。但由于统计检验本质上只能证伪,不能证实,因而实际上没有被证实的假定却首先被接受了,先验的经济理论在变量设定中发挥了主导作用,再通过

统计检验的证伪也就变得毫无实际价值,自然计量经济学模型构建中的错误频发也就不足为奇了。

第四节　回归模型的参数估计

普通最小二乘法具有一定局限性,其参数估计值只有在回归模型满足一些严格假定条件下才具有良好的性质。广义矩估计法(Generalized Method of Moments,GMM)与极大似然估计法(Maximum Likelihood)则不需要太多严格的限制,如广义矩估计法不要求随机误差项一定非序列相关和同方差等,并且得到的回归参数估计值与真实值更接近。

一、广义矩估计法

广义矩估计法在大样本下是有效的,在小样本下是无效的。在随机抽样中,样本统计量将依概率收敛于某个常数,这个常数又是分布中未知参数的一个函数,即在不知道分布的情况下,利用样本矩构造方程(包含总体的未知参数),利用这些方程求得总体的未知参数。

基于模型实际参数满足一定矩条件而形成的一种参数估计方法,是矩估计方法的一般化,只要模型设定正确,则总能找到该模型实际参数满足的若干矩条件而采用广义矩估计法。

参数要满足的理论关系通常是参数函数 $f(\beta_i)$ 与工具变量 Z_i 之间的正则条件,即

$$E[f(\beta_i)^T z_i] = 0 \tag{3-19}$$

式中,β_i 为被估计参数。

参数估计量选择的标准是工具变量 Z_i 与参数函数 $f(\beta_i)$ 之间的样本相关性越接近于0越好。用函数表示为

$$J(\beta_i) = [f(\beta_i)^T z_i]^T \mathbf{A} [f(\beta_i)^T z_i] \tag{3-20}$$

式中,$\mathbf{A}$ 为加权矩阵,任何对称正定矩阵 $\mathbf{A}$ 都能得到 β_i 的一致估计。

相关链接

广义矩估计法的参数估计

EViews 6.0 软件操作步骤:

(1) 输入变量名和样本数据。

(2) 选择 Quick/Estimate Equation 菜单命令。

(3) 弹出对话框(如图 3-2 所示),Method 下拉列表中选择 GMM(广义矩估计法),Equation Specification 下的列表框中输入所有因变量和自变量名(包括常数项),在 Instrument list(工具变量列表)下的列表框中输入工具变量名。注意:工具变量的个数不能比被估参数个数少。

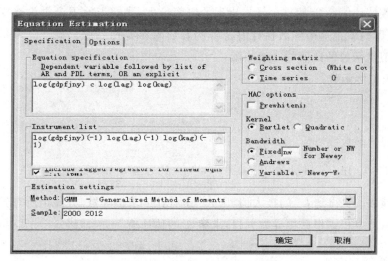

图 3-2 广义矩估计法的界面设定

在对话框右侧的 Weighting matrix(加权矩阵)选项组中有 Cross section(交叉项)和 Time series(时间序列)两个单选按钮,选择其中一个后,回归模型的异方差都是稳健的。

在 HAC options 区域的 Kernel(核函数)选项组中选择 Bartlet 或 Quadratic 单选按钮可决定计算加权矩阵时自协方差的权重,Bandwidth(宽带)选项组中有三个单选按钮,选中 Fixed(固定宽带)单选按钮后,可在其右边的文本框中输入宽带数,亦可输入"nw",即使用 Newey-west 固定宽带。

(4) 单击"确定"按钮,输出广义矩估计法的模型参数结果(图 3-3)。

EViews - [Equation: UNTITLED Workfile: FJNYMT\Annual]

Dependent Variable: LOG(GDPFJNY)
Method: Generalized Method of Moments
Date: 04/04/15 Time: 12:45
Sample: 2000 2012
Included observations: 13
Kernel: Bartlett, Bandwidth: Fixed (2), No prewhitening
Simultaneous weighting matrix & coefficient iteration
Convergence achieved after: 8 weight matrices, 9 total coef iterations
Instrument list: LOG(GDPFJNY)(-1) LOG(LAG)(-1) LOG(KAG)(-1)

Variable	Coefficient	Std. Error	t-Statistic	Prob.
C	30.82776	5.051396	6.102820	0.0001
LOG(LAG)	-3.581709	0.746948	-4.795126	0.0007
LOG(KAG)	-0.023233	0.042088	-0.552012	0.5931

R-squared	0.739667	Mean dependent var	7.382462
Adjusted R-squared	0.687601	S.D. dependent var	0.360837
S.E. of regression	0.201681	Sum squared resid	0.406754
Durbin-Watson stat	0.271097	J-statistic	0.105040

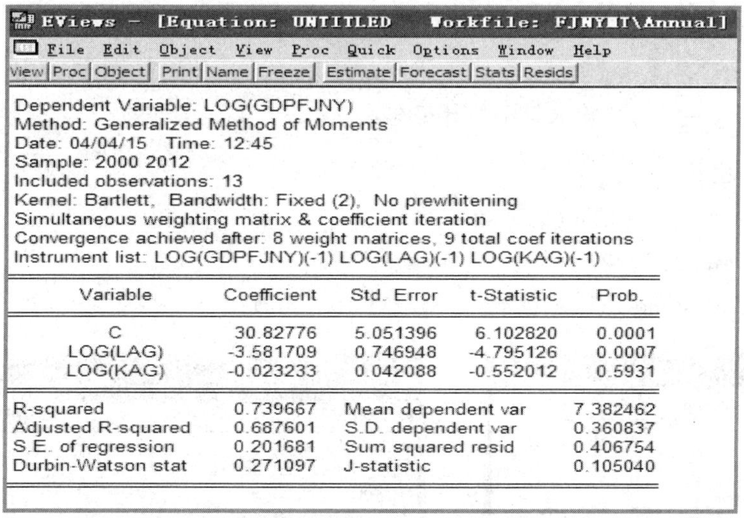

图 3-3 广义矩估计法的结果输出

二、极大似然估计法

极大似然估计法最早由德国数学家 Gauss 于 1821 年提出。其基本原理为:从回归模型总体随机抽取 n 组样本观测值后,最合理的参数估计值 $\hat{\beta}_i$ 应该使得从模型中抽取该 n 组样本观测值的概率最大,而不是像普通最小二乘估计法那样使得模型最好地拟合样本数据。

已知某个参数估计值 $\hat{\beta}_i$ 能使这个样本出现的概率最大,我们当然不会再去选择其他小概率的样本,所以干脆就把这个参数估计值 $\hat{\beta}_i$ 作为参数的真实值。

求极大似然函数估计值的一般步骤:

(1) 写出似然函数:

$$P(Y_1, Y_2, \cdots, Y_n) = \frac{1}{(2\pi)^{\frac{n}{2}} \sigma^n} e^{-\frac{1}{2\sigma^2} \sum_{i=1}^{n}(Y_i - \beta_0 - \beta_1 X_1 - \cdots - \beta_i X_i)^2} \quad (3-21)$$

(2) 对似然函数取对数:

$$L^* = \ln p = -n\ln(\sqrt{2\pi}\sigma) - \frac{1}{2\sigma^2} \sum_{i=1}^{n}(Y_i - \beta_0 - \beta_1 X_1 - \cdots - \beta_i X_i)^2 \quad (3-22)$$

(3) 求导数。要得到 L^* 的极大值,则 L^* 分别对 β_i 求偏导数,并假定所有偏导数等于0。

(4) 解似然方程。根据偏导数方程,求解 β_i 的估计值。

相关链接

极大似然法的参数估计

EViews 6.0 软件操作步骤:

(1) 输入变量名和样本数据。

(2) 选择 Object/New Object 菜单命令。

(3) 弹出对话框(如图 3-4 所示),Type of object 文本框中输入 LogL(极大似然估计法),在 Name for object 文本框中输入项目名(要求是字母或数字),单击 OK 按钮。

(4) 弹出如图 3-5 所示的窗口,输入描述统计语句。

以 $Y = \beta_0 + \beta_1 X_1 + \beta_2 X_2 + \mu$ 为例,假定样本数 $n=30$,则 $n-3=27$,res 表示残差,var 表示方差,又 $\hat{\sigma}_\mu^2 = \dfrac{\sum_{i=1}^{n} e_i^2}{n-3}$,则输入以下统计语句:

@logL logL1

res=Y-c(1)-c(2)*X1-c(3)*X2

var=@sum(res^2)/27

logL1=log(@dnorm(res/@sqrt(var)))-log(var)/2

图 3-4 极大似然估计法

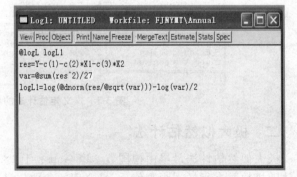

图 3-5 极大似然估计法的描述统计语句

(5) 单击图 3-5 所示窗口中的 Estimate 按钮，输出极大似然估计法的模型参数结果（图 3-6）

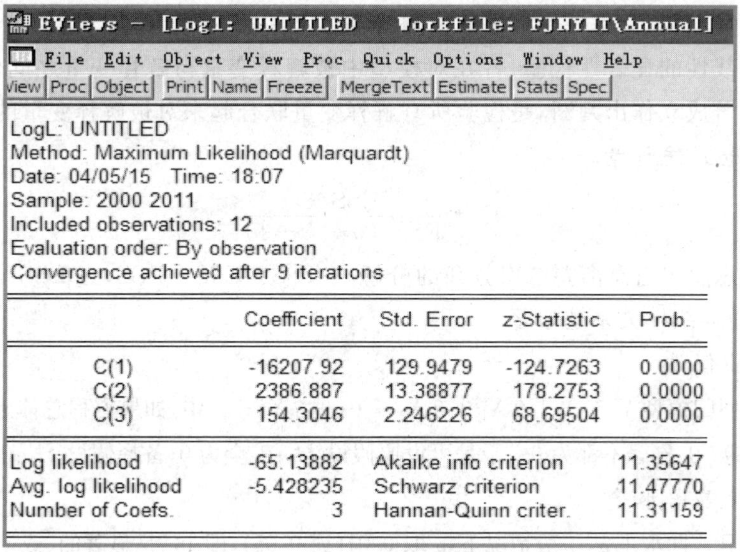

EViews - [Logl: UNTITLED Workfile: FJNYMT\Annual]
File Edit Object View Proc Quick Options Window Help
View Proc Object Print Name Freeze MergeText Estimate Stats Spec

LogL: UNTITLED
Method: Maximum Likelihood (Marquardt)
Date: 04/05/15 Time: 18:07
Sample: 2000 2011
Included observations: 12
Evaluation order: By observation
Convergence achieved after 9 iterations

	Coefficient	Std. Error	z-Statistic	Prob.
C(1)	-16207.92	129.9479	-124.7263	0.0000
C(2)	2386.887	13.38877	178.2753	0.0000
C(3)	154.3046	2.246226	68.69504	0.0000

Log likelihood	-65.13882	Akaike info criterion	11.35647
Avg. log likelihood	-5.428235	Schwarz criterion	11.47770
Number of Coefs.	3	Hannan-Quinn criter.	11.31159

图 3-6 极大似然估计法的输出结果

第五节 回归模型的统计检验

一、调整的可决定系数

通常在回归模型中增加一个解释变量，R^2 往往会增大，这是因为残差二次方和往往随着解释变量个数的增加而减少。于是给人一个错觉：要使模拟效果好，只要增加解释变量就行了。但现实情况是由于增加解释变量个数引起的 R^2 的增大与拟合好坏无关，因此在多元回归模型之间比较拟合优度，R^2 就不是一个合适的统计检验，必须加以调整。

在样本容量一定的情况下，增加解释变量必定使得自由度减少，所以调整的思路是：将残差二次方和(RSS)与总离差二次方和(TSS)分别除以各自的自由度，以剔除变量个数对拟合优度的影响。

$$\bar{R}^2 = 1 - \frac{\text{RSS}/(n-k-1)}{\text{TSS}/(n-1)} \tag{3-23}$$

式中，$n-k-1$ 为残差二次方和的自由度；$n-1$ 为总体二次方和的自由度。

显然，如果增加的解释变量没有很好地解释能力，则对残差二次方和的减少没有多大帮助，但增加了待估参数的个数，从而使 $\bar{R}^2$ 有较大幅度的下降。

在实际应用中，$\bar{R}^2$ 达到多大才算回归模型通过了检验？没有绝对的标准，要具体情况具体分析，模型的拟合优度并不是判断模型质量的唯一标准，有时甚至为了追求模型的经济意义，可以牺牲一点拟合优度。

二、方程总体线性的显著性检验

前面的拟合优度检验,能够验证解释变量对被解释变量的解释程度,可以推测模型总体线性关系是否成立,但只是一个模糊的推测,不能给出一个在统计上严格的结论。这就要求进行方程总体线性的显著性检验,旨在对模型中被解释变量与解释变量之间的线性关系在总体上是否显著成立作出判断,是检验所有解释变量联合起来对被解释变量的影响。

▶ 1. 构造 F 统计量

$$F = \frac{\text{ESS}/k}{\text{RSS}/(n-k-1)} \tag{3-24}$$

F 检验的思想来自总离差二次方和的分解式 TSS=ESS+RSS,当 ESS 与 RSS 的比值越大时,方程总体线性关系越显著。

▶ 2. 提出假设

多元线性回归模型 $Y = \beta_0 + \beta_1 X_1 + \beta_2 X_2 + \cdots + \beta_k X_k + \mu$ 中,如果方程总体上的线性关系是显著的,那么参数 β_i 显著不都为 0。于是可设原假设 $H_0:\beta_i$ 全为 0;备择假设 $H_1:\beta_i$ 不全为 0。

▶ 3. 确定显著水平

给定一个显著性水平 α,一般情况下,α 取 0.01(或 0.05),即 1% 是显著的(或 5% 是显著的)。

▶ 4. 确定临界值

查 F 分布表(见附录),得到一个临界值 $F_\alpha(k, n-k-1)$。

▶ 5. 做出判断

计算 F 统计量,如果 $F>$ 临界值 $F_\alpha(k, n-k-1)$,则拒绝原假设 $H_0:\beta_i$ 全为 0,即在 $1-\alpha$ 的置信度下接受备择假设 $H_1:\beta_i$ 不全为 0,表明在 $1-1\%=99\%$ 的置信度下方程总体的线性关系是显著的。

反之,$F \leqslant$ 临界值 $F_\alpha(k, n-k-1)$,则接受原假设 $H_0:\beta_i$ 全为 0,表明在 99% 的置信度下方程总体的线性关系是不显著的。

三、赤池信息准则和施瓦兹准则

▶ 1. 赤池信息准则(Akaike Information Criterion)

$$\text{AIC} = \ln\frac{e'e}{n} + \frac{2(k+1)}{n} \tag{3-25}$$

▶ 2. 施瓦兹准则(Schwarz Criterion)

$$\text{SC} = \ln\frac{e'e}{n} + \frac{k}{n}\ln n \tag{3-26}$$

式中,e 代表残差矩阵,e' 代表残差的转置矩阵。

在被解释变量相同的条件下,为了比较所含解释变量个数不同的多元回归模型的拟合优度,仅当所增加的解释变量能够减少 AIC 值或 SC 值时,在原模型中增加该解释变量才是合理的。

关键术语

样本容量问题   广义矩估计法   极大似然估计法   调整的可决定系数   方程总体线性

的显著性检验　赤池信息准则　施瓦兹准则

闯关习题

一、单项选择题

1. 按经典假设，线性回归模型中的解释变量应是非随机变量，且（　　）。
   A. 与随机误差项不相关　　　　　　B. 与残差项不相关
   C. 与被解释变量不相关　　　　　　D. 与回归值不相关

2. 在由 $n=30$ 的一组样本估计的、包含 3 个解释变量的线性回归模型中，计算得到可决定系数为 0.850 0，则调整后的可决定系数为（　　）。
   A. 0.860 3　　　B. 0.838 9　　　C. 0.865 5　　　D. 0.832 7

3. 下列样本模型中，哪一个模型通常是无效的（　　）。
   A. C_i（消费）$=500+0.8I_i$（收入）
   B. C_i^d（商品需求）$=10+0.8I_i$（收入）$+0.9P_i$（价格）
   C. Q_i^S（商品供给）$=20+0.75P_i$（价格）
   D. Y_i（产出量）$=0.65L_i^{0.6}$（劳动）$K_i^{0.4}$（资本）

4. 模型 $\ln y_t = \ln b_0 + b_1 \ln x_t + u_t$ 中，b_1 的实际含义是（　　）。
   A. x 关于 y 的弹性　　　　　　B. y 关于 x 的弹性
   C. x 关于 y 的边际倾向　　　　D. y 关于 x 的边际倾向

5. 调整的判定系数 $\bar{R}^2$ 与多重判定系数 R^2 之间有如下关系（　　）。
   A. $\bar{R}^2 = \dfrac{n-1}{n-k-1} R^2$
   B. $\bar{R}^2 = 1 - \dfrac{n-1}{n-k-1} R^2$
   C. $\bar{R}^2 = 1 - \dfrac{n-1}{n-k-1}(1+R^2)$
   D. $\bar{R}^2 = 1 - \dfrac{n-1}{n-k-1}(1-R^2)$

6. 在多元线性回归模型中对样本容量的基本要求是（k 为解释变量个数）：（　　）。
   A. $n \geqslant k+1$　　　　　　　　B. $n < k+1$
   C. $n \geqslant 30$ 或 $n \geqslant 3(k+1)$　　D. $n \geqslant 30$

7. 半对数模型 $\ln Y = \beta_0 + \beta_1 X + \mu$ 中，参数 β_1 的含义是（　　）。
   A. X 的绝对量发生一定变动时，引起因变量 Y 的相对变化率
   B. Y 关于 X 的弹性
   C. X 的相对变化，引起 Y 的期望值绝对量变化
   D. Y 关于 X 的边际变化

8. 下列选项中，通常所指的模型设定误差不包括（　　）。
   A. 模型中遗漏了有关的解释变量　　　B. 模型中包含了无关解释变量
   C. 模型中有关随机误差项的假设有误　D. 模型形式设定有误

9. F 检验属于经济计量模型评价中的（　　）。
   A. 统计准则　　　B. 经济理论准则　　　C. 经济计量准则　　　D. 识别准则

10. 线性模型的影响因素（　　）。
    A. 只能是数量因素　　　　　　　　B. 只能是质量因素

C. 可以是数量因素，也可以是质量因素   D. 只能是随机因素

二、简述题

1. 多元线性回归模型满足基本要求的样本容量应该是多少？
2. 广义矩估计法的基本原理是什么？
3. 简述似然估计法的基本思路和一般步骤。
4. 简述调整的可决定系数的基本思路。
5. 简述方程总体线性的显著性检验的基本思路。
6. 简述赤池信息准则和施瓦兹准则。

三、软件操作题

已知某市 2002—2015 年粮食年销售量、常住人口、人均收入、肉销售量、蛋销售量、鱼虾销售量等数据如表 3-1 所示。

表 3-1 某市 2002—2015 年常住人口、人均收入及粮食等年销售量

年份	粮食年销售量 Y/万吨	常住人口 X_2/万人	人均收入 X_3/元	肉销售量 X_4/万吨	蛋销售量 X_5/万吨	鱼虾销售量 X_6/万吨
2002	98.45	560.20	153.20	6.53	1.23	1.89
2003	100.70	603.11	190.00	9.12	1.30	2.03
2004	102.80	668.05	240.30	8.10	1.80	2.71
2005	133.95	715.47	301.12	10.10	2.09	3.00
2006	140.13	724.27	361.00	10.93	2.39	3.29
2007	143.11	736.13	420.00	11.85	3.90	5.24
2008	146.15	748.91	491.76	12.28	5.13	6.83
2009	144.60	760.32	501.00	13.50	5.47	8.36
2010	148.94	774.92	529.20	15.29	6.09	10.07
2011	158.55	785.30	552.72	18.10	7.97	12.57
2012	169.68	795.50	771.16	19.61	10.18	15.12
2013	162.14	804.80	81180	17.22	11.79	18.25
2014	170.09	814.94	988.43	18.60	11.54	20.59
2015	178.69	828.73	1 094.65	23.53	11.68	23.37

请利用 EViews 6.0 软件，分别使用广义矩估计法和极大似然估计法构建线性回归模型 $Y_t = \beta_0 + \beta_1 X_1 + \beta_2 X_2 + \beta_3 X_3 + \beta_4 X_4 + \beta_5 X_5 + \mu_t$，根据各解释变量的 t 值或 Z 值来剔除某些解释力较弱的变量，并重新构建回归模型。

课外修炼

阅读《计量经济学导论》

一、作者简介

詹姆斯 H. 斯托克,哈佛大学经济系教授,加州大学伯克利分校经济学博士。曾任教于加州大学伯克利分校及哈佛大学肯尼迪政府学院。他的研究领域为经济计量方法、宏观经济预测、货币政策等,是计量经济学领域的权威,尤其擅长时间序列分析的研究。马克·W. 沃森,普林斯顿大学经济系教授,加州大学圣地亚哥分校经济学博士。他的研究领域主要包括计量经济学的时间序列分析、实证宏观经济学、宏观经济预测等。

二、主要特点

(1) 将现实世界的问题和数据与理论的发展联系起来,并认真对待实证分析中大量的重要发现。

(2) 所选取的内容反映了现代理论和实践的发展。

(3) 给出的理论和假设都与应用相符。本书的写作目的是能够指导学生在与初级课程相应的数学水平上熟练应用计量经济学,可作为本科阶段计量经济学的入门课程来学习使用。

> 不管你的级别、职称和学历有多高,教师只是学生的勤务员。

第四章 异方差问题

> >> **知识结构图**

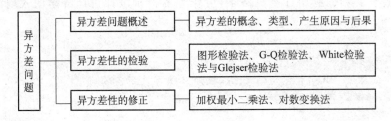

> >> **学习目标**

1. 知识目标：异方差的概念、产生原因与后果；异方差的各种检验方法；修正异方差的方法与应用。

2. 能力目标：对比 G-Q 检验、White 检验、Glejser 检验等方法；掌握加权最小二乘法中权重的选择；掌握 EViews 软件的操作方法，能应用 EViews 软件解决异方差分析。

> >> **情景写实**

容易发现，收入越高的家庭，往往对食品选择的范围越大，消费者消费行为的随意性更大，消费者个体之间的食品支出额的差异也越大；收入较低的家庭受收入水平的限制，消费者消费行为随意性较小，消费者个体之间的食品支出额的差异也越小。

通常，在分析人均年收入对人均年食品支出额的影响时，会假定不同收入阶层的食品支出额的差异性是相同的。因为应用普通最小二乘法估计多元线性回归模型 $Y_i = \alpha + \beta_1 X_{1i} + \cdots + \beta_k X_{ki} + \mu_i$ 的参数时，有一个重要的假定 $\text{var}(\mu_i) = \sigma_\mu^2$，即随机误差项 μ_i 具有相同的方差。

显然，从实际情况来看，随着收入水平的提高，消费者个体之间的消费行为的随机误差项 μ_i 的方差会越来越大，那么随机误差项 μ_i 满足同方差的假定不成立，即存在所谓的异方差问题。

第一节 异方差问题概述

一、异方差的概念

多元线性回归模型中 $Y_i = \beta_0 + \beta_1 X_1 + \beta_2 X_2 + \cdots + \beta_k X_k + \mu_i$，如果有

$$\mathrm{var}(\mu_i) \neq \mathrm{var}(\mu_j), \quad i \neq j \tag{4-1}$$

此时，认为该模型存在异方差问题，即

$$\mathrm{var}(\mu_i) = s^2 f(X_i) \tag{4-2}$$

且不为常数。

相关链接

现实中的异方差问题

表 4-1 列出了某年我国制造工业销售收入与销售利润的统计资料

表 4-1 我国制造工业销售收入与销售利润统计 （单位：万元）

行业名称	销售利润/Y	销售收入/X	行业名称	销售利润/Y	销售收入/X
食品加工业	187.25	3 180.44	医药制造业	238.71	1 264.1
食品制造业	111.42	1 119.88	化学纤维制品	81.57	779.46
饮料制造业	205.42	1 489.89	橡胶制品业	77.84	692.08
烟草加工业	183.87	1 328.59	塑料制品业	144.34	1 345
纺织业	316.79	3 862.9	非金属矿制品	339.26	2 866.14
服装制品业	157.7	1 779.1	黑色金属冶炼	367.47	3 868.28
皮革羽绒制品	81.7	1 081.77	有色金属冶炼	144.29	1 535.16
木材加工业	35.67	443.74	金属制品业	201.42	1 948.12
家具制造业	31.06	226.78	普通机械制造	354.69	2 351.68
造纸及纸品业	134.4	1 124.94	专用设备制造	238.16	1 714.73
印刷业	90.12	499.83	交通运输设备	511.94	4 011.53
文教体育用品	54.4	504.44	电子机械制造	409.83	3 286.15
石油加工业	194.45	2 363.8	电子通信设备	508.15	4 499.19
化学原料纸品	502.61	4 195.22	仪器仪表设备	72.46	663.68

以销售收入为横坐标，销售利润为纵坐标，将各制造工业数据描入二维坐标，得到图 4-1。

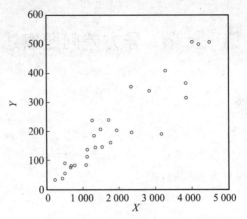

图 4-1 我国制造工业销售收入与销售利润散点图

从图 4-1 中可以看出，随着工业销售收入的增加，销售利润的平均水平不断提高，同时离散程度也逐步扩大，$\mathrm{var}(\mu_i)$ 与 X_i 成正比，即 $\mathrm{var}(\mu_i)=s^2 f(X_i)$ 且不为常数，说明我国制造工业销售收入与销售利润之间存在严重的异方差问题。

二、异方差类型

异方差通常有三种主要类型：

▶ 1. 递增型

递增形，即 $\mathrm{var}(\mu_i)$ 随 X_i 的增大而增大，如图 4-2 所示。

例如，以截面数据研究消费 C_i 与收入 Y_i 之间的联系：$C_i=\alpha+\beta Y_i+\mu_i$。高收入消费主体的消费呈现出较大的随意性，低收入者的消费受收入限制而具有较小的随意性，其消费变动是很小的。体现在模型中 μ_i 的方差随 X_i 增大而增大。

▶ 2. 递减型

递减型，即 $\mathrm{var}(\mu_i)$ 随 X_i 的增大而减小，如图 4-3 所示。

例如，研究印刷工人的错误密度 Y_i 与从事工作时间 T 的关系 $Y_i=\alpha+\beta T+\mu_i$。人们不断学习，其知识积累将与日俱增，而行动中犯错误的密度随时间的增加而减少。印刷工人从事印刷工作的时间越长，错误密度越小，而且错误密度的随机涨落也越小。体现在模型中便是 u_i 的方差随 X_i 的增大而减小，如图 4-5(c) 所示。

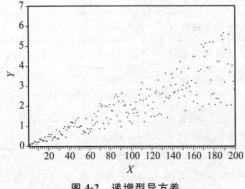

图 4-2 递增型异方差

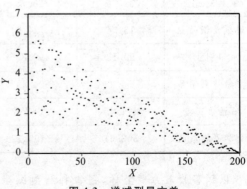

图 4-3 递减型异方差

▶ 3. 复杂型

复杂型,即 $\text{var}(\mu_i)$ 随 X_i 的变化呈复杂形式,如图 4-4 所示。

例如,以某一行业的企业为样本建立企业生产函数模型 $Y_i = \alpha A_i^{\beta_1} K_i^{\beta_2} L_i^{\beta_3} e^{\mu_i}$,产出为被解释变量,资本、劳动、技术等投入要素为解释变量,那么每个企业所处的外部环境对产出的影响则包含在随机误差项中。由于每个企业所处的外部环境对产出的影响程度不同,造成了随机误差项的异方差性。这时,随机误差项的方差并不随某一个解释变量观测值的变化而呈规律性变化,为复杂型的一种,如图 4-5(d)所示。

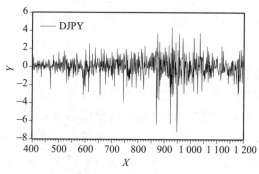

图 4-4　复杂型异方差

三、异方差产生的原因

▶ 1. 略去了某些重要解释变量

模型遗漏了重要解释变量,那么这些变量的影响将归入随机误差项中,如果这些解释变量的变化具有异方差性,这种情况下随机误差项会表现出和那些被遗漏的解释变量相同的变化趋势,从而呈现异方差性。

相关链接

服装需求模型的建立

研究人们的服装需求模型:以服装需求量 Q 为被解释变量,收入 I、服装价格 P 和其他商品价格为解释变量,于是有 $Q_i = f(I_i, P_i) + \mu_i$,$i = 1, 2, \cdots, n$。

在该模型中,气候因素的影响并没有作为解释变量,其影响则包含在随机误差项中,而对于不同收入的消费者,气候变化所带来的对服装需求量的影响是不同的。高收入者资金比较充足,气候变化时可以拿出来较多的钱购买服装以适应气候的变化,不同人的偏差可以较大,而低收入者的购买能力则很有限,偏差较小。于是,不同收入的消费者的服装需求量偏离均值的程度是不同的。也就是说,不同收入的消费者的服装需求量具有不同的方差,这就产生了异方差。

▶ 2. 模型设定错误引起的异方差

很多情况下,解释变量与被解释变量之间的关系呈比较复杂的非线性关系。如果在构造模型时用线性模型表达非线性关系,或者用简单的非线性模型表达复杂的非线性关系,就会造成函数形式的设定误差,进而出现异方差。

相关链接

年龄与工资收入模型

建立模型来研究年龄和工资收入的关系。理论上认为,随着年龄的增长,工作经验不断积累,工资慢慢增加,达到顶峰后又慢慢减少,整体工资随年龄呈现出倒"U"形,因此正确设定的模型为 $W_i = \alpha + \beta_1 Y_i + \beta_2 Y_i^2 + \mu_i$,$W$ 和 Y 分别表示工资收入和年龄。如果在设定模型时将模型错误地设定为 $W_i = \alpha + \beta_1 Y_i + e_i$,则此时随机误差项实际上包含了丢失变量 $\beta_2 Y_i^2$,因此 $\text{var}(e_i) = \text{var}(\varepsilon_i + \beta_2 Y_i^2)$,$e_i$ 方差可能随变量 Y_i^2 的变化而变化,出现异方差。

▶ 3. 经济数据本身存在的异方差

经济数据本身的异方差是指,当因变量数据样本来自不同类型的个体时,样本方差的差异,例如上面所提到的消费 C_i 与收入 Y_i 之间的模型 $C_i = \alpha + \beta Y_i + u_i$。对于不同收入层次的家庭,其消费规律是不一样的。高收入消费主体的消费呈现出较大的随意性,低收入者的消费受收入限制而具有较小的随意性,如靠最低生活保障收入维持生计的消费者,其消费变动是很小的。体现在模型中便是误差项的异方差。

▶ 4. 测量误差

一方面,测量误差常常随着时间逐渐积累,所以扰动项的方差,趋向于随时间增加;另一方面,随着抽样技术和其他数据采集技术的不断改进,测量误差以及扰动项的方差也可能随时间减少。例如,相对于没有精确数据处理装备的银行,有这种装备的银行在每月或每季的账户收支说明书中会出现更少的差错。当然,这两种情况最容易出现在时间序列数据中,故由于测量误差的影响,时间序列数据建立的模型的 u_i 项也容易出现异方差。

四、异方差的后果

▶ 1. 参数估计值仍是无偏的,但不再具有最小方差性

$$E(\hat{\beta}) = E[(X^TX)^{-1}X^TY] = E[(X^TX)^{-1}X^T(X\beta+\mu)] = \beta + (X^TX)^{-1}X^TE(\mu) = \beta \tag{4-3}$$

由式(4-3)可以看出,只要模型满足 $E(\mu) = 0$(误差项零均值)和解释变量的非随机性,异方差的存在并不影响估计值的无偏性。

从 OLS 估计值的最小方差性证明可以看出,参数估计值具有最小方差性的前提之一就是随机误差的同方差性,如果存在异方差,将不能保证 OLS 估计值的方差最小。

▶ 2. 参数显著性检验失效

在变量的显著性检验中,构造了 t 统计量:$t = \dfrac{\hat{\beta}}{\sqrt{\text{var}(\hat{\beta})}}$,$\text{var}(\hat{\beta}) = \dfrac{\text{var}(\mu_i)}{\sum x_i^2}$。如果 u_i 存在异方差,OLS 估计式不再具有最小方差,如果仍然用不存在异方差时的 OLS 方式估计其方差,将会低估 $\text{var}(\hat{\beta})$,从而增大了 t 统计值,使拒绝原假设的可能性增加,因而 t 检验失去意义。F 检验也是如此。在这种情况下,建立在 t 分布和 F 分布之上的参数置信区间和显

著性检验也是不可靠的。

▶ 3. 模型的预测失效

由于随机误差项 μ_i 的异方差性，参数估计量的方差随着样本观测值的变化而变化，将导致预测区间变大或者变小，预测功能失效。

第二节 异方差性的检验

异方差性，即相对于不同的样本点，也就是相对于不同的解释变量观测值，随机误差项具有不同的方差，那么检验异方差性，也就是检验随机误差项的方差与解释变量观测值之间的相关性。各种检验方法就是在这个思路下发展起来的。

问题在于用什么来表示随机误差项的方差。一般的处理方法是首先采用普通最小二乘法估计模型，以求得随机误差项的估计量，用 e_i 表示。于是有

$$\text{var}(\mu_i) = E(\mu_i^2) \approx e_i^2$$
$$e_i = y_i - (\hat{y}_i)_{Ols} \tag{4-4}$$

即用 e_i^2 来表示随机误差项的方差。

下面介绍几种异方差的检验方法。

一、图形检验法

由于异方差指随机扰动项的方差随着解释变量的变化而变化，因此异方差反映在线性示意图上，就是残差二次方 e_i^2 随解释变量 X_i 的变化而改变。图 4-5 列出四种不同的散点图。其中图 4-5(a)表示没有异方差性，图 4-5(b)~图 4-5(d)表示有异方差性，分别为递增型、递减型、复杂型。

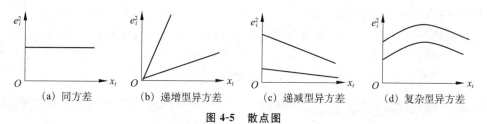

图 4-5 散点图

图示检验法只能进行大概的判断，其他检验方法则更为准确。

相关链接

异方差的图形检验法

表 4-2 列出了中国 2013 年各地区农业总产值和播种面积的相关数据。建立播种面积 X 与农业总产值 Y 的回归模型 $Y_i = \alpha + \beta X_i + u_i$。

表 4-2 中国 2013 年各地区农业总产值与播种面积

地 区	农业总产值 Y	播种面积 X	地 区	农业总产值 Y	播种面积 X
北 京	170.41	242.46	湖 北	2 678.08	8 106.19
天 津	217.16	473.51	湖 南	2 726.75	8 650.02
河 北	3 473.27	8 749.22	广 东	2 444.70	4 698.08
山 西	932.14	3 782.44	广 西	1 868.30	6 137.16
内蒙古	1 328.07	7 211.18	海 南	485.4	848.22
辽 宁	1 673.86	4 208.76	重 庆	909.18	3 515.89
吉 林	1 261.68	5 413.06	四 川	2 903.48	9 682.19
黑龙江	2 856.34	12 200.79	贵 州	997.12	5 390.11
上 海	172.28	377.31	云 南	1 639.40	7 148.16
江 苏	3 167.78	7 683.63	西 藏	57.92	248.57
浙 江	1 336.79	2 311.94	陕 西	1 714.79	4 269.02
安 徽	2 003.26	8 945.64	甘 肃	1 104.47	4 155.94
福 建	1 376.29	2 292.21	青 海	138.35	555.77
江 西	1 072.80	5 552.57	宁 夏	269	1 264.65
山 东	4 509.88	10 976.44	新 疆	1 806.11	5 212.26
河 南	4 202.30	14 323.54			

(数据来源:中国统计年鉴-2014)

EViews 6.0 软件操作步骤:

(1)估计模型。建立文件,输入数据。选择 Quick/Estimate Equation 菜单命令,如图 4-6 所示。在弹出的 Equation Specification 对话框中,输入"y c x",如图 4-7 所示。单击 "确定"按钮得样本回归估计结果,如图 4-8 所示。

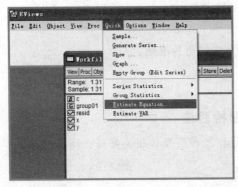

图 4-6 建立方程对象估计模型

图 4-7 回归对话框

```
Dependent Variable: Y
Method: Least Squares
Date: 01/16/15   Time: 14:01
Sample: 1 31
Included observations: 31

Variable            Coefficient   Std. Error    t-Statistic   Prob.

C                   130.2750      168.3221      0.773962      0.4452
X                   0.288281      0.026021      11.07882      0.0000

R-squared           0.808884      Mean dependent var        1661.205
Adjusted R-squared  0.802294      S.D. dependent var        1203.481
S.E. of regression  535.1182      Akaike info criterion     15.46519
Sum squared resid   8304192.      Schwarz criterion         15.55771
Log likelihood      -237.7105     Hannan-Quinn criter.      15.49535
F-statistic         122.7402      Durbin-Watson stat        2.309081
Prob(F-statistic)   0.000000
```

图 4-8　模型估计结果

（2）生成残差序列 e_i。选择 Quick/Generate Series 菜单命令，如图 4-9 所示。在弹出的对话框中输入 e=resid，生成残差序列，如图 4-10 所示。将生成的残差序列保存下来。

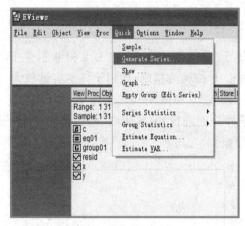

图 4-9　生成新序列窗口

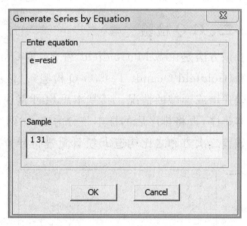

图 4-10　生成残差序列

（3）绘制残差二次方序列 e_i^2 对 X_i 的散点图。选择 Quick/Graph 菜单命令，如图 4-11 所示。在弹出的对话框中输入变量名 X 与 $\hat{e}^2$（X 表示横轴，$\hat{e}^2$ 表示纵轴），如图 4-12 所示。

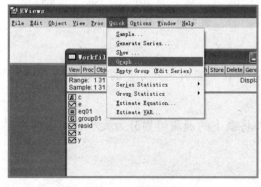

图 4-11　图形命令

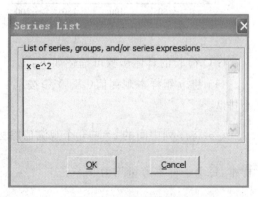

图 4-12　生成残差序列

进入如图4-13所示的对话框,在Specifi列表框中,选择Scatter,可得散点图,见图4-14。

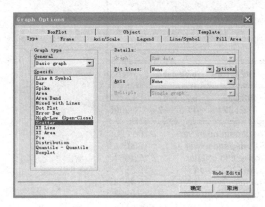

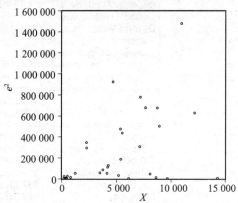

图4-13　图形类型命令框　　　　　图4-14　残差二次方序列e_i^2对X_i的散点图

(4) 判断。由图4-14可以看出,残差二次方e_i^2对解释变量X的散点图主要分布在图形中的下三角部分,大致看出残差二次方e_i^2随X_i的变动呈增大的趋势,因此模型很可能存在异方差,但是否确实存在异方差还应通过更进一步的检验。

二、G-Q检验

该方法是由 S. M. Goldfeld 和 Rr. E. Quandt 于1965年提出的,称为戈德菲尔德-匡特检验(Goldfeld-Quandt Test,G-Q检验)。该检验以F检验为基础,适用于样本容量较大、异方差递增或递减的情况。其基本思想可直观地见图4-15和图4-16。先按某一解释变量对样本排序,再将排序后的样本一分为二,对两个子样分别进行OLS回归,然后利用两个子样的残差二次方和之比构造F统计量进行异方差检验。

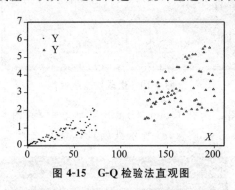

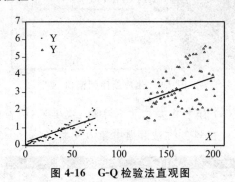

图4-15　G-Q检验法直观图　　　　　图4-16　G-Q检验法直观图

G-Q检验的具体步骤可描述如下:

(1) 将n组样本观测值(X_i, Y_i)按某一被认为有可能引起异方差的解释变量X_i的大小排队。

(2) 将序列中间的$c = \frac{1}{4}n$个观测值除去,并将剩下的观测值划分为大小相同的两个子样本,每个子样本容量均为$\frac{n-c}{2}$。

(3) 对两个子样本分别进行OLS回归,并计算各自的残差二次方和。用$\sum e_{2i}^2$表示较大值子样本的残差二次方和，$\sum e_{1i}^2$ 表示较小值子样本的残差二次方和。它们的自由度均为 $\frac{n-c}{2}-k$。

(4) 提出假设。$H_0:u_i$ 同方差；$H_1:\mu_i$ 异方差。

(5) 构造如下满足 F 分布的统计量

$$F=\frac{\sum e_{2i}^2 / \left(\frac{n-c}{2}-k\right)}{\sum e_{1i}^2 / \left(\frac{n-c}{2}-k\right)} \sim F\left(\frac{n-c}{2}-k, \frac{n-c}{2}-k\right)$$

(6) 给定显著性水平 α，确定 F 分布表中相应的临界值 $F_\alpha\left(\frac{n-c}{2}-k, \frac{n-c}{2}-k\right)$。若 $F > F_\alpha\left(\frac{n-c}{2}-k, \frac{n-c}{2}-k\right)$，则拒绝同方差性假设，表明存在异方差；否则，接受同方差性假设，模型不存在异方差。

相关链接

G-Q 检验方法

EViews 6.0 软件操作步骤（数据见表 4-2）：

(1) 首先将变量按从小到大的顺序进行排序。选择 Procs/Sort Current Page 菜单命令，如图 4-17 所示。出现排序对话框，如果以递增型排序，选择 Ascending 单选按钮；如果以递减型排序，则应选择 Descending 单选按钮，输入 X，点 OK。本例选递增型排序，这时变量 Y 与 X 将以 X 按递增型排序，如图 4-18 所示。

图 4-17 序列排序命令

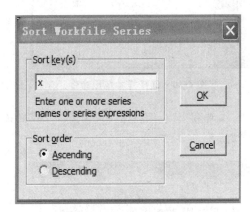

图 4-18 序列排序对话框

排列好的数据如图 4-19 所示。

(2) 构造子样本区间，建立回归模型。本例中样本容量 $n=31$，删除中间 1/4 的观测值，即大约 7 个观测值，余下部分平分，得 1~12 和 20~31 两个样本区间，它们的样本个数均是 12 个，即 $n_1=n_2=12$。

选择 Quick/Sample 菜单命令，如图 4-20 所示，在弹出的对话框中将区间定义为 1~12，如图 4-21 所示。

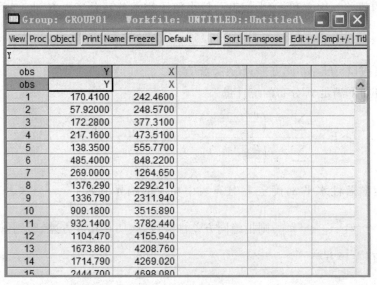

图 4-19　已排序数据

图 4-20　选择样本范围命令

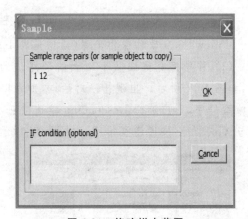

图 4-21　修改样本范围

然后对这 12 个样本应用 OLS 方法，如图 4-22 所示，求得的前 12 个样本回归结果如图 4-23 所示。

图 4-22　第一组样本回归

图 4-23　前 12 个样本回归结果

对后 12 个样本进行回归。在 Sample 对话框中,将区间定义为 20~31,再用 OLS 方法求得结果,如图 4-24 所示。

```
Dependent Variable: Y
Method: Least Squares
Date: 01/16/15   Time: 14:18
Sample: 20 31
Included observations: 12

Variable         Coefficient   Std. Error    t-Statistic   Prob.
C                28.52877      865.3223      0.032969      0.9743
X                0.300640      0.091846      3.273297      0.0084

R-squared            0.517246   Mean dependent var    2779.742
Adjusted R-squared   0.468970   S.D. dependent var     978.1386
S.E. of regression   712.7870   Akaike info criterion   16.12725
Sum squared resid    5080653.   Schwarz criterion       16.20807
Log likelihood      -94.76353   Hannan-Quinn criter.    16.09733
F-statistic          10.71448   Durbin-Watson stat       2.568729
Prob(F-statistic)    0.008383
```

图 4-24　后 12 个样本回归结果

(3) 在图 4-23 和图 4-24 中找到残差二次方和的值,即 Sum squared resid 的数值。由图 4-23 计算得到的残差二次方和为 $\sum e_{1i}^2 = 930\,416.6$,由图 4-24 计算得到的残差二次方和为 $\sum e_{2i}^2 = 5\,080\,653$,根据 G-Q 检验,$F$ 统计量为

$$F = \frac{\sum e_{2i}^2}{\sum e_{1i}^2} = \frac{5\,080\,653}{930\,416.6} = 5.46 \tag{4-5}$$

(4) 判断。在 $\alpha = 0.05$ 下,式(4-5)中分子、分母的自由度均为 10,查 F 分布表得临界值为 $F_{0.05}(10,10) = 2.97$,因为 $F = 5.46 > F_{0.05}(10,10) = 2.97$,所以拒绝原假设,表明模型确实存在异方差。

三、White 检验

White 检验由 H. White 于 1980 年提出。与 G-Q 检验相比,White 检验不需要排序,且对任何形式的异方差都适用。它是通过一个辅助回归式构造 χ^2 统计量进行异方差检验。以一元回归模型 $Y_i = \alpha + \beta X_i + \mu_i$ 为例,White 检验的具体步骤如下:

(1) 可先对该模型做 OLS 回归,并得到 e_i。
(2) 做如下辅助回归:

$$e_i^2 = \alpha_0 + \alpha_1 X_i + \alpha_2 X_i^2 + \varepsilon_i \tag{4-6}$$

即用 e_i^2 对原回归式中的各解释变量、解释变量的二次方项、交叉积项进行 OLS 回归。注意,式(4-6)中要保留常数项。求辅助回归式(4-6)的可决系数 R^2。

(3) 计算统计量 nR^2,其中 n 为样本容量。

(4) 在 $H_0: \alpha_1 = \alpha_2$,即 u_i 同方差 的原假设下,统计量 $nR^2 \sim \chi_{(2)}^2$。

自由度 2 表示辅助=0 回归式(4-6)中解释变量个数(注意,不计算常数项,对于二元模型 $nR^2 \sim \chi_{(5)}^2$)。

(5) 判断：若 $nR^2 \leqslant \chi^2_{\alpha(2)}$，接受 H_0（u_i 具有同方差）；
若 $nR^2 > \chi^2_{\alpha(2)}$，拒绝 H_0（u_i 具有异方差）。

相关链接

White 检验方法

EViews 6.0 软件操作步骤（数据见表 4-2）：

在回归式窗口中选择 view/residual tests/ heteroskedasticity tests 命令，如图 4-25 所示。进入异方差检验，选择 White 检验，如图 4-26 所示。因为模型只有一个解释变量，辅助回归方程中带不带交叉项所得结果都一样，这边用 Include White cross terms 操作结果。

图 4-25　选择残差序列检验命令

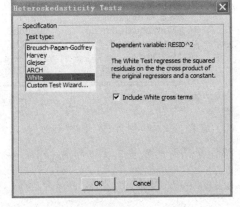

图 4-26　选择 White 检验

经估计出现 White 检验结果，如图 4-27 所示。

```
Heteroskedasticity Test: White

F-statistic            4.015034    Prob. F(2,28)         0.0293
Obs*R-squared          6.909010    Prob. Chi-Square(2)   0.0316
Scaled explained SS    5.091630    Prob. Chi-Square(2)   0.0784


Test Equation:
Dependent Variable: RESID^2
Method: Least Squares
Date: 01/16/15   Time: 14:21
Sample: 1 31
Included observations: 31

Variable        Coefficient    Std. Error    t-Statistic    Prob.

C               -43032.18      131887.5      -0.326280      0.7466
X               90.67282       47.36621      1.914293       0.0659
X^2             -0.004077      0.003658      -1.114672      0.2745

R-squared              0.222871    Mean dependent var     267877.2
Adjusted R-squared     0.167362    S.D. dependent var     353390.7
S.E. of regression     322465.4    Akaike info criterion  28.29715
Sum squared resid      2.91E+12    Schwarz criterion      28.43592
Log likelihood         -435.6058   Hannan-Quinn criter.   28.34238
F-statistic            4.015034    Durbin-Watson stat     2.335825
Prob(F-statistic)      0.029302
```

图 4-27　White 检验结果

从图 4-27 所示的 White 检验结果可以看出 $nR^2 = 6.909\,010$。此外,在 $\alpha = 0.05$ 下,查 χ^2 分布表,得临界值 $\chi^2_{0.05}(2) = 5.991\,5$;比较计算的 χ^2 统计量与临界值,因为 $nR^2 = 6.909\,010 > \chi^2_{0.05}(2) = 5.991\,5$,所以拒绝原假设,接受备择假设,表明模型存在异方差。

四、Glejser 检验

Glejser 检验由 H. Glejser 于 1969 年提出。检验原回归式的残差的绝对值 $|e_i|$ 是否与解释变量 X_i 存在函数关系。若有,则说明存在异方差;若无,则说明不存在异方差。通常应检验的几种形式为:

$$|e_i| = a_0 + a_1 X_i$$

$$|e_i| = a_0 + a_1 X_i^2$$

$$|e_i| = a_0 + a_1 \sqrt{X_i},\cdots$$

如果哪一种形式通过了显著性检验,则说明存在该种形式的异方差。该检验要求变量的观测值为大样本。

第 三 节　异方差性的修正

经检验,如果发现模型中存在异方差,就要对模型进行适当的处理,因为异方差虽然不影响 OLS 估计的线性和无偏性,但是它不再具有最小方差性,从而 t 检验不可靠,预测精度下降。因此,必须采取相应的修正补救方法以克服异方差的不利影响。下面介绍最常用的加权最小二乘法和对数变换法。

一、加权最小二乘法

加权最小二乘法是对原模型加权,使之变成一个新的不存在异方差性的模型,然后采用普通最小二乘法估计其参数。加权的基本思想是,在采用 OLS 方法时,对较小的残差二次方 e_i^2 赋予较大的权数,对较大的 e_i^2 赋予较小的权数,以对残差提供的信息的重要程度作一番校正,提高参数估计的精度。

加权最小二乘法,就是对加了权重的残差二次方和实施 OLS 法:

$$\sum w_i e_i^2 = \sum w_i [Y_i - (\hat{\alpha} + \hat{\beta}_1 X_1 + \cdots + \hat{\beta}_k X_k)]^2, w_i \text{ 为权数}$$

例如,原模型为 $Y_i = \alpha + \beta_1 X_{1i} + \beta_2 X_{2i} + \cdots + \beta_k X_{ki} + u_i$

如果在检验过程中已经知道 $\text{var}(\mu_i) = E(\mu_i)^2 = \sigma_i^2 = f(X_{ji})\sigma^2$,即随机误差项的方差与解释变量 X_j 之间存在相关性,那么可以用 $\sqrt{f(X_j)}$ 去除原模型,使之变成如下形式的新模型:

$$\frac{1}{\sqrt{f(X_{ji})}} Y_i = \alpha \frac{1}{\sqrt{f(X_{ji})}} + \beta_1 \frac{1}{\sqrt{f(X_{ji})}} X_{1i} + \beta_2 \frac{1}{\sqrt{f(X_{ji})}} X_{2i} + \cdots + \beta_k \frac{1}{\sqrt{f(X_{ji})}} X_{ki} + \frac{1}{\sqrt{f(X_{ji})}} \mu_i$$

在该模型中,存在 $\text{var}\left(\dfrac{1}{\sqrt{f(X_{ji})}} \mu_i\right) = E\left(\dfrac{1}{\sqrt{f(X_{ji})}} \mu_i\right)^2 = \dfrac{1}{f(X_{ji})} E(\mu_i)^2 = \sigma^2$

即满足同方差性。于是可以用普通最小二乘法估计其参数,得到关于参数 $a, b_1, \cdots, b_k$ 的无偏的、有效的估计量。这就是加权最小二乘法，在这里权数就是 $\dfrac{1}{\sqrt{f(X_{ji})}}$。

下面以一元模型 $Y_i = \alpha + \beta X_i + u_i$ 为例，给出几种常见的 $f(x)$ 形式，看模型异方差的具体修正过程。

(1) $f(X_i) = X_i^2$：

$\dfrac{Y_i}{X_i} = \dfrac{\alpha}{X_i} + \dfrac{\beta X_i}{X_i} + \dfrac{u_i}{X_i}$，此时 $\text{var}\left(\dfrac{u_i}{X_i}\right) = \dfrac{1}{X_i^2}\text{var}(u_i) = \dfrac{\sigma^2 X_i^2}{X_i^2} = \sigma^2$，已满足同方差性。

(2) $f(X_i) = X_i$：

$\dfrac{Y_i}{\sqrt{X_i}} = \dfrac{\alpha}{\sqrt{X_i}} + \beta\sqrt{X_i} + \dfrac{u_i}{\sqrt{X_i}}$，此时 $\text{var}\left(\dfrac{u_i}{\sqrt{X_i}}\right) = \dfrac{1}{X}\text{var}(u_i) = \dfrac{\sigma^2 X_i}{X_i} = \sigma^2$，已满足同方差性。

(3) $f(X_i) = r_0 + r_1 X_i$：

$\dfrac{Y_i}{\sqrt{r_0 + r_1 X_i}} = \dfrac{\alpha}{\sqrt{r_0 + r_1 X_i}} + \dfrac{\beta}{\sqrt{r_0 + r_1 X_i}} + \dfrac{u_i}{\sqrt{r_0 + r_1 X_i}}$，

此时 $\text{var}\left(\dfrac{u_i}{\sqrt{r_0 + r_1 X_i}}\right) = \dfrac{1}{r_0 + r_1 X_i}\text{var}(u_i) = \dfrac{\sigma^2(r_0 + r_1 X)}{r_0 + r_1 X} = \sigma^2$，已满足同方差性。

相关链接

异方差性的修正

由上面的各种异方差检验结果可知，表 4-2 农业种植面积(X)对农业总产值(Y)的影响模型存在异方差。接下来结合 EViews 6.0 软件操作说明如何用加权最小二乘法修正异方差。

在实际的 EViews 软件操作中，选用三个常用的权数 $w_1 = \dfrac{1}{X_i}, w_2 = \dfrac{1}{X_i^2}, w_3 = \dfrac{1}{\sqrt{X_i}}$。

在 Equation Estimation 对话框中输入 $Y\ C\ X$，如图 4-28 所示。然后在 Options 选项卡中选中 Weighted LS/TSLS 复选框，如图 4-29 所示。再依次输入 $1/X, 1/X^2, 1/\text{sqr}(X)$，可得到三个回归结果。

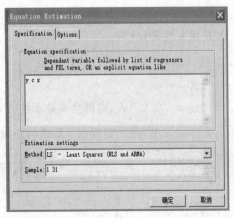

图 4-28　回归对话框

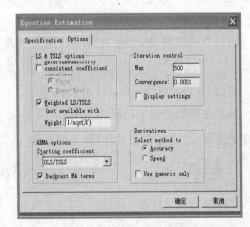

图 4-29　选中权重选项框

经估计检验发现,用权数 $w_3 = \dfrac{1}{\sqrt{X}}$ 模型的拟合优度最高,模型回归效果最好。图 4-30 为权数 $w_3 = \dfrac{1}{\sqrt{X}}$ 的结果。

```
Dependent Variable: Y
Method: Least Squares
Date: 01/16/15   Time: 14:28
Sample: 1 31
Included observations: 31
Weighting series: 1/SQR(X)

   Variable        Coefficient   Std. Error   t-Statistic   Prob.

      C             68.56821      57.89729     1.184308     0.2459
      X              0.299901      0.020750    14.45271     0.0000

                        Weighted Statistics

R-squared              0.878090    Mean dependent var     1036.141
Adjusted R-squared     0.873886    S.D. dependent var      488.0485
S.E. of regression    342.6583    Akaike info criterion    14.57369
Sum squared resid    3405027.    Schwarz criterion        14.66620
Log likelihood        -223.8921    Hannan-Quinn criter.    14.60384
F-statistic           208.8809    Durbin-Watson stat       1.873630
Prob(F-statistic)     0.000000

                       Unweighted Statistics

R-squared              0.807570    Mean dependent var     1661.205
Adjusted R-squared     0.800934    S.D. dependent var     1203.481
S.E. of regression    536.9548    Sum squared resid      8361293.
Durbin-Watson stat    2.042731
```

图 4-30　权数 $w_3 = \dfrac{1}{\sqrt{X}}$ 的回归结果

对加权最小二乘法处理后的模型残差项进行异方差检验,即在图 4-31 所示的回归窗口中选择检验方式。

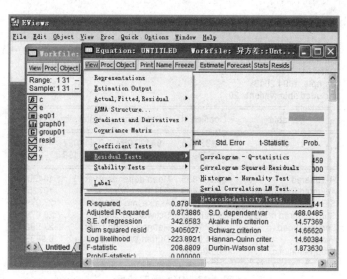

图 4-31　修正后模型残差的异方差检验

例如选择 White 检验,检验结果如图 4-32 所示。由图 4-32 可知 $nR^2 = 2.966\ 145 < \chi^2_{0.05}(2) = 5.991\ 5$,所以接受原假设,模型不存在异方差,经过加权后,模型消除了异方差。

从图 4-32 估计结果可知,用加权最小二乘法修正后的回归模型结果为 $\hat{Y} = 68.568\ 21 +$

```
Heteroskedasticity Test: White
F-statistic          1.481282   Prob. F(2,28)          0.2446
Obs*R-squared        2.966146   Prob. Chi-Square(2)    0.2269
Scaled explained SS  1.560614   Prob. Chi-Square(2)    0.4583
```

图 4-32　White 检验结果

$0.299\,901X$。也就是说,播种面积每增加 1 000 公顷,农业总产值就会增加 0.299 901 亿元。

二、对数变换法

在经济意义成立的情况下,将变量线性回归函数形式变为对数形式,即将模型 $Y_i = \alpha + \beta X_i + u_i$,变为 $\ln Y_i = \alpha + \beta \ln X_i + u_i$,对数变换后的模型通常可以降低异方差性的影响。

正是因为对数变换压缩了测度变量的尺度,它可以把两个变量值间的 10 倍差异缩小为 2 倍差异,例如,100 是 10 的 10 倍,但在对数情况下,lg100＝2 是 lg10＝1 的两倍;又如 50 是 5 的 10 倍,但在自然对数情况下,ln50＝1.698 9 是 lg5＝0.699 0 的 2 倍多。这样,由解释变量规模所引起的异方差性当然被大大缩小了。

用对数变化法消除异方差,要特别注意变量取对数后的经济含义。

相关链接

对数变化法消除异方差

以本书第十章时间序列表 11-1 为例。建立模型 $Y_i = \alpha + \beta X_i + u_i$,对该模型用 OLS 进行回归,结果如图 4-33 所示。

```
Dependent Variable: Y
Method: Least Squares
Date: 01/17/15   Time: 23:12
Sample: 1994 2013
Included observations: 20

Variable    Coefficient   Std. Error    t-Statistic   Prob.
C           -133373.5     94122.05      -1.417027     0.1736
X           0.603337      0.036606      16.48168      0.0000

R-squared            0.937855    Mean dependent var    1042015.
Adjusted R-squared   0.934403    S.D. dependent var    1072566.
S.E. of regression   274705.5    Akaike info criterion 27.97943
Sum squared resid    1.36E+12    Schwarz criterion     28.07900
Log likelihood       -277.7943   Hannan-Quinn criter.  27.99886
F-statistic          271.6458    Durbin-Watson stat    0.983370
Prob(F-statistic)    0.000000
```

图 4-33　OLS 回归结果

对回归结果用 White 方法检验是否存在异方差,检验结果如图 4-34 所示。

从 White 检验结果可以得出 $nR^2 = 8.199\,674$,由 White 检验知,在 $\alpha = 0.05$ 下,查 χ^2 分布表,得临界值 $\chi^2_{0.05}(2) = 5.991\,5$,因为 $nR^2 = 8.199\,674 > \chi^2_{0.05}(2) = 5.991\,5$,所以拒绝原假设,表明模型存在异方差。

Heteroskedasticity Test: White			
F-statistic	5.906382	Prob. F(2,17)	0.0113
Obs*R-squared	8.199674	Prob. Chi-Square(2)	0.0166
Scaled explained SS	7.960060	Prob. Chi-Square(2)	0.0187

图 4-34　White 检验结果

对变量取对数，估计模型 $\ln Y_i = \alpha + \beta \ln X_i + u_i$，在回归命令对话框中输入 log(y) c log(x)，如图 4-35 所示，得到对数模型回归结果，如图 4-36 所示。

图 4-35　对数模型回归窗口

Dependent Variable: LOG(Y)			
Method: Least Squares			
Date: 01/17/15　Time: 23:24			
Sample: 1994 2013			
Included observations: 20			
Variable	Coefficient	Std. Error	t-Statistic　Prob.
C	-2.784182	1.258492	-2.212317　0.0401
LOG(X)	1.143181	0.089156	12.82227　0.0000
R-squared	0.901322	Mean dependent var	13.31968
Adjusted R-squared	0.895839	S.D. dependent var	1.112362
S.E. of regression	0.359003	Akaike info criterion	0.883667
Sum squared resid	2.319896	Schwarz criterion	0.983240
Log likelihood	-6.836672	Hannan-Quinn criter.	0.903105
F-statistic	164.4106	Durbin-Watson stat	0.532802
Prob(F-statistic)	0.000000		

图 4-36　对数模型回归结果

对上述对数回归模型做怀特检验（见图 4-37）可知 $nR^2 = 5.408\,240 < \chi^2_{0.05}(2) = 5.991\,5$，所以接受原假设，表明模型不存在异方差，经过对数变换，模型已消除异方差。

Heteroskedasticity Test: White			
F-statistic	3.150411	Prob. F(2,17)	0.0686
Obs*R-squared	5.408240	Prob. Chi-Square(2)	0.0669
Scaled explained SS	3.014474	Prob. Chi-Square(2)	0.2215

图 4-37　对数模型的怀特检验

根据图 4-35，模型估计结果为 $\ln \hat{Y}_i = -2.78 + 1.14 \ln X_i$。

要注意的是，变换后的模型中，参数的意义发生了变化，这里的 β_1 表示的是 X_i 对 Y_i 的弹性。可见对模型进行对数变换，可有效消除异方差性。这就是一些学术文章中对此类研究取对数的原因。

关键术语

异方差　G-Q 检验　White 检验　加权最小二乘法

闯关习题

一、单项选择题

1. 若某一回归模型 $Y-X$ 的散点图如图 4-38 所示，则不存在异方差的是（　　）。

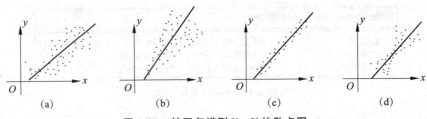

图 4-38 某回归模型 $Y-X$ 的散点图

2. 下列对异方差的说法正确的是（　　）。

A. 异方差是样本现象

B. 异方差的变化与解释变量的变化有关

C. 异方差是解释变量之间存在严重的线性关系

D. 时间序列更易产生异方差

3. 在异方差的情况下，参数估计值的方差不能正确估计的原因是（　　）。

A. $E(u_i^2) \neq \sigma^2$ 　　　　　　　　B. $E(u_i u_j) \neq 0 (i \neq j)$

C. $E(x_i u_i) \neq 0$　　　　　　　　　D. $E(u_i) \neq 0$

4. 下列选项中，不是引起异方差产生原因的是（　　）。

A. 略去了某些解释变量　　　　　　B. 模型的设定误差

C. 测量误差的变化　　　　　　　　D. 经济变量间固有的内在联系

5. 用横截面数据估计计量经济模型时，往往容易产生（　　）问题。

A. 异方差　　　　　　　　　　　　B. 序列相关

C. 多重共线性　　　　　　　　　　D. 解释变量与随机项相关

6. 如果回归模型中随机误差项出现异方差，则普通最小二乘估计量的值（　　）。

A. 具有最小方差性　　　　　　　　B. 无偏非有效

C. 无偏且有效　　　　　　　　　　D. 有偏非有效

7. 下列检验异方差的方法中，错误的是（　　）。

A. 方差膨胀因子检验　　　　　　　B. Glejser 检验法

C. White 检验法　　　　　　　　　D. G-Q 方法

8. 利用辅助回归模型判断方差与解释变量之间是否有明显的因果关系，这种检验异方差的方法为（　　）。

A. Glejser 检验　　B. G-Q 检验　　C. White 检验　　D. DW 检验

9. 在具体运用加权最小二乘法时，如果变换的结果是 $\frac{Y_i}{X_i} = \frac{\alpha}{X_i} + \frac{\beta X_i}{X_i} + \frac{u_i}{X_i}$，则 $\mathrm{var}(u)$ 是下列形式中的（　　）。

A. $\sigma^2 x$　　　　B. $\sigma^2 X^2$　　　　C. $\sigma^2 \sqrt{X}$　　　　D. $\sigma^2 \log(x)$

10. 设 $Y_i = \alpha + \beta X_i + u_i$，$\mathrm{var}(u_i) = \sigma_i^2 = \sigma^2 f(X_i)$，则对原模型变换的正确形式为（　　）。

A. $Y_i = \alpha + \beta X_i + u_i$

B. $\dfrac{Y_i}{\sqrt{f(X_i)}} = \dfrac{\alpha}{\sqrt{f(X_i)}} + \beta \dfrac{X_i}{\sqrt{f(X_i)}} + \dfrac{u_i}{\sqrt{f(X_i)}}$

C. $\dfrac{Y_i}{f^2(X_i)} = \dfrac{\alpha}{f^2(X_i)} + \beta \dfrac{X_i}{f^2(X_i)} + \dfrac{u_i}{f^2(X_i)}$

D. $Y_i f(X_i) = \alpha f(X_i) + \beta X_i f(X_i) + u_i f(X_i)$

二、判断题

1. 只有满足基本假定的计量经济学模型的普通最小二乘参数估计才具备无偏性和最小方差性。（　　）

2. 在存在异方差情况下，普通最小二乘法（OLS）估计量是有偏的和线性的。（　　）

3. 当异方差出现时，常用的 t 和 F 检验失效。（　　）

4. 用 Glejser 检验法检验异方差，不仅能判断是否存在异方差现象，同时还提供关于异方差形式的信息。（　　）

5. 加权最小二乘法是解决多重共线性的有效方法。（　　）

三、简述题

1. 简述 G-Q 检验法的基本步骤。

2. 简述加权最小二乘法的基本思路和具体步骤。

四、计算分析题

1. 根据某国 1993—2013 年进口商品支出与个人可支配收入的数据资料建立了如下回归模型：

$\hat{Y} = -2\,187.521 + 1.684\,3X$

s.e. $= (340.010\,3)(0.062\,2)$

$R^2 = 0.974\,8$，DW $= 0.293\,4$，$F = 733.606\,6$

试求解以下问题：

(1) 取时间段 1993—2000 和 2006—2013，分别建立两个模型。

模型 1：$\hat{Y} = -145.441\,5 + 0.397\,1X$

$t = (-8.730\,2)\quad(25.426\,9)$

$R^2 = 0.990\,8,\quad \sum e_{1i}^2 = 1\,372.202$

模型 2：$\hat{Y} = -4\,602.365 + 1.952\,5X$

$t = (-5.066\,0)\quad(18.409\,4)$

$R^2 = 0.982\,6,\quad \sum e_{2i}^2 = 7\,811.189$

其中，$F_{0.05}(8,8) = 3.44$；$F_{0.05}(7,7) = 3.73$；$F_{0.05}(6,6) = 4.28$。请继续完成上述工作，并回答所做的是一项什么工作，其结论是什么。

(2) 利用 Y 对 X 的 OLS 回归所得的残差二次方构造一个辅助回归函数：$e^2 = -0.17 + 0.102X + 0.015X^2 + \varepsilon$，$R^2 = 0.565\,9$。计算 $nR^2 = 21 \times 0.565\,9 = 11.883\,9$。

给定显著性水平 $\alpha = 0.05$，查 χ^2 分布表，得临界值 $\chi_{0.05}^2(2) = 5.99$。请继续完成上述工作，并回答所做的是一项什么工作，其结论是什么。

(3) 试比较(1)和(2)两种方法，给出简要评价。

2. 为了给指定医疗机构的规划提供依据，分析比较医疗机构与人口数量的关系，因此建立卫生医疗机构数（Y）和人口数（X）的回归模型。理论模型设定为 $Y = \alpha + \beta X + u$，利用某省 2013 年 21 个城市的数据进行分析，得出结果如图 4-39 和表 4-3～表 4-5 所示。

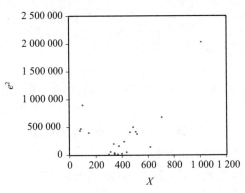

图 4-39 e^2(残差二次方)对 X 的散点图

表 4-3 选取权数 w_1 进行回归的结果

Dependent variable: Y
Weighting series: $w_1 = 1/X$

Variable	Coefficient	Std. Error	t-Statistic	Prob.
C	384.612 3	87.904 4	4.375 3	0.000 3
X	2.723 6	0.433 4	6.284 4	0.000 0
R-squared	0.501 9	Mean dependent var		1 104.228 0
Adjusted R-squared	0.475 7	S. D. dependent var		464.412 6
S. E. of regression	336.285 3	Akaike info criterion		14.663 7
Sum squared resid	2 148 668	Schwarz criterion		14.564 2
Log likelihood	−150.924 0	F-statistic		39.493 1
Durbin-Watson stat	2.283 1	Prob(F-statistic)		0.000 0

表 4-4 选取权数 w_2 进行回归的结果

Dependent variable: Y
Weighting series: $w_2 = 1/X^2$

Variable	Coefficient	Std. Error	t-Statistic	Prob.
C	368.620 3	84.168 3	4.379 6	0.000 3
X	2.952 8	0.822 7	3.589 3	0.002 0
R-squared	0.938 7	Mean dependent var		808.686 9
Adjusted R-squared	0.935 4	S. D. dependent var		1 086.417 0
S. E. of regression	276.047 7	Akaike info criterion		14.169 4
Sum squared resid	1 447 845	Schwarz criterion		14.268 9
Log likelihood	−146.778 9	F-statistic		12.882 9
Durbin-Watson stat	2.169 3	Prob(F-statistic)		0.002 0

表 4-5　选取权数 w_3 进行回归的结果

Dependent variable: Y
Weighting series: $w_3 = 1/\text{SQR}(X)$（SQR 代表取根号）

Variable	Coefficient	Std. Error	t-Statistic	Prob.
C	165.052 4	174.855 3	0.943 9	0.357 1
X	3.554 6	0.537 6	6.611 7	0.000 0
R-squared	0.382 0	Mean dependent var		1 329.555 0
Adjusted R-squared	0.349 5	S. D. dependent var		618.356 4
S. E. of regression	498.725 5	Akaike info criterion		15.352 4
Sum squared resid	4 725 815	Schwarz criterion		15.451 9
Log likelihood	−159.200 0	F-statistic		43.714 1
Durbin-Watson stat	2.034 5	Prob(F-statistic)		0.000 0

请根据以上图表回答以下问题：

(1) 根据图 4-39 说明模型是否存在异方差。
(2) 表 4-3～表 4-5 利用什么方法修正异方差？该种方法的思路是什么？
(3) 你觉得表 1、表 2、表 3 哪个权数效果更好，为什么？写出最终的回归方程。
(4) 根据(3)的结果说明模型 $Y = \alpha + \beta X + u_t$ 的异方差形式。

3. 近年来，房地产行业的发展已成为各地区经济的引擎。现利用线性模型 $Y_i = \alpha + \beta X_i + u_i$ 研究各地区生产总值 Y 与房地产行业增加值 X 的关系，数据见表 4-6。

表 4-6　中国 2013 年各地区房地产业增加值与地区生产总值

地区	地区生产总值 Y	房地产业增加值 X	地区	地区生产总值 Y	房地产业增加值 X
北京	19 500.56	1 339.52	湖北	24 668.49	797.19
天津	14 370.16	519.37	湖南	24 501.67	636.26
河北	28 301.41	1 041.28	广东	62 163.97	4 207.46
山西	12 602.24	329.8	广西	14 378.00	520.51
内蒙古	16 832.38	414.59	海南	3 146.46	288.54
辽宁	27 077.65	1 134.49	重庆	12 656.69	728.83
吉林	12 981.46	266.6	四川	26 260.77	762.77
黑龙江	14 382.93	553.11	贵州	8 006.79	202.94
上海	21 602.12	1 343.77	云南	11 720.91	262.84
江苏	59 161.75	3 436.65	西藏	807.67	22.74
浙江	37 568.49	2 190.03	陕西	16 045.21	507.72
安徽	19 038.87	763.56	甘肃	6 268.01	158.4
福建	21 759.64	1 216.76	青海	2 101.05	34.21
江西	14 338.50	500.57	宁夏	2 565.06	101.84
山东	54 684.33	2 237.46	新疆	8 360.24	232.44
河南	32 155.86	1 165.07			

(1) 采用 G-Q 检验方式检验模型是否存在异方差。

(2) 若存在，请用适当的方式修正异方差。

4. 表 4-7 中给出的是某年我国 28 个重要制造业行业销售收入与销售利润的数据资料。现利用线性模型 $Y_i = \alpha + \beta X_i + u_i$ 来研究不同行业销售收入对行业利润的影响。

表 4-7 我国某年制造业销售收入与销售利润数据

行业名称	销售收入 X	销售利润 Y	行业名称	销售收入 X	销售利润 Y
食品加工业	187.25	3 180.44	医药制造业	238.71	1 264.10
食品制造业	111.42	1 119.88	化学纤维制造	81.57	779.46
饮料制造业	205.42	1 489.89	橡胶制品业	77.84	692.08
烟草加工业	183.87	1 328.59	塑料制品业	144.34	1 345.00
纺织业	316.79	3 862.90	非金属矿制品	339.26	2 866.14
服装制造业	157.70	1 779.10	黑色金属冶炼	367.47	3 868.28
皮革羽绒制品	81.73	1 081.77	有色金属冶炼	144.29	1 535.16
木材加工业	35.67	443.74	金属制品业	201.42	1 948.12
家具制造业	31.06	226.78	普通机械制造	354.69	2 351.68
造纸及纸制品	134.40	1 124.94	专用设备制造	238.16	1 714.73
印刷业	90.12	499.83	交通运输设备	511.94	4011.53
文教体育用品	54.40	504.44	电子机械制造	409.83	3 286.15
石油加工业	194.45	2 363.80	电子通信设备	508.15	4 499.19
化学原料制品	502.61	4 195.22	仪器仪表设备	72.46	663.68

(1) 该模型容易产生异方差，原因是什么？

(2) 利用各种方法检验模型是否存在异方差。

(3) 用加权最小二乘法修正异方差。

课外修炼

阅读课外期刊文献

异方差是分析实证模型时经常遇到的问题，它可能会影响模型的精确度，从而降低模型的可信度。下列文献主要通过理论介绍、案例分析阐述异方差产生的原因、纠正方法，为本项目的学习提供借鉴扩展。

[1] 刘明.异方差 White 检验应用的几个问题[J].统计与信息论坛，2012(6):45-49.

[2] 刘尊雷，等.东海北部小黄鱼异方差生长模型[J].中国水产科学，2012(5):453-461.

[3] 郑红艳，夏乐天.一种多变量线性回归模型的异方差检验方法[J].统计与决策，2010(5):152-154.

[4] 张振强，韦兰英.线性回归模型异方差的诊断与修正——基于 EVIews 软件的实例分析[J].中国集体经济，2008(8):82-84.

[5] 叶宗裕.异方差模型参数估计的有效性研究[J].统计研究,2008(6):102-104.

[6] 董丽华.对异方差的分析及补救措施[J].重庆职业技术学院学报,2008(3):157-158.

[7] 宋廷山,李杰.回归模型的异方差性消除方法探讨[J].统计教育,2007(4):6-7.

[8] 阎颖,曲建民.计量经济学在经济应用中的异方差问题[J].工业技术经济,2005(4):111.

[9] 龚秀芳,冯珍珍.几种异方差检验方法的比较[J].菏泽师范专科学校学报,2003(11):19-22.

[10] 尹光霞.多元线性回归模型中的异方差性问题[J].湖北大学学报(自然科学版),2003(6):121-125.

[11] 韦博成,林金官,吕庆哲.回归模型中异方差或变离差检验问题综述[J].应用概率统计,2003(5):210-220.

教育无他,唯爱与榜样。

第五章 序列相关问题

>>> 知识结构图

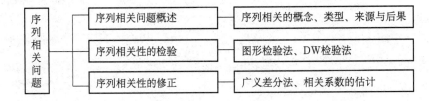

>>> 学习目标

1. 知识目标：序列相关的概念、类型、来源与后果；序列相关的各种检验方式；修正序列相关的方法与应用。

2. 能力目标：理解 DW 检验法的局限性；理解序列相关解决方法以及对结果的经济学意义上的解释；掌握 EViews 软件的操作方法，能应用 EViews 软件进行序列相关性分析。

>>> 情景写实

回归模型的假定条件之一是 $cov(u_i,u_j)=E(u_i,u_j)=0\ (i,j\in T; i\neq j)$，即误差项 u_t 的取值在时间上是相互无关的，称误差项 u_t 无序列相关。

根据这个假设认为，分析家庭消费支出与家庭收入的截面数据时，假定一个家庭收入增加对其消费支出的影响并不会影响另一个家庭的消费支出；一个工厂的产量对劳动和资本投入回归的季度时间序列数据，若某一季度一个突发事件影响了产出，下一季度的产出不会受影响。

但实际情况呢？在生活中，某一家庭消费支出的增加可能引起常与他们攀比的另一家庭消费支出的增加。一个工厂某一季度一个突发事件影响了产出，并不意味着下一季度的产出不会受影响。实际上，下季度的产出可能会增加，以弥补上一季度产出的不足。

这两种情况下，前后观测值之间都存在某种依赖关系，回归模型的非序列相关假设并未得到满足，普通最小二乘法失效，必须发展新的方法对模型进行估计。

第一节 序列相关问题概述

一、序列相关的概念

对于模型 $Y_t = \alpha + \beta_1 X_{1t} + \beta_2 X_{2t} + \cdots + \beta_k X_{kt} + u_t$, $t = 1, 2, \cdots, n$ (5-1)

如果其他假设仍然满足,随机干扰项序列不相互独立,即 $\text{cov}(u_i, u_j) \neq 0$ ($i \neq j$),则称误差项 u_t 存在序列相关或自相关。

二、序列相关的类型

序列相关按形式可分为两类。

▶ 1. 一阶自回归形式

当误差项 u_t 只与其滞后一期值有关时,即

$$u_t = f(u_{t-1}) + v_t$$

称 u_t 具有一阶自回归形式。

▶ 2. 高阶自回归形式

当误差项 u_t 的本期值不仅与其前一期值有关,而且与其前若干期的值都有关系时,即

$$u_t = f(u_{t-1}, u_{t-2}, \cdots) + v_t$$

则称 u_t 具有高阶自回归形式。

对于一般经济现象而言,两个随机项相隔时间越远,联系越小。如果存在序列相关,最强的序列相关应表现在前后两个随机项之间,即计量经济模型中序列相关的最常见形式是一阶自回归形式,所以下面重点讨论误差项的线性一阶自回归形式,即

$$u_t = \rho u_{t-1} + v_t \quad (5\text{-}2)$$

式中,ρ 是自回归系数或自相关系数,ρ 的取值范围是 $[-1, 1]$。当 $\rho > 0$ 时,称 u_t 存在正序列相关;当 $\rho < 0$ 时,称 u_t 存在负序列相关;当 $\rho = 0$ 时,称 u_t 不存在序列相关(非自相关)。v_t 是随机误差项,满足经典假设:

$E(v_t) = 0, t = 1, 2, \cdots, T$

$\text{var}(v_t) = \sigma_v^2, t = 1, 2, \cdots, T$

$\text{cov}(v_i, v_j) = 0, i \neq j, i, j = 1, 2, \cdots, T$

$\text{cov}(u_{t-1}, v_t) = 0, t = 1, 2, \cdots, T$

相关链接

ρ 名称的理解

一阶自回归中 ρ 既是自回归系数,也是自相关系数。回归系数是指对模型(5-2)用 OLS 进行回归估计所得到的回归系数数值,而相关系数则是利用式(5-1)计算 u_t 和 u_{t-1} 两变量的相关联程度。在一元模型中,这两者是不同的,那么在一阶自回归模型中,它们为什么会一

致呢？

再根据基本假设，可以将式(5-2)看作无常数项的一元回归模型，因此可以直接用OLS得到自相关系数ρ的估计量

$$\hat{\rho} = \frac{\sum\limits_{t=2}^{n} \mu_t \mu_{t-1}}{\sum\limits_{t=2}^{n} \mu_{t-1}^2} \tag{5-3}$$

当样本容量很大时，有

$$\sum_{t=2}^{n} \mu_{t-1}^2 = \sum_{t=2}^{n} \mu_t^2$$

因此，当样本容量很大时，式(5-3)可以写成

$$\hat{\rho} = \frac{\sum\limits_{t=2}^{n} \mu_t \mu_{t-1}}{\sqrt{\sum\limits_{t=2}^{n} \mu_t^2 \sum\limits_{t=2}^{n} \mu_{t-1}^2}} = r_{\mu_t \mu_{t-1}} \tag{5-4}$$

可见，自回归系数的估计量$\hat{\rho}$等于随机项μ_t和μ_{t-1}的简单相关系数$r_{\mu_t \mu_{t-1}}$。因此，ρ既可称为自回归系数，也可以称为自相关系数。

三、序列相关的来源

▶ 1. 经济变量固有的惯性

由于经济发展的连续性所形成的惯性，使得许多经济变量的前后期之间是相互关联的。诸如国内生产总值、就业、货币供给等时间序列都呈现周期性波动。当经济复苏时，经济序列由谷底向上移动，在上移的过程中，序列在某一时点的值会大于其前期值。因此，连续的观测值之间很可能是相互依赖的。

经典实例

农产品供给模型

在农产品供给模型$Q_t = \alpha + \beta P_{t-1} + \mu_t$中，农产品供给($Q$)对价格($P$)的反映本身存在一个滞后期，意味着农户在年度$t$的过量生产(使该期价格下降)很可能导致在年度$t+1$削减产量；反之，$t$年的减产又导致$t+1$年的增产。这时，随机干扰项往往表现出负相关的特征。

▶ 2. 模型中遗漏了重要的解释变量

若丢掉了应该列入模型的带有序列相关的重要解释变量，那么它的影响必然归并到误差项u_t中，从而使误差项呈现序列相关。

经典实例

行业生产函数模型

我们在建立行业生产函数模型时，以产出(Q)为被解释变量，资本(K)、劳动(L)、技术(T)等投入要素为解释变量，选择时间序列数据作为样本观测值，模型表述为：$Q_t = f(K_t,$

L_t, T_t)+ε_t, $t=1,2,\cdots,T$。在该模型中,政策因素等对产出是有影响的,但没有包括在解释变量中,那么该影响被包含在随机误差项中,如果该项影响构成随机误差项的主要部分,则可能出现序列相关性。其原因是,对于不同的年份,政策因素的影响具有连续性,如果前一年是正的影响,后一年往往也是正的影响,于是在不同的样本点之间随机误差项出现了相关性,这就产生了序列相关性。

▶ 3. 模型设定偏误

若所用的数学模型与变量间的真实关系不一致,误差项常表现出序列相关。

经典实例

边际成本函数模型

根据微观经济学,当实际产量未达到一定限度时,边际成本随产量的扩大而递减;当产量超过一定限度时,边际成本随产量的扩大而递增。因为,当产量超过一定限度时,总固定成本就会递增。由此可见,真实的边际成本回归模型应为 $Y_t = \alpha + \beta_1 X_t + \beta_2 X_t^2 + \mu_t$ ($Y=$边际成本,$X_1=$产出),但建模时设立了模型 $Y_t = \alpha + \beta_1 X_t + v_t$,因此,由于 $v_t = \beta_2 X_t^2 + \mu_t$,包含了产出的二次方对随机项的系统性影响,随机项也呈现序列相关性。

▶ 4. 随机因素的影响

如自然灾害、金融危机、世界经济环境的变化等随机因素的影响,往往要持续多个时期,使得随机误差项呈现出序列相关性。

四、序列相关的后果

▶ 1. 参数估计量虽是无偏的,但不再具有最小方差性

OLS估计量无偏性的证明过程中,仅用到了零均值假设,没有用到无序列相关假设。因此,序列相关不影响OLS估计量的无偏性。

而对于估计量 $\hat{\beta}$ 的方差,有

$$\text{var}(\hat{\beta}) = \text{var}\left[\frac{\sum X_t u_t}{\sum x_t^2}\right] = \frac{1}{(\sum x_t^2)^2} \sum_t \sum_s X_t X_s \text{cov}(u_t, u_s)$$

$$= \frac{1}{\sum x_t^2} \text{var}(u_t) + \frac{1}{(\sum x_t^2)^2} \sum_{t \neq s} X_t X_s \text{cov}(u_t, u_s)$$

如果存在序列相关,$\text{cov}(u_t, u_s) \neq 0$,所以这时 $\hat{\beta}$ 的方差已不同于经典假设之下 $\hat{\beta}$ 的方差 $\frac{1}{\sum x_t^2}\text{var}(u_t)$。因此,这时若仍用普通最小二乘法估计 $\hat{\beta}$ 的方差,会导致不小的偏误。

▶ 2. 变量的显著性检验失去意义

变量的显著性检验是建立在参数方差正确估计基础之上的,这只有当随机误差项具有同方差性和互相独立性时才能成立。当存在序列相关时,估计的参数方差出现偏误(偏大或偏小),以此为基础计算的 t 检验统计量和 F 检验统计量都是不正确的,因此不能作为检验的基础。例如在时间序列数据中,数据的序列相关常常是正相关关系,采用OLS方法估计

模型，往往会低估斜率参数估计的方差，以此计算的 t 检验统计量值大于实际的 t 值，从而夸大所估计参数的显著性，会把本来不重要的解释变量认为是重要的而被接受下来，因此显著性检验失去意义。

▶ 3. 模型的预测失效

模型的区间预测是在参数估计量的方差正确估计的基础上得出的。当方差估计有偏差的情况下，模型的区间预测是不准确的，也是没有意义的。

第二节 序列相关性的检验

由于随机扰动项 m_1 序列相关性的存在，将对参数的最小二乘估计量产生严重后果，因此在进行回归分析之前，必须检验 m_1 是否存在序列相关。关于序列相关性的检验方法有多种，如图形检验法、DW（Durbin-Watson，杜宾-瓦森）检验等。这些检验方法的共同思路是，首先采用普通最小二乘法估计模型，以求得随机误差项的"近似估计量"，用 e_t 表示，$e_t = Y_t - (\hat{Y}_t)_{OLS}$；然后通过分析 e_t 之间的相关性，以达到判断随机误差项是否具有序列相关性的目的。

一、基于 (e_t, e_{t-1}) 散点图的检验

以 e_t 为纵坐标，e_{t-1} 为横坐标，绘制 $(e_1, e_2), (e_2, e_3), \cdots, (e_{t-1}, e_t)$ 的散点图。如果大部分落在第 I、III 象限，表明 e_t 存在正的序列相关，如图 5-1 所示；如果大部分落在第 II、IV 象限，表明 e_t 存在负的序列相关，如图 5-2 所示。

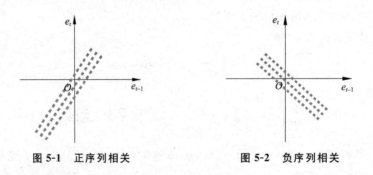

图 5-1　正序列相关　　　　图 5-2　负序列相关

相关链接

序列相关的图形检验方法

例子：经济理论指出，商品进口主要由进口国的经济发展水平决定。下面研究中国商品进口 Y 与国内生产总值 X 的关系，数据见表 5-1。

表 5-1　1990—2013 年中国商品进口与国内生产总值　　　（单位：亿元）

年份	国内生产总值	商品进口	年份	国内生产总值	商品进口
1990	18 667.82	2 574.30	2002	120 332.69	24 430.30
1991	21 781.50	3 398.70	2003	135 822.76	34 195.60
1992	26 923.48	4 443.30	2004	159 878.34	46 435.80
1993	35 333.92	5 986.20	2005	184 937.37	54 273.70
1994	48 197.86	9 960.10	2006	216 314.43	63 376.86
1995	60 793.73	11 048.10	2007	265 810.31	73 300.10
1996	71 176.59	11 557.40	2008	314 045.43	79 526.53
1997	78 973.03	11 806.50	2009	340 902.81	68 618.37
1998	84 402.28	11 626.10	2010	401 512.80	94 699.30
1999	89 677.05	13 736.40	2011	473 104.05	113 161.40
2000	99 214.55	18 638.80	2012	519 470.10	114 800.96
2001	109 655.17	20 159.20	2013	568 845.21	121 037.46

资料来源：中国统计年鉴。

（1）参数估计。设定模型为 $Y_t = \alpha + \beta X_t + \mu_t$。在 EViews 软件的主界面中选择 Quick\Estimate Equation 菜单命令，在弹出的对话框中输入 Y C X，单击"确定"按钮即可得到回归结果，如图 5-3 所示。

```
Dependent Variable: Y
Method: Least Squares
Date: 01/16/15   Time: 23:22
Sample: 1990 2013
Included observations: 24

Variable         Coefficient   Std. Error   t-Statistic   Prob.

C                -1031.189     2187.507     -0.471399     0.6420
X                 0.233377     0.008867     26.31894      0.0000

R-squared              0.969217    Mean dependent var     42199.65
Adjusted R-squared     0.967818    S.D. dependent var     39452.54
S.E. of regression     7077.519    Akaike info criterion  20.64689
Sum squared resid      1.10E+09    Schwarz criterion      20.74506
Log likelihood         -245.7627   Hannan-Quinn criter.   20.67293
F-statistic            692.6867    Durbin-Watson stat     0.630095
Prob(F-statistic)      0.000000
```

图 5-3　模型回归结果

（2）产生残差序列。在选择 Quick/Generate Series 菜单命令，在弹出的对话框中输入 $e=\text{resid}$，单击 OK 按钮，得到残差序列 e_t。

选择 Quick\Graph 菜单命令，在弹出的对话框中输入 $e(-1)\, e$，再选择 scatter，得到残差项 e_t 与 e_{t-1} 的时间散点图，如图 5-4 所示。

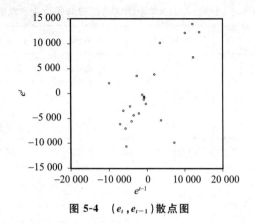

图 5-4 (e_t, e_{t-1}) 散点图

从图 5-4 可以看出，e_t 序列与 e_{t-1} 序列呈现正相关关系，可简单判断模型存在正序列相关。

图形法的优点是简单易行，但过分粗略，当序列相关不是很明显时不容易判断。在处理实际问题时，主要采用 D-W 检验法。

二、D-W 检验法

DW 检验是 J. Durbin 和 G. S. Watson 于 1951 年提出的。它是利用残差 e_t 构成的统计量推断误差项 u_t 是否存在序列相关。使用 DW 检验，应首先满足如下条件：

(1) 解释变量 X 非随机。

(2) 随机误差项 μ_t 为一阶自回归形式：$\mu_t = \rho \mu_{t-1} + \varepsilon_t$。

(3) 回归模型中不应含有滞后应变量作为解释变量，即不应出现下列形式：
$$Y_t = \alpha + \beta_1 X_{1t} + \cdots + \beta_k X_{kt} + \gamma Y_{t-1} + \mu_t$$

(4) 回归含有截距项。

(5) 数据序列无缺失项。

DW 检验的步骤如下：

(1) 给出假设：

$H_0: \rho = 0$ （u_t 不存在序列相关）；

$H_1: \rho \neq 0$ （u_t 存在一阶序列相关）。

(2) 用残差值 e_t 计算 DW 检验的统计量 d。

$$d = \frac{\sum\limits_{t=2}^{T}(e_t - e_{t-1})^2}{\sum\limits_{t=1}^{T} e_t^2} = 2(1-\rho) \tag{5-5}$$

相关链接

d 统计量与 $\hat{\rho}$ 的关系

$\hat{\rho}$ 的数值大小可直接用于判断两变量的相关联程度，越靠近 1 或者 −1 都是相关程度越紧密，接近于 0 则变量间无线性联系，但 $\hat{\rho}$ 数值多大才算是相关紧密，多大是无相关并没有给出明确的答案,因此实践中较少使用。DW 检验实质是在相关系数的基础上发展起来的,只不过 DW 检验有明确的临界值,会更准确。

将 DW 统计量计算公式,即式(5-5),展开,得

$$d = \frac{\sum_{t=2}^{T} e_t^2 + \sum_{t=2}^{T} e_{t-1}^2 - 2\sum_{t=2}^{T} e_t e_{t-1}}{\sum_{t=1}^{T} e_t^2} \tag{5-6}$$

因为有

$$\sum_{t=2}^{T} e_t^2 \approx \sum_{t=2}^{T} e_{t-1}^2 \approx \sum_{t=1}^{T} e_t^2 \tag{5-7}$$

代入式(5-6),

$$d \approx \frac{2\sum_{t=2}^{T} e_{t-1}^2 - 2\sum_{t=2}^{T} e_t e_{t-1}}{\sum_{t=2}^{T} e_{t-1}^2} = 2\left(1 - \frac{\sum_{t=2}^{T} e_t e_{t-1}}{\sum_{t=2}^{T} e_{t-1}^2}\right) = 2(1 - \hat{\rho}) \tag{5-8}$$

因为 $\hat{\rho}$ 的取值范围是 $[-1,1]$,所以 d 统计量的取值范围是 $[0,4]$。在 EViews 软件中可以直接输出 DW 统计量的数值,且大多数计量经济学教科书都提供了相应的临界值表可供查询,因此 DW 检验得到了广泛的应用。

(3) 判断。从图 5-5 可以直观地看出 $d \in [0,4]$。

当 $0 < \hat{\rho} \leqslant 1$ 时,$0 \leqslant d < 2$,表示 u_t 正序列相关,若 $\hat{\rho} \to 1$,则 $d \to 0$,表明正序列相关程度越强。

当 $\hat{\rho} = 0$ 时,$d = 2$,表明 u_t 不相关。

当 $-1 < \hat{\rho} < 0$ 时,$2 < d < 4$,表明 u_t 负序列相关,若 $\hat{\rho} \to -1$,则 $d \to 4$,表明负序列相关程度越强。

Durbin 和 Waston 根据样本容量 n,解释变量的个数 R,显著水平 α,确定统计量 d 的上限临界值 d_u 和下限临界值 d_l。这样,对于原假定 H_0,确定判断一阶自回归的区域:

当 $0 < d < d_l$ 时,表明存在一阶正序列相关,且相关程度随着 d 接近 0 而逐渐增强。

当 $d_l < d < d_u$ 或 $4 - d_u < d < 4 - d_l$ 时,表明不能确定存在序列相关,此时 DW 检验失效。

当 $d_u < d < 4 - d_u$ 时,表明不存在一阶序列相关。

当 $4 - d_l < d < 4$ 时,表明存在一阶负序列相关,且相关程度随着 d 接近 4 而逐渐增强,如图 5-5 所示。

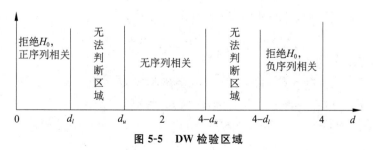

图 5-5 DW 检验区域

相关链接

DW 检验法

EViews 6.0 软件操作步骤：

以表 5-1 所列数据为例，对模型用 OLS 进行估计，估计结果见图 5-3。

由图 5-3 的回归结果可以看出 $d = 0.630\,095$（DW 检验），查 DW 检验临界值表，在 5% 的显著性水平下，$n=24$，$k=1$（k 为解释变量个数），查表得 $d_l = 1.27$，$d_u = 1.45$，由于 DW $= 0.630\,095 < d_l$，故存在正序列相关。

DW 检验的局限性：

（1）DW 检验有两个无法确定的区域，即当 $d_l < d < d_u$ 或 $4 - d_u < d < 4 - d_l$ 时，不能确定其是否存在序列相关。

（2）只能检验一阶序列相关，不适合于高阶序列相关的检验。

（3）样本容量要足够大，至少大于 15。这是因为 DW 统计量的上下界表一般要求 $n \geqslant 15$。$n < 15$ 时，DW 检验上下界表的数据不完善，利用残差很难对序列相关的存在做出比较正确的结论。

（4）DW 检验有运用的前提条件，只有符合这些条件，DW 检验才是有效的。

第三节 序列相关性的修正

当模型存在序列相关时，就不能直接采用普通最小二乘法进行回归，必须发展新的估计方法。本节介绍消除序列相关最常见的方法——广义差分法。广义差分法的思想是将原模型转化为对应的差分形式，消除序列相关，然后用普通最小二乘法进行估计。

一、广义差分法

为简单起见，以一元为例。若原回归模型为

$$Y_t = \alpha + \beta X_t + u_t, t = 1, 2, \cdots, n \tag{5-9}$$

式中，u_t 具有一阶自回归形式 $u_t = \rho u_{t-1} + v_t$；v_t 满足经典假定，把 u_t 代入式(5-9)，

$$Y_t = \alpha + \beta X_t + \rho u_{t-1} + v_t \tag{5-10}$$

将模型(5-9)滞后一期，并在两侧同乘以 ρ，

$$\rho Y_{t-1} = \alpha \rho + \beta \rho X_{t-1} + \rho u_{t-1} \tag{5-11}$$

式(5-10)减式(5-11)得

$$Y_t - \rho Y_{t-1} = \alpha(1 - \rho) + \beta(X_t - \rho X_{t-1}) + v_t \tag{5-12}$$

令：$Y_t^* = Y_t - \rho Y_{t-1}$，$X_t^* = X_t - \rho X_{t-1}$，$\alpha^* = \alpha(1 - \rho)$，

则模型(5-12)表示为，

$$Y_t^* = \alpha^* + \beta X_t^* + v_t \tag{5-13}$$

由于式(5-13)中的误差项 v_t 是满足古典假定，可以直接采用普通最小二乘法估计回归

参数。所得估计量具有最佳线性无偏特性。式(5-13)中的 β 就是原式(5-9)中的 β，而 α^* 与式(5-9)中的 α 有如下关系，

$$\alpha^* = \alpha(1-\rho) \quad \text{或} \quad \alpha = \alpha^*/(1-\rho) \tag{5-14}$$

上述变换称作广义差分变换。

相关链接

广义差分模型的扩展

不管是一元还是多元，模型广义差分变换的基本思路是一致的。若原回归模型为

$$Y_t = \alpha + \beta_1 X_{1t} + \beta_2 X_{2t} + \cdots + \beta_k X_{kt} + u_t, \quad t = 1,2,\cdots,n \tag{5-15}$$

式中，u_t 具有一阶自回归形式 $u_t = \rho u_{t-1} + v_t$；v_t 满足经典假定，把 u_t 代入式(5-15)，

$$Y_t = \alpha + \beta_1 X_{1t} + \beta_2 X_{2t} + \cdots + \beta_k X_{kt} + \rho u_{t-1} + v_t \tag{5-16}$$

将式(5-15)滞后一期，并在两侧同乘以 ρ，

$$\rho Y_t = \rho\alpha + \rho\beta_1 X_{1t-1} + \rho\beta_2 X_{2t-1} + \cdots + \rho\beta_k X_{kt-1} + \rho u_{t-1}, \quad i = 1,2,\cdots,n \tag{5-17}$$

式(5-16)减式(5-17)得

$$Y_t - rY_{t-1} = \alpha(1-\rho) + \beta_1(X_{1t} - \rho X_{1t-1}) + \beta_2(X_{2t} - \rho X_{2t-1}) + \cdots + \beta_k(X_{kt} - \rho X_{kt-1}) + v_t \tag{5-18}$$

令：$Y_t^* = Y_t - \rho Y_{t-1}$，$X_{jt}^* = X_{jt} - \rho X_{jt-1}$ $(j=1,2,\cdots,k)$，$\alpha^* = \alpha(1-\rho)$，则式(5-18)表示为

$$Y_t^* = \alpha^* + \beta_1 X_{1t}^* + \beta_2 X_{2t}^* + \cdots + \beta_k X_{kt}^* + v_t \tag{5-19}$$

由于式(5-19)中的误差项 v_t 满足古典假定，可以直接采用普通最小二乘法估计回归参数。所得估计量具有最佳线性无偏特性。(5-17)中的 $\beta_1 \cdots \beta_k$ 就是原模型(5-15)中的 $\beta_1 \cdots \beta_k$，而 α^* 与式(5-19)中的 α 有如下关系，

$$\alpha^* = \alpha(1-\rho) \quad \text{或} \quad \alpha = \alpha^*/(1-\rho) \tag{5-20}$$

上述为多元模型的广义差分变换过程。与一元相比，只是增加了解释变量而已。

在广义差分过程中，损失了一个观测值，样本容量变成 (n-1)。为避免损失自由度，K. R. Kadiyala 于 1968 年提出对 Y_t 与 X_t 的第一个观测值分别作如下变换而加以补充。

$$Y_1^* = Y_1 \sqrt{1-\rho^2}, \quad X_1^* = X_1 \sqrt{1-\rho^2}$$

于是对式(5-13)和式(5-19)样本容量仍然为 n。若为大样本，实践操作时，并没有考虑损失的这个样本。

二、ρ 的估计

以上分析表明，广义差分法得以实施的关键是计算出序列相关系数 ρ 的值，因此必须采用一些适当的方式对序列相关系数 ρ 进行估计。常用的估计方法有用 DW 统计量估计 ρ。

由式(5-5)，得

$$\hat{\rho} = 1 - \frac{DW}{2} \tag{5-21}$$

由于专用计量经济学软件可以直接给出 DW 值，所以可根据式(5-21)得到 ρ 的近似估计值，再将其应用于广义差分变化式(5-12)。注意，用此法时样本容量不宜过小。

相关链接

广义差分法修正模型（DW 法计算 ρ）

EViews 6.0 软件操作步骤：

(1) 计算 $\hat{\rho}$ 的估计值。由前面的分析可知，研究中国商品进口 Y 与国内生产总值 X 关系的模型存在序列相关，且由图 5-3 的回归结果可知，DW=0.630 095，所以

$$\hat{\rho} = 1 - \frac{\text{DW}}{2} = 1 - \frac{0.630\,095}{2} = 0.684\,952\,5$$

(2) 广义差分法修正模型。将 $\hat{\rho}=0.684\,752\,5$ 代入模型(5-12)得差分模型：

$$Y_t - 0.684\,952\,5Y_{t-1} = \alpha(1 - 0.684\,952\,5) + \beta(X_t - 0.684\,952\,5X_{t-1}) + u_t - 0.684\,952\,5u_{t-1}$$

对该模型进行 OLS 估计。在 EViews 软件的广义差分模型输入框（如图 5-6 所示）中输入

$$y - 0.684\,952\,5 * y(-1) \quad c \quad x - 0.684\,952\,5 * x(-1)$$

其中，$y(-1)$，$x(-1)$ 在软件中表示变量 Y、X 相应的滞后一期项。单击"确定"按钮，得到广义差分回归模型，回归结果见图 5-7。

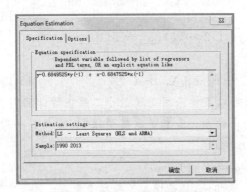

图 5-6 广义差分模型输入框　　图 5-7 广义差分的回归结果

表达如下：

$$Y_t^* = 206.622\,7 + 0.222\,671X_t^*$$

式中，$Y_t^* = Y_t - 0.684\,752\,5Y_{t-1}$；$X_t^* = X_t - 0.684\,952\,5X_{t-1}$。

此时，样本容量为 23（广义差分用掉了一个样本），1 个解释变量，在 5% 的显著性水平下，查表得 $d_L = 1.26$，$d_U = 1.44$，由于 DW=1.690 486，$d_U < \text{DW} < 4 - d_U$，已消除序列相关。

最终模型表示为

$$\hat{Y}_t = \frac{206.622\,7}{1 - 0.684\,952\,5} + 0.222\,671X_t = 655.430\,1 + 0.222\,671X_t$$

三、杜宾(Durbin)两步法

杜宾两步法的第一步是通过打开广义差分模型回归式中的括号，求 ρ 的估计值 $\hat{\rho}$；第二步是利用 $\hat{\rho}$ 进行广义差分变换，然后对原模型求广义最小二乘估计值。具体步骤如下：

(1) 把由原式
$$Y_t = \alpha + \beta X_t + u_t, \quad t = 1, 2, \cdots, n, \mu_t = \rho \mu_{t-1} + v_t$$
做广义差分变换后,所得模型
$$Y_t - \rho Y_{t-1} = \alpha(1-\rho) + \beta(X_t - \rho X_{t-1}) + v_t$$
改写为
$$Y_t = \alpha(1-\rho) + \rho Y_{t-1} + \beta X_t - \rho \beta X_{t-1} + v_t \tag{5-22}$$
用普通最小二乘法估计式(5-22),Y_{t-1} 参数就是 ρ 的估计值 $\hat{\rho}$。

(2) 利用估计出的 $\hat{\rho}$ 应用于广义差分变化式(5-12),估计出 $\hat{\alpha}$,$\hat{\beta}$。

杜宾两步法的长处是能将该方法推广到高阶序列相关模型;不足之处是 $\hat{\rho}$ 的估计精度稍低。

相关链接

杜宾两步法修正序列相关

EViews 6.0 软件操作步骤:

(1) 用 OLS 法估计模型 $Y_t = \alpha(1-\rho) + \rho Y_{t-1} + \beta X_t - \rho \beta X_{t-1} + v_t$,在回归对话框(如图 5-8 所示)中输入:y c y(-1) x x(-1)。单击"确定"按钮,输出结果如图 5-9。

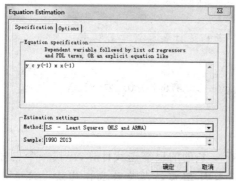

图 5-8 杜宾两步法第一步回归输入对话框　　图 5-9 序列相关系数估计

由图 5-9 可以得到 $\hat{\rho} = 0.521\,058$,即 $Y(-1)$ 变量的参数估计值。

(2) 估计广义差分模型。将由第一步得到的 $\hat{\rho} = 0.521\,058$,带入式(5-13),得到差分模型
$$Y_t - 0.521\,058 Y_{t-1} = \alpha(1 - 0.521\,058) + \beta(X_t - 0.521\,058 X_{t-1}) + u_t - 0.521\,058 u_{t-1}$$
对该模型进行 OLS 估计。在 EViews 软件估计式里输入

y-0.521 058*y(-1)　c　x-0.521 058*x(-1)

单击"确定"按钮,得到广义差分回归模型。回归结果见图 5-10,表达如下:
$$Y_t^* = -16.607\,525 + 0.222\,681\,5 X_t^*$$

由于 DW=1.372 877,$d_l <$ DW $< d_u$($d_l = 1.26, d_u = 1.44$),用 DW 检验法无法判断是否已消除序列相关。所以,要进一步采用 LM 检验法检验是否存在序列相关,检验结果如图 5-11 所示。

```
Dependent Variable: Y-0.521058*Y(-1)
Method: Least Squares
Date: 01/16/15   Time: 23:53
Sample (adjusted): 1991 2013
Included observations: 23 after adjustments

Variable           Coefficient   Std. Error    t-Statistic    Prob.
C                  -16.60783     1788.770      -0.009284      0.9927
X-0.521058*X(-1)    0.226815     0.013125      17.28179       0.0000

R-squared            0.934305    Mean dependent var     23720.07
Adjusted R-squared   0.931177    S.D. dependent var     20948.74
S.E. of regression   5495.724    Akaike info criterion  20.14427
Sum squared resid    6.34E+08    Schwarz criterion      20.24301
Log likelihood      -229.6591    Hannan-Quinn criter.   20.16910
F-statistic          298.6601    Durbin-Watson stat     1.372877
Prob(F-statistic)    0.000000
```

图 5-10　广义差分输出结果

```
Breusch-Godfrey Serial Correlation LM Test:
F-statistic       0.963337   Prob. F(2,19)         0.3995
Obs*R-squared     2.117561   Prob. Chi-Square(2)   0.3469
```

图 5-11　LM 检验结果

由 LM 检验结果可知,模型已不存在序列相关。

LM 检验已超出本书范围,有兴趣的同学可参考相关计量经济学教科书。

最终模型表示为

$$\hat{Y}_t = \frac{-16.60783}{1-0.521058} + 0.226815 X_t = -34.6761 + 0.226815 X_t$$

四、科克兰内-奥克特法

科克兰内-奥克特(Cochrane-Orcutt)法要进行一系列的反复迭代计算,寻找一个更好的估计值 $\hat{\rho}$,直到消除序列序列相关为止,所以科克兰内-奥克特法又称为迭代法。具体步骤如下:

设回归方程为　　$Y_t = \alpha + \beta X_t + \mu_t$,其中 $\mu_t = \rho \mu_{t-1} + \varepsilon_t$。

(1) 利用样本数据,进行 OLS 估计,得到样本回归函数 $\hat{Y}_t = \hat{\alpha} + \hat{\beta} X_t$。

(2) 计算残差 $e_t = Y_t - (\hat{Y}_t)_{OLS}$,得残差的一阶自回归方程

$$e_t = \rho e_{t-1} + v_t \tag{5-23}$$

(3) 对式(5-23)利用 OLS 进行估计,求出 ρ 的第一次估计值 $\hat{\rho}$,即

$$\hat{\rho} = \frac{\sum_{t=2}^{T} e_t e_{t-1}}{\sum_{t=2}^{T} e_t^2}$$

(4) 利用 $\hat{\rho}$ 建立广义差分模型 $Y_t - \rho Y_{t-1} = \alpha(1-r) + \beta(X_t - \rho X_{t-1}) + v_t$,并用 OLS 法进行估计。检验残差序列 $\hat{v}_t$ 是否存在序列相关,如果不存在,迭代结束,求得参数估计值 $\hat{\alpha}$, $\hat{\beta}$;若存在序列相关,则进行第二次迭代。

（5）利用新残差序列 $\hat{v}_t$，求得

$$\hat{\rho} = \frac{\sum\limits_{t=2}^{T} \hat{v}_t \hat{v}_{t-1}}{\sum\limits_{t=2}^{T} \hat{v}_{t-1}^2}$$

对原模型做如下广义差分变换：

$$Y_t - \hat{\rho} Y_{t-1} = \alpha(1-\hat{\rho}) + \beta(X_t - \hat{\rho} X_{t-1}) + v'_t$$

重复这一迭代过程，直到 ρ 的估计值 $\hat{\rho}$ 收敛为止。实践中，一般迭代两次就可得到满意的结果。

迭代法的长处是可以得到较精确的 $\hat{\rho}$ 值，能有效地消除序列相关。

相关链接

科克兰内-奥克特法修正序列相关

EViews 6.0 软件操作步骤：

在 EViews 软件中，带 AR(1) 项的 LS 命令提供了对序列相关序列进行校正的回归计算过程，其实就是科克兰内-奥克特提出的二阶段迭代法，如序列相关形式为一阶自回归，在估计方程时输入 y c x AR(1) 即可，如图 5-12 所示。

单击"确定"按钮，输出回归结果如图 5-13，估计结果为：

$\hat{Y}_t = 816.7047 + 0.221909 X_t + 0.713196 AR(1)$
   　　　　(10.28268)　(3.903946)

$R^2 = 0.982547$　$\bar{R}^2 = 0.980801$　$F = 562.9525$　$DW = 1.740219$

此时，$DW = 1.740219$，$d_u < DW < 4 - d_u (d_l = 1.26, d_u = 1.44)$，已消除序列相关。

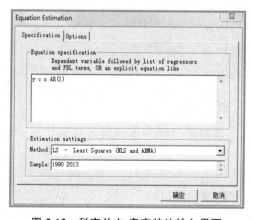

图 5-12　科克兰内-奥克特法输入界面　　图 5-13　科克兰内-奥克特迭代法输出结果

关键术语

序列相关　一阶自回归　DW 检验法　广义差分模型　科克兰内-奥克特迭代法

闯关习题

一、单项选择题

1. 设 u_t 为随机误差项,则一阶线性序列相关是指( )。

   A. $\text{cov}(u_t, u_s) \neq 0 (t \neq s)$　　B. $u_t = \rho u_{t-1} + \varepsilon_t$

   C. $u_t = \rho_1 u_{t-1} + \rho_2 u_{t-2} + \varepsilon_t$　　D. $u_t = \rho u_{t-1}^2 + \varepsilon_t$

2. 假定某企业的生产决策是由模型 $Y = \alpha + \beta X + u_t$ 描述的(其中 Y_t 为产量,X_t 为价格)。

   又知,如果该企业在 $t-1$ 期生产过剩,企业决策者会削减 t 期的产量。由此判断上述模型存在( )。

   A. 异方差问题　　B. 随机解释变量问题

   C. 多重共线性问题　　D. 序列相关问题

3. 如果随机误差项前后期存在序列相关,即有 $\text{cov}(u_i, u_j) \neq 0$,则普通最小二乘估计 $\hat{\beta}$ 是( )。

   A. 有偏的、有效的　　B. 有偏的、非有效的

   C. 无偏的、有效的　　D. 无偏的、非有效的

4. 下列回归模型可用 DW 统计量来检验的是( )。

   A. $Y_i = \alpha + \beta X_i + u_i$,其中 $\mu_t = \rho \mu_{t-1} + v_t$,$X$ 是非随机变量

   B. $Y_i = \beta X_i + u_i$,其中 $\mu_t = \rho \mu_{t-1} + v_t$,$X$ 是非随机变量

   C. $Y_i = \alpha + \beta X_i + u_i$,其中 $\mu_t = \rho_1 \mu_{t-1} + \rho_2 \mu_{t-2} + v_t$,$X$ 是非随机变量

   D. $Y_i = \alpha + \beta X_i + u_i$,其中 $\mu_t = \rho \mu_{t-1} + v_t$,$X$ 是随机变量

5. 对于模型 $Y = \hat{\alpha} + \hat{\beta} X + e_t$,以 ρ 表示 e_t 与 e_{t-1} 之间的线性相关系数,则下列明显错误的是( )。

   A. $\rho = 0.8, DW = 0.4$　　B. $\rho = -0.8, DW = -0.4$

   C. $\rho = 0, DW = 2$　　D. $\rho = 1, DW = 0$

6. 在 DW 检验中,存在不能判定的区域是( )。

   A. $0 < d < d_l, 4 - d_l < d < 4$　　B. $d_u < d < 4 - d_u$

   C. $d_l < d < d_u, 4 - d_u < d < 4 - d_l$　　D. 上述都不对

7. 已知模型的形式为 $Y = \alpha + \beta X + u$,在用实际数据对模型的参数进行估计时,测得 DW 统计量为 0.52,则广义差分变量是( )。

   A. $Y_t - 0.48 Y_{t-1}, X_t - 0.48 X_{t-1}$　　B. $Y_t - 0.7453 Y_{t-1}, X_t - 0.7453 X_{t-1}$

   C. $Y_t - 0.52 Y_{t-1}, X_t - 0.52 X_{t-1}$　　D. $Y_t - 0.74 Y_{t-1}, X_t - 0.74 X_{t-1}$

二、判断题

1. 一般经验表明,对于采用时间序列数据做样本的计量经济学问题,往往存在序列相关。( )

2. 假设模型存在一阶序列相关,其他条件均满足,则仍用 OLS 法估计未知参数,得到的估计量是无偏的,不再是有效的,显著性检验失效,预测失效。( )

3. DW 检验中的 d 值为 $0 \sim 4$,数值越小说明模型随机误差项的序列相关度越小,数值

越大说明模型随机误差项的序列相关度越大。（　　）

4. 广义差分法是将原模型变换为满足普通最小二乘法的差分模型,再进行 OLS 法估计的一种方法,它不会损失样本观测值。（　　）

5. 如果分析的目的只是为了预测,则序列相关并无妨碍。（　　）

三、简述题

1. 简述 DW 检验的局限性主要有哪些。
2. 简述序列相关的原因及后果。

四、计算分析题

1. 为了研究我国经济增长和国债之间的关系,建立回归模型,得到的结果如图 5-14 所示。

Dependent Variable: DEBT			
Method: Least Squares			
Sample: 1995 2013			
Included observations: 19			
Variable	Coefficient	Std. Error	t-Statistic	Prob.
C	6.03	0.14	43.2	0
GDP	0.65	0.02	32.8	0
R-squared	0.981	Mean dependent var	10.53
Adjusted R-squared	0.983	S. D. dependent var	0.86
S. E. of regression	0.11	Akaike info criterion	−1.46
Sum squared resid	0.21	Schwarz criterion	−1.36
Log likelihood	15.8	F-statistic	1 075.5
Durbin-Watson stat	0.81	Prob(F-statistic)	0

图 5-14　我国经济增长与国债之间的关系模型分析结果

其中,GDP 表示国内生产总值;DEBT 表示国债发行量;K 代表参数个数。

(1) 写出回归方程。

(2) 检验模型是否存在序列相关?

(3) 如何就模型中所存在的问题对模型进行改进?（请写出具体步骤）

2. 税收收入(Y)、工业增加值(X_1)、建筑业增加值(X_2),设定模型为 $Y_t = a + \beta_1 X_{1t} + \beta_2 X_{2t} + \mu_t$,回归分析结果如图 5-15 所示。

回答下列问题：

(1) 若要检验该模型是否存在序列相关,用什么方法检验?该方法需要哪些前提条件?

(2) 请检验模型中是否存在序列相关?如果存在,请用广义差分法进行修正。

3. 表 5-2 给出了 1978—2013 年湖南省人均实际可支配收入 X 和人均实际消费支出 Y 的数据(以 1978 年为基期)。

```
Sample: 1994 2013
Included observations: 20
```

Variable	Coefficient	Std. Error	t-Statistic	Prob.
C	−877.340 8	721.321 4	−1.216 297	0.240 5
X1	1.266 950	0.576 215	2.198 748	0.042 0
X2	5.827 630	3.690 389	1.579 137	0.132 7
R-squared	0.938 747	Mean dependent var		7 307.486
Adjusted R-squared	0.931 540	S. D. dependent var		6 119.737
S. E. of regression	1 601.217	Akaike info criterion		17.732 40
Sum squared resid	43 586 238	Schwarz criterion		17.881 76
Log likelihood	−174.324 0	F-statistic		130.267 8
Durbin-Watson stat	0.458 723	Prob(F-statistic)		0.000 000

图 5-15　回归分析结果

表 5-2　1978—2013 年湖南省实际人均可支配收入及消费支出　　（单位：元）

年份	人均实际可支配收入 X	人均实际消费支出 Y	年份	人均实际可支配收入 X	人均实际消费支出 Y
1978	323.88	289.56	1996	902.67	732.21
1979	441.43	393.03	1997	903.74	748.91
1980	405.56	362.61	1998	938.01	754.47
1981	419.50	386.91	1999	1 007.82	831.85
1982	424.28	367.38	2000	1 063.88	892.82
1983	448.94	392.20	2001	1 172.91	959.39
1984	496.53	416.35	2002	1 208.54	968.19
1985	523.40	471.47	2003	1 314.42	1 041.82
1986	590.33	506.06	2004	1 417.85	1 132.74
1987	596.88	511.12	2005	1 534.77	1 209.41
1988	585.49	533.11	2006	1 662.87	1 293.19
1989	593.66	490.80	2007	1 858.69	1 359.33
1990	629.19	511.60	2008	2 005.42	1 442.08
1991	670.81	543.95	2009	2 152.08	1 544.86
1992	719.87	574.04	2010	2 471.13	1 764.00
1993	796.68	619.39	2011	2 664.46	1 895.10
1994	880.63	709.85	2012	2 949.47	2 021.17
1995	901.20	744.33	2013	3 155.93	2 142.44

资料来源：中国统计年鉴。

(1) 用普通最小二乘法估计收入-消费模型 $Y_t = \alpha + \beta_1 X_t + v_t$。

(2) 检验收入-消费模型的序列相关状况(5%显著性水平)。

(3) 用适当的方法消除模型中存在的问题。

课外修炼

阅读课外期刊文献

序列相关是分析实证模型时经常遇到的另一个问题。它可能会影响模型的精确度,从而降低模型的可信度。下列文献主要通过理论介绍、案例分析阐述序列相关产生的原因、纠正方法,为本项目的学习提供借鉴扩展。

[1] 张荷观.存在自相关时估计方法的改进[J].数量经济技术经济研究,2010(11):155-161.

[2] 刘瑜,吴丽欣.关于自相关问题的计量分析实例[J].中国商界,2009(11):10-11.

[3] 贾诺诺,李慧芳,钟秋海.自相关问题检验和参数估计方法研究[J].深圳信息职业技术学院学报,2006(3):38-42.

[4] 魏冉.计量经济模型中的异方差和序列相关问题[J].中原工学院学报,2005(6):57-59.

[5] 赵松山,白雪梅.关于自相关的分析与检验[J].江苏统计,2001(3):24-25.

[6] 赵进文.序列相关的检验与诊断[J].统计研究,1997(2):63-65.

[7] 王业英.序列相关检验简介[J].中国卫生统计,1993(6):42-43.

> 我未曾见过一个早起、勤奋、谨慎、诚实的人抱怨命运不好;良好的品格,优良的习惯,坚强的意志,是不会被假设所谓的命运击败的。
>
> ——富兰克林

第六章 Chapter 6 多重共线性问题

>>> **知识结构图**

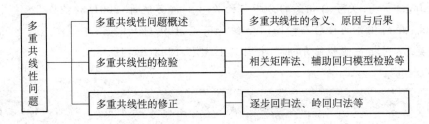

>>> **学习目标**

1. 知识目标：多重共线性的含义、原因及其后果；多重共线性的检验方法包括相关矩阵法、辅助回归模型检验、方差膨胀因子法等；多重共线性的修正包括改变模型形式、删除自变量、减少参数估计量的方差等几类方法。

2. 能力目标：理解多重共线性的含义；理解多重共线产生的原因与后果；掌握多重共线性的检验方法与应用；掌握多重共线性的修正方法与应用。

>>> **情景写实**

经济学家在研究人们的消费水平时，发现除了收入因素外，人们的财富也是决定消费的一项重要因素。但从收入与财富的实际数据分析，可得出两者具有很强的相关性：富有的人一般收入也较高。从理论上看，收入与财富可以成为解释消费水平的两个变量，但实际却很难将收入与财富对消费水平的影响分离开来。

因此，在建立线性回归模型时，自变量之间的相关性是确定模型自变量的一个重要因素。

第一节 多重共线性问题概述

多元线性回归模型中假定任意自变量之间没有明确的线性关系。如果回归模型中自变量之间存在线性相关性,则称模型存在多重共线性的问题。多重共线性违背了多元回归模型的基本假定,将影响模型回归系数的普通最小二乘估计。

一、多重共线性的含义

对于一个回归模型,$X_1, X_2, \cdots, X_k$ 为模型的 k 个自变量,如果其中的某两个或多个自变量之间存在完全或准确的线性相关性,则称该模型存在多重共线性。多重共线性分为完全多重共线性与不完全多重共线性两种类型。

当自变量之间存在完全的线性相关性时,称为完全多重共线性。用数学方法解释为,存在不全为零的数 $\lambda_1, \lambda_2, \cdots, \lambda_k$,使得下式成立:

$$\lambda_1 X_{1i} + \lambda_2 X_{2i} + \cdots + \lambda_k X_{ki} = 0, i = 1, 2, \cdots, n \tag{6-1}$$

表明模型中至少有一个自变量可以用其他自变量的线性组合表示。

当自变量之间存在近似的线性相关性时,称为不完全多重共线性。用数学方法解释为,存在不全为零的数 $\lambda_1, \lambda_2, \cdots, \lambda_k$,使得下式成立:

$$\lambda_1 X_{1i} + \lambda_2 X_{2i} + \cdots + \lambda_k X_{ki} + \mu_i = 0, i = 1, 2, \cdots, n \tag{6-2}$$

式中,μ_i 为随机误差项。

该式表明,模型中至少存在一个自变量可由其他自变量的线性组合与随机误差项 μ_i 共同表示。

相关链接

我国居民家庭对电力的需求模型

建立一个我国居民家庭电力需求量模型,以居民人均居住面积和人均可支配收入指数为解释变量。表 6-1 是一组相关数据。

表 6-1　1985—1997 年我国居民家庭电力需求相关统计数据

年度	年人均电力需求量 Y /(kW·h)	人均居住面积 X_1 /m²	年人均可支配收入指数 X_2 (1978 年为 100)
1985	21.2	12.45	243.17
1986	23.2	13.02	254.28
1987	26.4	13.49	265.39
1988	31.2	13.94	277.61
1989	35.3	14.42	273.49
1990	42.4	14.87	281.33
1991	46.9	15.44	289.71
1992	54.6	15.64	307.66
1993	61.2	16.99	321.07

续表

年度	年人均电力需求量 Y /(kW·h)	人均居住面积 X_1 /m²	年人均可支配收入指数 X_2 (1978年为100)
1994	72.7	16.65	339.33
1995	83.5	17.25	356.58
1996	93.1	17.82	383.95
1997	101.8	18.33	399.85

观察表中的数据发现,居民年人均可支配收入指数 X_2 越高,相应的人均居住面积 X_1 越大,说明两者可能存在较强的相关性。根据数据对 X_1 和 X_2 进行相关性分析,得出它们的相关系数为 $r_{12}=0.9631>0.8$。将 X_1 对 X_2 进行回归,得到:$X_{1t}=4.1127+0.0368X_{2t}$,$R^2=0.9276$。分析结果表明,居民收入与居住面积之间有高度的线性相关性。说明以居民收入和居住面积为解释变量的居民电力需求模型存在不完全多重共线性。

二、多重共线性的原因

在现实情况中,除了人为构造的数据以外,完全多重共线性几乎是不存在的。较常见的是不完全多重共线性的问题,也就是模型自变量之间存在近似或高度的相关性。这种多重共线性问题产生的原因可能有以下几点。

(1) 模型中所包含的一些自变量同时随时间呈现增减变化,具有相同的时间趋势。例如,在经济繁荣时期,社会的收入、消费、投资、通货膨胀率、就业率等经济因素都呈上升趋势;经济萧条时,这些因素又都呈下降趋势。说明这些基本经济因素之间存在较强的共线性,若将它们同时引入到同一个回归模型中作为自变量,会导致非常严重的多重共线性问题。

(2) 数据采集的范围有限,或采集的样本量小于模型的自变量个数。例如,在罕见疾病的研究过程中,由于病情罕见、病因又相当复杂,而只能在少数的患者身上采集大量的变量信息。

(3) 模型中的一些变量是另外一些变量的滞后变量。例如,杜森贝利相对收入假设消费函数,其简化形式为

$$C_t = \beta_0 + \beta_1 Y_t + \beta_2 C_{t-1} + \mu_t, t = 1, 2, \cdots, n \tag{6-3}$$

式中,C_t、C_{t-1} 分别为第 t 期、第 $t-1$ 期的消费支出;Y_t 为第 t 期的收入;μ_t 为随机误差项。

杜森贝利相对收入理论假设消费者当前的消费支出不仅受当前收入的影响,同时受过去的收入与消费习惯的影响。显然,第 t 期的收入 Y_t 与第 $t-1$ 期的消费支出 C_{t-1} 具有较强的相关性。

(4) 实际中,模型的一些自变量之间存在密切的关系。例如,建立一个服装需求模型,模型以消费者收入与服装价格为解释变量。在现实生活中,收入较高的消费者购买的服装价格也相对较高;反之亦然。说明消费者收入与服装价格之间存在较强的线性相关性,模型存在多重共线性问题。

三、多重共线性的后果

在多元回归模型中,不管存在完全多重共线性,还是不完全多重共线性,都会对模型回

归系数的普通最小二乘估计产生严重的影响。下面以二元线性回归模型为例进行说明。

▶ 1. 完全多重共线性的情况

在此种情况下,模型回归系数的普通最小二乘参数估计值无法确定,并且估计量的方差为无穷大。

二元线性回归模型的基本形式如下:

$$Y_i = \beta_0 + \beta_1 X_{1i} + \beta_2 X_{2i} + \mu_i, i = 1,2,\cdots,n \tag{6-4}$$

由第三章中的结论可知,回归系数 β_1 的普通最小二乘估计量及其方差分别为

$$\hat{\beta}_1 = \frac{\left(\sum y_i x_{1i}\right)\left(\sum x_{2i}^2\right) - \left(\sum y_i x_{2i}\right)\left(\sum x_{1i} x_{2i}\right)}{\left(\sum x_{1i}^2\right)\left(\sum x_{2i}^2\right) - \left(\sum x_{1i} x_{2i}\right)^2} \tag{6-5}$$

$$\text{var}(\hat{\beta}_1) = \frac{\sigma^2}{\sum x_{1i}^2(1-r_{12}^2)} \tag{6-6}$$

若模型存在完全多重共线性,则模型自变量 X_1 与 X_2 的相关系数 $r_{12}=1$,并且存在不为零的常数 λ,使得 $X_{2i} = \lambda X_{1i}$,代入上述估计量及其方差中得

$$\hat{\beta}_1 = \frac{\left(\sum y_i x_{1i}\right)\left(\sum \lambda^2 x_{1i}^2\right) - \left(\sum \lambda y_i x_{1i}\right)\left(\sum \lambda x_{1i}^2\right)}{\left(\sum x_{1i}^2\right)\left(\sum \lambda^2 x_{1i}^2\right) - \left(\sum \lambda x_{1i}^2\right)^2} = \frac{0}{0} \tag{6-7}$$

$$\text{var}(\hat{\beta}_1) = \frac{\sigma^2}{\sum x_{1i}^2(1-1)} = \infty \tag{6-8}$$

可见,$\hat{\beta}_1$ 无法确定,且 $\text{var}(\hat{\beta}_1) = \infty$。同理,$\hat{\beta}_2$ 也无法确定,且 $\text{var}(\hat{\beta}_2) = \infty$。

▶ 2. 不完全多重共线性情况

在此种情况下,对模型可能产生的后果主要有以下几点:

(1) 不完全多重共线性问题存在的情况下,模型回归系数的普通最小二乘估计量存在,并且仍然是最优线性无偏估计量。也就是说,在回归系数的所有线性无偏估计量中,普通最小二乘估计量的方差是最小的,但是方差在不完全多重共线性的影响下变大,使得估计量的可靠度降低。

以上述的二元线性回归模型为例,回归系数 β_1 的普通最小二乘估计量的方差为

$$\text{var}(\hat{\beta}_1) = \frac{\sigma^2}{\sum x_{1i}^2(1-r_{12}^2)} \tag{6-9}$$

引入方差膨胀因子(Variance Inflating Factor,VIF),定义为

$$\text{VIF} = \frac{1}{1-r_{12}^2} \tag{6-10}$$

推广到 k 元回归模型中,模型回归系数估计量 $\hat{\beta}_j$ 的方差为

$$\text{var}(\hat{\beta}_j) = \frac{\sigma^2}{\sum x_j^2(1-R_j^2)} = \frac{\sigma^2}{\sum x_j^2}\text{VIF}_j \tag{6-11}$$

式中,方差膨胀因子为

$$\text{VIF}_j = \frac{1}{1-R_j^2} \tag{6-12}$$

式中,R_j^2 代表自变量变量 X_j 对其余自变量做回归模型的拟合优度。

因此，$\hat{\beta}_1$ 的方差可表示为

$$\mathrm{var}(\hat{\beta}_1) = \frac{\sigma^2}{\sum x_{1i}^2} \mathrm{VIF} \tag{6-13}$$

根据方差膨胀因子 VIF 的表达式，可以看出 VIF 与 $\hat{\beta}_1$ 的方差成正比，能够反映估计量 $\hat{\beta}_1$ 的方差的增长速度。若二元回归模型存在不完全多重共线性，则自变量 X_1 与 X_2 的相关系数 $0.8 < r_{12} < 1$。当线性相关的程度越大，即相关系数 r_{12} 越接近 1 时，方差膨胀因子 VIF 越大并趋于无穷。此时普通最小二乘估计量 $\hat{\beta}_1$ 的方差也迅速增大，同时趋于无穷。

（2）回归系数的普通最小二乘估计量的经济含义不合理。如普通最小二乘估计量 $\hat{\beta}_1$ 的意义是：在自变量 X_2 维持不变的情况下，自变量 X_1 每变化一个单位时因变量 Y 的均值的变化率。然而，模型在存在不完全多重共线性的问题时，自变量 X_1 和 X_2 是高度线性相关的。因此无法做到保持变量 X_2 不变的情况下，只变化变量 X_1 的值。也就是说，此时 $\hat{\beta}_1$ 反映的是自变量 X_1 和 X_2 对因变量 Y 的共同影响，而不是 X_1 对 Y 的独立影响，并且没有方法能够度量 $\hat{\beta}_1$ 中自变量 X_1、X_2 对因变量 Y 的各自影响的大小。因此，$\hat{\beta}_1$ 失去了原本的经济含义。

（3）回归模型的拟合优度 R^2 较大，但是变量的显著性检验 t 值变小，不显著的可能性变大。如对变量 X_1 进行显著性检验，原假设为 $\beta_1 = 0$，检验统计量 t 值为 $\hat{\beta}_1/s(\hat{\beta}_1)$。如前所述，当自变量 X_1、X_2 存在高度线性相关，并且相关程度越来越高时，$\hat{\beta}_1$ 的方差和标准差迅速增大，从而使得 t 值变小，接受原假设的可能性增大，即变量无法通过显著性检验的概率增大。

相关链接

多重共线性的后果

引用表 6-1 中我国居民家庭电力需求模型的数据，以居民人均居住面积 X_1 和人均可支配收入指数 X_2 为解释变量，电力需求量 Y 为因变量建立二元回归模型，模型在 EViews 6.0 软件中的运行结果如图 6-1 所示。

```
Dependent Variable: Y
Method: Least Squares
Date: 02/05/15   Time: 22:35
Sample: 1 13
Included observations: 13

              Coefficient   Std. Error    t-Statistic    Prob.

    X1         2.808595     1.605994      1.748820      0.1109
    X2         0.440850     0.061316      7.189749      0.0000
    C       -125.3530      8.362488     -14.98992      0.0000

R-squared              0.990916    Mean dependent var     53.34615
Adjusted R-squared     0.989100    S.D. dependent var     27.26563
S.E. of regression     2.846668    Akaike info criterion   5.129350
Sum squared resid     81.03519    Schwarz criterion       5.259723
Log likelihood       -30.34077    Hannan-Quinn criter.    5.102552
F-statistic          545.4382    Durbin-Watson stat       1.338435
Prob(F-statistic)     0.000000
```

图 6-1　我国电力需求模型回归结果

由回归结果得到二元回归方程

$$\hat{Y}_t = -125.3530 + 2.8086X_{1t} + 0.4409X_{2t} \quad (6\text{-}14)$$

模型的拟合优度 $R^2 = 0.9910$，总体的 F 检验显著。自变量的 t 检验结果只有自变量 X_2 是显著的，而自变量 X_1 的显著性检验 t 值为 1.74882（不显著），这意味着只有收入 X_2 对居民的电力需求量 Y 有显著影响，而人均居住面积 X_1 对电力需求量 Y 没有显著的影响。

现在单独作电力需求量 Y 对人均居住面积 X_1 的线性回归，得到回归结果为

$$\hat{Y}_t = -113.8022 + 0.5441X_{1t} \quad (6\text{-}15)$$
$$t = (-20.3644) \quad (30.2712) \quad R^2 = 0.9881$$

结果表明人均居住面积 X_1 对电力需求量 Y 有显著影响。

另外，单独作电力需求量 Y 对收入 X_2 的线性回归，得到回归结果为

$$\hat{Y}_t = -161.2859 + 13.9295X_{2t} \quad (6\text{-}16)$$
$$t = (-10.1577) \quad (13.61214) \quad R^2 = 0.9440$$

结果表明，收入 X_2 对电力需求量 Y 也有显著影响。

前面已阐述变量 X_1 与 X_2 之间高度线性相关，模型存在多重共线性。从上面三个回归模型的回归结果可以发现，在多重共线性存在的情况下，将两个高度相关并且对因变量都有显著影响的自变量同时放入回归模型中，回归的拟合优度 R^2 值很大，但是回归结果可能使其中的一个自变量不显著。

第二节　多重共线性的检验

在意识到多重共线性可能产生的后果之后，该如何解决多重共线性问题呢？在此之前，首先需要明确模型中是否存在多重共线性问题，也就是找到检验多重共线性是否确切存在的方法。在6.1节中我们以简单的二元回归模型为例，已对多重共线性问题作出说明，可以发现检验二元线性回归模型的多重共线性方法比较简单，只需计算两个解释变量的相关系数，判断是否达到高度相关的程度。那么，如何检验多元线性回归模型中是否存在多重共线性，即检验是否存在两个或多个自变量存在完全或高度线性相关。这将涉及更复杂的多个自变量之间的相关性问题。

一、多重共线性的检验方法

多重共线性本质上是一种样本特征，而不是总体特征。它是基于对解释变量的非实验数据的研究所得出的结果，更确切地说，样本决定了模型中多重共线性的程度。因此，目前检验多重共线性的多种方法，其实是基于样本数据研究的一些经验规则，并没有一种被普遍接受。下面主要介绍几种常见的检验方法。

▶ 1. R^2 值大而显著的 t 值比率少

考查多元线性回归模型的回归结果，如果模型的拟合优度 R^2 值很大（超过0.8），但是模型的多个或全部解释变量的 t 检验结果不显著，说明模型可能存在多重共线性问题。这是

线性回归模型存在多重共线性问题的一个"经典"标志。如相关链接 6-2 中,我国居民家庭电力需求模型存在多重共线性,模型的拟合优度 $R^2 = 0.9910 > 0.8$,而两个解释变量中居民人均居住面积 X_1 的 t 检验结果却不显著。

2. 相关矩阵法

检验多重共线性的另一种较普遍的方法是利用模型自变量的相关矩阵。对于多元线性回归模型

$$Y_i = \beta_0 + \beta_1 X_{1i} + \beta_2 X_{2i} + \cdots + \beta_k X_{ki} + \mu_i, i = 1, 2, \cdots, n \tag{6-17}$$

模型自变量 $X_1, X_2, \cdots, X_k$ 的相关系数矩阵为

$$\boldsymbol{R} = \begin{bmatrix} r_{11} & \cdots & r_{1k} \\ \vdots & & \vdots \\ r_{k1} & \cdots & r_{kk} \end{bmatrix} = \begin{bmatrix} 1 & \cdots & r_{1k} \\ r_{21} & \cdots & r_{2k} \\ \vdots & & \vdots \\ r_{k1} & \cdots & 1 \end{bmatrix} \tag{6-18}$$

式中,$r_{ij}(i,j = 1,2,\cdots,k)$ 是自变量 X_i 与 X_j 的相关系数。显然,每个自变量都与自身完全相关,因此相关系数矩阵 $\boldsymbol{R}$ 对角线上的元素值均为 1,而矩阵非对角线上的元素则包含所有自变量两两之间的相关系数。如果这些相关系数中存在部分相关系数绝对值大于 0.8,说明该相关系数涉及的两个自变量之间存在高度线性关系,那么模型就存在不完全多重共线性。

但仔细思考又会发现一个问题,相关系数矩阵反映的是两两自变量之间的相关程度。那么,如果相关矩阵 $\boldsymbol{R}$ 上的所有元素的绝对值均小于 0.8,能够说明该模型不存在多重共线性吗?答案是不能。这是由于矩阵 $\boldsymbol{R}$ 中的所有相关系数绝对值小于或等于 0.8,只能说明模型中所有自变量两两之间不相关,并不代表模型的三个或者三个以上的自变量之间不存在高度相关关系,因此不能说明此时模型不存在多重共线性问题。这就是相关矩阵法的局限所在。

3. 辅助回归模型检验

根据多重共线性的性质,即模型中至少存在一个自变量可以由其他自变量的准确或近似线性组合表示。那么,如果能找出一个或者多个自变量与其他自变量的这种准确或近似的线性关系,就能够说明模型存在多重共线性。因此,考虑做每一个自变量 X_j 对其他自变量的线性回归模型,并计算出相应的拟合优度 R_j^2,这样的回归模型称为辅助回归模型。模型的形式为

$$X_{ji} = \alpha_0 + \alpha_1 X_{1i} + \cdots + \alpha_{j-1} X_{(j-1)i} + \alpha_{j+1} X_{(j+1)i} + \cdots + \alpha_k X_{ki} + \mu_i \tag{6-19}$$

式中,$i = 1,2,\cdots,n; j = 1,2,\cdots,k$。

辅助回归模型的拟合优度记为 R_j^2。做模型中的每个自变量对其他自变量的线性回归模型,得到 k 个回归模型及相应的拟合优度 $R_1^2, R_2^2, \cdots, R_k^2$。如果这 k 个回归模型中存在较大的拟合优度(大于 0.8),并且模型的总体 F 检验显著,则说明该模型中作为因变量的 X_j 可由其他自变量的近似线性组合表示,即模型存在多重共线性问题。

4. 方差膨胀因子法

前面已经介绍了方差膨胀因子 VIF,当自变量间的共线性程度越大时,VIF 值也随之增大。所以,有部分学者也利用方差膨胀因子来检验多重共线性问题。一般来说,当 VIF>10

时,表明 VIF 涉及的两个变量存在高度线性相关,模型存在不完全多重共线性。

方差膨胀因子法是度量模型共线性程度的经验法则之一。但是这种方法也存在一定的弊端。从多元回归模型最小二乘估计量 $\hat{\beta}_j$ 的方差表达式可知,$\mathrm{var}(\hat{\beta}_j)$ 的值同时决定于 σ^2、$\sum x_j^2$、VIF 值的大小。那么一个高的 VIF 值并不代表估计量 $\hat{\beta}_j$ 的方差值也会高,它可以被一个较小的 σ^2 值和一个较大的 $\sum x_j^2$ 值所抵消。也就是说,一个较高的方差膨胀因子,能够说明模型较高程度的多重共线性问题,但是并不一定会使得模型回归系数估计量的方差也变大。

相关链接

容　许　度

方差膨胀因子的倒数称为容许度(tolerance,TOL),即

$$\mathrm{TOL}_j = \frac{1}{\mathrm{VIF}_j} = 1 - R_j^2 \tag{6-20}$$

显然,容许度值介于 0 和 1 之间。当 TOL_j 值越大时,相关系数 R_j^2 越小,说明模型中变量的共线性程度越小;反之,如果 TOL_j 越小,则相关系数 R_j^2 越大,说明模型中变量的共线性程度越大。因此,也可以利用容许度值来判断模型共线性程度的高低。

二、多重共线性检验的应用

前面介绍了几种常见的多重共线性检验方法。下面以我国旅游市场收入模型为例,运用上述几种方法检验模型中的多重共线性问题。根据研究分析,我国国内旅游收入 Y 的影响因素主要有国内旅游人数 X_1、城镇居民人均旅游支出 X_2、农村居民人均旅游支出 X_3、公路里程 X_4、铁路里程 X_5。已知我国 1994—2003 年的旅游收入及相关因素的统计数据(表 6-2),建立我国旅游市场收入模型,检验模型是否存在多重共线性。

表 6-2　我国 1994—2003 年旅游收入及相关因素的统计数据

年份	全国旅游收入 Y/亿元	国内旅游人数 X_1/(万人/次)	城镇居民人均旅游支出 X_2/元	农村居民人均旅游支出 X_3/元	公路里程 X_4/万 km	铁路里程 X_5/万 km
1994	1 023.5	52 400	414.7	54.9	111.78	5.90
1995	1 375.7	62 900	464.0	61.5	115.70	5.97
1996	1 638.4	63 900	534.1	70.5	118.58	6.49
1997	2 112.7	64 400	599.8	145.7	122.64	6.60
1998	2 391.2	69 450	607.0	197.0	127.85	6.64
1999	2 831.9	71 900	614.8	249.5	135.17	6.74
2000	3 175.5	74 400	678.6	226.6	140.27	6.87
2001	3 522.4	78 400	708.3	212.7	169.80	7.01
2002	3 878.4	87 800	739.7	209.1	176.52	7.19
2003	3 442.3	87 000	684.9	200.0	180.98	7.30

利用 EViews 6.0 软件,以我国国内旅游收入 Y 为因变量,国内旅游人数 X_1、城镇居民

人均旅游支出 X_2、农村居民人均旅游支出 X_3、公路里程 X_4、铁路里程 X_5 为自变量,建立多元线性回归模型,模型的回归结果如图 6-2 所示。

```
Dependent Variable: Y
Method: Least Squares
Date: 02/05/15   Time: 22:31
Sample: 1 10
Included observations: 10

              Coefficient   Std. Error   t-Statistic    Prob.
   X1          0.013088     0.012692     1.031172      0.3607
   X2          5.438193     1.380395     3.939591      0.0170
   X3          3.271773     0.944215     3.465073      0.0257
   X4         12.98624      4.177929     3.108296      0.0359
   X5       -563.1077     321.2830     -1.752685      0.1545
   C        -274.3773    1316.690      -0.208384      0.8451

R-squared              0.995406    Mean dependent var     2539.200
Adjusted R-squared     0.989664    S.D. dependent var      985.0327
S.E. of regression   100.1433    Akaike info criterion    12.33479
Sum squared resid   40114.74    Schwarz criterion        12.51634
Log likelihood        -55.67396   Hannan-Quinn criter.    12.13563
F-statistic            173.3525    Durbin-Watson stat       2.311565
Prob(F-statistic)    0.000092
```

图 6-2　我国旅游市场收入模型回归结果

由图 6-2 所示的回归结果得到模型的回归方程为:

$$\hat{Y}_t = -274.3773 + 0.0131X_{1t} + 5.4382X_{2t} + 3.2718X_{3t} + 12.9862X_{4t} - 563.1077X_{5t} \tag{6-21}$$

$$t = (-0.2084)(1.0312)(3.9396)(3.4651)(3.1083)(-1.7527)$$

$$R^2 = 0.9954, \text{DW} = 2.3116, F = 173.3525$$

运用前面介绍的四种方法检验模型的多重共线性:

方法一:R^2 值大而显著的 t 值比率少

根据图 6-2 所示的回归结果可知,模型回归的拟合优度为 $R^2 = 0.9954 > 0.8$,总体的 F 检验显著。但是模型的五个自变量的 t 检验中,自变量 X_1、X_5 的回归系数不显著,并且按照现实经验,旅游收入 Y 与铁路里程 X_5 成正相关关系。而回归结果自变量 X_5 的回归系数为负数,与现实相反。这些现象表明模型可能存在较严重的多重共线性问题。

方法二:相关矩阵法

运用 EViews 6.0 软件计算出模型自变量的相关系数矩阵如图 6-3 所示。

```
Group: UNTITLED   Workfile: 2::2\
View  Proc  Object  Print  Name  Freeze  Sample  Sheet  Stats  Spec
                            Correlation
              X1         X2         X3         X4         X5
    X1     1.000000   0.918851   0.751960   0.947977   0.941681
    X2     0.918851   1.000000   0.865145   0.859191   0.963313
    X3     0.751960   0.865145   1.000000   0.664946   0.818137
    X4     0.947977   0.859191   0.664946   1.000000   0.897708
    X5     0.941681   0.963313   0.818137   0.897708   1.000000
```

图 6-3　模型自变量的相关系数矩阵

从相关系数矩阵可以看出,模型中的各自变量之间普遍存在较强的线性相关性,说明该模型存在较严重的多重共线性问题。

方法三:辅助回归模型检验

建立每个自变量对其他自变量的辅助回归模型,分别得到以下回归结果。

(1) X_1 对 X_2、X_3、X_4、X_5 的回归方程为

$$X_{1t} = -15\,041.21 + 19.910\,2X_{2t} + 1.955\,0X_{3t} + 227.901\,5X_{4t} - 6\,303.473X_{5t} \tag{6-22}$$

$$t = (-0.327\,67) \quad (0.416\,4) \quad (0.058\,8) \quad (2.145\,5) \quad (0.574\,9)$$

$$R_1^2 = 0.944\,0, \mathrm{DW} = 2.585\,2, F = 21.090\,3$$

(2) X_2 对 X_1、X_3、X_4、X_5 的回归方程为

$$X_{2t} = -523.924\,6 + 0.001\,7X_{1t} + 0.336\,9X_{3t} - 0.152\,5X_{4t} + 146.167\,4X_{5t} \tag{6-23}$$

$$t = (-1.469\,8) \quad (0.416\,4) \quad (1.265\,6) \quad (-0.112\,8) \quad (1.804\,5)$$

$$R_2^2 = 0.948\,3, \mathrm{DW} = 1.772\,8, F = 22.943\,0$$

(3) X_3 对 X_1、X_2、X_4、X_5 的回归方程为

$$X_{3t} = -255.930\,1 + 0.000\,4X_{1t} + 0.720\,1X_{2t} - 1.005\,2X_{4t} + 14.809\,8X_{5t} \tag{6-24}$$

$$t = (-0.417\,5) \quad (0.058\,8) \quad (1.265\,6) \quad (-0.521\,6) \quad (0.097\,4)$$

$$R_3^2 = 0.772\,7, \mathrm{DW} = 1.363\,4, F = 4.249\,6$$

(4) X_4 对 X_1、X_2、X_3、X_5 的回归方程为

$$X_{4t} = -83.226\,0 + 0.002\,1X_{1t} - 0.016\,6X_{2t} - 0.051\,3X_{3t} + 13.747\,5X_{5t} \tag{6-25}$$

$$t = (-0.612\,2) \quad (2.145\,5) \quad (-0.112\,8) \quad (-0.521\,6) \quad (0.406\,3)$$

$$R_4^2 = 0.907\,6, \mathrm{DW} = 1.767\,9, F = 12.280\,6$$

(5) X_5 对 X_1、X_2、X_3、X_4 的回归方程为

$$X_{5t} = 3.992\,6 + 9.84 \times 10^{-6}X_{1t} + 0.002\,7X_{2t} - 0.000\,1X_{3t} + 0.002\,3X_{4t} \tag{6-26}$$

$$t = (9.658\,1) \quad (0.574\,9) \quad (1.804\,5) \quad (0.097\,4) \quad (0.406\,3)$$

$$R_5^2 = 0.950\,1, \mathrm{DW} = 2.208\,4, F = 23.824\,3$$

从上述的辅助回归结果可知,除了自变量 X_3 对 X_1、X_2、X_4、X_5 的回归模型拟合优度 R_3^2 较小,并且模型总体没有通过 F 检验,其他四个回归模型的拟合优度均较高,并且模型总体均通过 F 检验。由此说明,模型自变量 X_1、X_2、X_3、X_4、X_5 之间存在较高的线性相关性,模型存在较严重的多重共线性。

方法四:方差膨胀因子法

将方法三中得到的辅助回归模型的各拟合优度代入式 $\mathrm{VIF}_j = \dfrac{1}{1-R_j^2}$,计算得到的方差膨胀因子值分别为:$\mathrm{VIF}_1 = 17.857\,1$,$\mathrm{VIF}_2 = 19.342\,4$,$\mathrm{VIF}_3 = 4.399\,5$,$\mathrm{VIF}_4 = 10.822\,5$,$\mathrm{VIF}_5 = 20.040\,1$。可以看出,除了 $\mathrm{VIF}_3 < 10$,其余的方差膨胀因子值均大于10,表明模型中存在较严重的多重共线性问题。

第三节 多重共线性的修正

多重共线性的检验方法主要研究了模型是否存在多重共线性以及共线性程度高低的问题。那么，接下来该如何修正多重共线性呢？在研究这个问题之前，首先要明确多重共线性的存在对模型而言并不都是不利的。如果建立回归模型的目的在于预测，那么只要模型的拟合效果好，即模型的拟合优度高，这样建立良好的预测模型的目的就达到了。而多重共线性的存在并不影响预测的效果，甚至可能有所帮助。

例如，在我国居民电力需求模型的研究中，电力需求量 Y 对居民人均居住面积 X_1 和人均收入 X_2 的回归模型拟合优度 $R^2=0.9910$，模型的拟合效果非常好，而单独建立 Y 对 X_1 和 Y 对 X_2 的回归模型拟合优度分别为 0.9881 和 0.9440。由此可见，在消除多重共线性的情况下，模型的拟合效果反而下降了。因此，如果我们的目的不仅是预测，而是进一步建立更加准确的回归模型，就必须修正多重共线性问题。

一、多重共线性的修正方法

由于多重共线性是一种样本现象，是某一特定样本的特征。因此，与多重共线性的检验方法一样，多重共线性的修正也没有一个确保无误的方法，而是一些经验规则。下面介绍几种主要方法。

（一）改变模型的形式

有时模型设定不当也会产生多重共线性问题，因此可以通过变换模型的函数形式或自变量形式来降低多重共线性的程度。

▶ 1. 变换模型的函数形式

例如，将线性回归模型转化为对数模型或者多项式模型。

多元线性回归模型的基本形式为

$$Y_i = \beta_0 + \beta_1 X_{1i} + \beta_2 X_{2i} + \cdots + \beta_k X_{ki} + \mu_i, \quad i=1,2,\cdots,n \tag{6-27}$$

转化为对数模型为

$$\ln(Y_i) = \beta_0 + \beta_1 \ln(X_{1i}) + \beta_2 \ln(X_{2i}) + \cdots + \beta_k \ln(X_{ki}) + \mu_i, \quad i=1,2,\cdots,n \tag{6-28}$$

▶ 2. 改变模型自变量的形式

一般而言，对于横截面数据可以采用相对数变量，时间序列数据则采用差分变量。

(1) 相对数变量。例如，某一商品需求模型，以商品需求量 Y 为因变量，消费者可支配收入 X_1、商品价格 X_2、替代商品价格 X_3 为自变量，建立多元线性回归模型：

$$Y_i = \beta_0 + \beta_1 X_{1i} + \beta_2 X_{2i} + \beta_3 X_{3i} + \mu_i, \quad i=1,2,\cdots,n \tag{6-29}$$

在实际中，商品价格 X_2 与替代商品价格 X_3 往往存在高度线性关系。此时可以采用商品价格与替代商品价格的相对价格 $P_i = X_{2i}/X_{3i}$ 代替价格变量。用相对数变量替换后的商品需求模型转化为

$$Y_i = \beta_0 + \beta_1 X_{1i} + \beta_2 P_i + \mu_i, \quad i=1,2,\cdots,n \tag{6-30}$$

自变量替换后，相对价格 P_i 包含了所有价格信息对商品需求量的影响，有效地消除由

于商品价格与替代商品价格引起的高度多重共线性问题。

（2）差分变量。对于以时间序列数据为样本的线性回归模型，将模型中所有变量进行差分后形成新变量，然后建立新的线性回归模型

$$\Delta Y_t = \beta_0 + \beta_1 \Delta X_{1t} + \beta_2 \Delta X_{2t} + \cdots + \beta_k \Delta X_{kt} + \mu_t, \quad t = 1, 2, \cdots, n \tag{6-31}$$

式中，$\Delta Y_t = Y_t - Y_{t-1}$；$\Delta X_{it} = X_{it} - X_{i(t-1)}$，$i = 1, 2, \cdots, k$。

一般地，时间序列数据经过差分后的变量之间线性关系程度会大大降低。所以，用差分变量代替原始变量能够降低原模型的多重共线性程度。

相关链接

改变模型的形式

运用改变模型形式的方法处理相关链接 6-1 中我国居民家庭电力需求模型的多重共线性问题。

（1）考虑将模型变换为对数模型。对数模型的拟合结果如图 6-4 所示。

```
Dependent Variable: LNY
Method: Least Squares
Date: 02/08/15   Time: 10:20
Sample: 1 13
Included observations: 13

              Coefficient   Std. Error   t-Statistic   Prob.
LNX1           3.008058     0.574524     5.235737     0.0004
LNX2           1.003509     0.454152     2.209634     0.0516
C            -10.09098      1.151738    -8.761518     0.0000

R-squared              0.988284    Mean dependent var       3.850234
Adjusted R-squared     0.985941    S.D. dependent var       0.532496
S.E. of regression     0.063139    Akaike info criterion   -2.487767
Sum squared resid      0.039866    Schwarz criterion       -2.357394
Log likelihood        19.17049     Hannan-Quinn criter.    -2.514565
F-statistic          421.7588      Durbin-Watson stat       2.193484
Prob(F-statistic)      0.000000
```

图 6-4　电力需求对数模型拟合结果

对数模型拟合方程为：

$$\ln(Y_t) = -10.0910 + 3.0081\ln(X_{1t}) + 1.0035\ln(X_{2t}) + \mu_t \tag{6-32}$$
$$t = (-8.7615) \quad (5.2357) \quad (2.2096)$$
$$R^2 = 0.9883, DW = 2.1935, F = 421.7588$$

从拟合结果可以发现，对数模型也拥有很高的拟合优度 R^2，并且自变量 $\ln(X_1)$ 与 $\ln(X_2)$ 的回归系数均显著。这说明通过改变原模型为对数模型之后，消除了模型中由于多重共线性而引起的 t 值不显著的后果。

（2）由于模型涉及 1985—1997 年我国居民家庭电力需求相关统计数据，是一组时间序列数据，因此可以考虑用差分变量代替原始变量建立模型。模型拟合结果如图 6-5 所示。

新模型回归方程为：

$$\Delta Y_t = 4.4593 - 1.9899\Delta X_{1t} + 0.2476\Delta X_{2t} + \mu_t \tag{6-33}$$
$$t = (2.4183) \quad (-1.0013) \quad (2.5213)$$
$$R^2 = 0.4737, DW = 2.1935, F = 4.0508$$

从上述回归结果可以发现，经过差分变量替换原始变量之后，模型的拟合优度 R^2 很低，

```
Dependent Variable: DY
Method: Least Squares
Date: 02/08/15   Time: 10:47
Sample: 1 12
Included observations: 12

                Coefficient    Std. Error    t-Statistic    Prob.
    DX1         -1.989930      1.987306      -1.001320      0.3428
    DX2          0.247567      0.098192       2.521254      0.0327
    C            4.459332      1.844009       2.418281      0.0387

R-squared            0.473736    Mean dependent var    6.716667
Adjusted R-squared   0.356788    S.D. dependent var    3.059659
S.E. of regression   2.453861    Akaike info criterion  4.845521
Sum squared resid   54.19291    Schwarz criterion      4.966747
Log likelihood     -26.07312    Hannan-Quinn criter.   4.800638
F-statistic          4.050841    Durbin-Watson stat     0.838650
Prob(F-statistic)    0.055644
```

图 6-5　差分变量替换后的电力需求模型拟合结果

并且模型总体以及其中一个变量没有通过显著性检验。继续考查差分变量替换后，模型自变量相关关系的变化情况。差分变量 ΔX_1 和 ΔX_2 的相关系数为 $r_{12}=-0.1228$，而原自变量 X_1 和 X_2 的相关系数为 $r_{12}=0.9631$。由此可见，原变量经过差分后，它们之间已不存在了高度线性相关性。综合以上的实例分析，结果表明运用差分变量替换原变量的方法，能够大幅度地降低变量的线性相关程度，从而消除模型的多重共线性。但需要注意的是，用差分变量替换后的新模型回归结果不一定比原模型好。因此，我们要考虑建模的目的以及模型效果等因素，决定能否应用差分变量替换方法处理多重共线性问题。

（二）删除自变量

▶ 1. 删除不重要的自变量

如果模型中存在对因变量没有显著影响的自变量，或者该自变量对因变量的影响能够被其他自变量所替代，那么这样的自变量可以直接删除。从而减少自变量信息的重叠，减弱模型多重共线性的程度。需要注意的是，在删除自变量时，必须从实际经济理论分析出发，确定该自变量相对不重要或可被替代。如果自变量删除不当，将会导致模型设定误差问题，即模型未被正确设定，从而严重影响模型参数估计结果。

▶ 2. 逐步回归法——删除引起共线性的自变量

多重共线性问题的本质是模型中存在完全或高度线性相关的自变量，因此处理多重共线性问题的一个直接的思路就是删除一个或多个引起共线性的自变量。逐步回归法是常用并较有效的删除共线性自变量的方法。逐步回归法的基本思想是先将因变量对每个自变量做线性回归方程，称为基本回归方程。根据基本回归方程的回归结果判断自变量对因变量的贡献大小，将贡献最大的自变量作为基础变量。然后逐一加入其他变量进行回归，每引入一个新的变量时，都要检验新建立的模型的拟合效果是否有显著提高；并且新模型中先前引入的自变量是否显著。如果不显著就将其剔除，从而保证回归方程中均为显著变量，直到没有显著的变量可以引入模型为止。然而，逐步回归法剔除自变量时，同样需要考虑实际的经济理论，以免产生模型设定误差问题。

（三）减少参数估计量的方差

▶ 1. 增加样本量

由于多重共线性是一种样本特征，对于不同样本建立的模型，多重共线性的严重程度也可能不同。增大样本量可能能够减轻多重共线性引起的参数估计量方差变大的后果。例如，对于二元线性回归模型，回归系数估计量的方差为

$$\text{var}(\hat{\beta}_1) = \frac{\sigma^2}{\sum x_{1i}^2 (1 - r_{12}^2)} \tag{6-34}$$

一般而言，当样本量增大时，$\sum x_{1i}^2$ 也会增大，从而起到减小 $\hat{\beta}_1$ 方差的作用，增大 β_1 估计的准确度。

但在实际研究工作中，采集更多观测信息需要花费较大的成本，并且新增观测数据的产生过程较难与原来数据的产生保持一致。

▶ 2. 岭回归法

岭回归法是由 Hoerl 在 1962 年首先提出，并在 1970 年与 Kennanard 共同合作发展起来的一种改良的最小二乘法。它是在普通最小二乘法的基础上，牺牲其无偏性，引入偏误，从而降低参数估计量的方差，以此来处理多重共线性产生的后果。

多元回归模型的普通最小二乘估计量的形式为

$$\hat{\beta} = (\boldsymbol{X}^T \boldsymbol{X})^{-1} \boldsymbol{X}^T \boldsymbol{Y} \tag{6-35}$$

岭回归法在矩阵 $\boldsymbol{X}^T \boldsymbol{Y}$ 的主对角线元素上加上一组正常数，得到回归系数的岭回归估计量为

$$\hat{\beta}(l) = (\boldsymbol{X}^T \boldsymbol{X} + l\boldsymbol{I})^{-1} \boldsymbol{X}^T \boldsymbol{Y} \tag{6-36}$$

式中，矩阵 $\boldsymbol{I}$ 为单位矩阵；l 为大于 0 的常数，称为岭参数。

岭回归在矩阵 $\boldsymbol{X}^T \boldsymbol{X}$ 上加上了对角线为正常数的矩阵 $l\boldsymbol{I}$，降低了矩阵 $\boldsymbol{X}^T \boldsymbol{X}$ 的病态程度，使得参数估计量 $\hat{\beta}(l)$ 更稳定，降低了 $\hat{\beta}(l)$ 的方差。岭回归法主要面临的问题是怎样确定正常数 l。目前 l 值的估计方法有多种，下面介绍由 Hoerl 和 Kennanard 在 1975 年介绍的一种估计方法。

对于多元回归模型

$$Y_i = \beta_0 + \beta_1 X_{1i} + \beta_2 X_{2i} + \cdots + \beta_k X_{ki} + \mu_i, \quad i = 1, 2, \cdots, n \tag{6-37}$$

首先对模型的因变量与自变量做标准化和中心化处理，得到处理后的变量为

$$X_{ji}^* = \frac{X_{ji} - \overline{X}_j}{\sqrt{\sum_{j=1}^{k} (X_{ji} - \overline{X}_j)^2}} \tag{6-38}$$

$$Y_i^* = \frac{Y_i - \overline{Y}}{\sqrt{\sum_{j=1}^{k} (Y_i - \overline{Y})^2}} \tag{6-39}$$

式中，$\overline{X}_j = \frac{1}{n}\sum_{i=1}^{n} X_{ij}$；$\overline{Y} = \frac{1}{n}\sum_{i=1}^{n} Y_i$。

运用处理后的变量建立回归模型：

$$Y_i^* = \beta_0 + \beta_1 X_{1i}^* + \beta_2 X_{2i}^* + \cdots + \beta_k X_{ki}^* + \mu_i^*, \quad i = 1, 2, \cdots, n \tag{6-40}$$

得到新建模型的普通最小二乘估计量为 $\hat{\beta}_0^*, \hat{\beta}_1^*, \hat{\beta}_2^*, \cdots, \hat{\beta}_k^*$，随机误差项的方差的估计量为 $\hat{\sigma}^2$，则正常数 l 的估计量取

$$l = \frac{(k-l)\hat{\sigma}^2}{\sum_{j=1}^{k}(\hat{\beta}_j^*)^2} \tag{6-41}$$

（四）其他方法

除了上述几类方法外，处理多重共线性的方法还包括先验信息法、主成分分析法等。其中先验信息法是人们利用经济理论分析或历史的经验认识，获取模型有关的参数信息，减少模型的未知信息量，从而帮助处理多重共线性问题。例如，对于居民家庭电力需求模型，如果过去的多次研究结果表明居民居住面积 X_1 的回归系数均保持在 $\beta_1=2.81$ 的稳定水平，并且是统计显著的。这样一来，在以现有数据为基础建立模型时，可以直接利用先验信息 $\beta_1=2.81$，代入模型中，从而直接避免了多重共线性的产生。另外，主成分分析法的基本思想是将原有自变量通过线性组合的方式，形成若干能够反映总体信息的指标，再由因变量对这些主成分进行回归，建立新模型。这些主成分由原自变量通过不同的线性组合而成，组间差异大，大大削弱了共线性的程度。主成分分析法涉及多元统计分析中的方法，因此这里不再详述。

二、修正多重共线性的应用

继续利用6.2节中我国1994—2003年的旅游收入相关统计数据，采用逐步回归分析法处理旅游收入模型中存在的多重共线性问题。具体做法如下：

▶ **1. 找出基础变量**

建立因变量对每个自变量的一元回归模型：

(1) $Y_t = -3\,461.808 + 0.084\,2X_{1t}$ (6-42)

$t = (-4.945\,2)\quad(8.665\,9)$

$R^2 = 0.903\,7, DW = 1.096\,5, F = 75.097\,0$

(2) $Y_t = -2\,933.704 + 9.052\,3X_{2t}$ (6-43)

$t = (-6.957\,9)\quad(13.159\,8)$

$R^2 = 0.955\,8, DW = 1.072\,8, F = 173.180\,2$

(3) $Y_t = 640.350\,4 + 11.667\,3X_{3t}$ (6-44)

$t = (1.608\,6)\quad(5.196\,7)$

$R^2 = 0.771\,5, DW = 0.648\,6, F = 27.005\,3$

(4) $Y_t = -2\,264.896\,0 + 34.332\,4X_{4t}$ (6-45)

$t = (-3.001\,8)\quad(6.467\,5)$

$R^2 = 0.839\,4, DW = 0.761\,9, F = 41.828\,0$

(5) $Y_t = -10\,897.18 + 2\,014.148X_{5t}$ (6-46)

$t = (-7.079\,9)\quad(8.748\,7)$

$R^2 = 0.905\,4, DW = 1.529\,7, F = 76.539\,2$

从上述的一元回归模型拟合结果可知，自变量对 Y 的贡献由大到小依次为 X_2、X_5、X_1、X_4、X_3，因此选 X_2 作为基础变量。

▶ **2. 逐一加入其他变量**

依次加入变量 X_5、X_1、X_4、X_3，当加入的变量使得模型的拟合优度 R^2 有显著提高，并且新模型各变量显著,则保留新变量。若新模型存在不显著的变量,则剔除该不显著变量。若 R^2 没有显著提高,但是模型各变量均显著,则继续加入其他变量,从而找到最佳回归方程。其具体过程见表 6-3。

表 6-3 逐步回归过程

Y	C	X_1	X_2	X_3	X_4	X_5	R^2	F
$= f(X_2)$	-2 933.704		9.052 3				0.955 8	173.180 2
t 值	-6.957 9		13.159 8					
$= f(X_2, X_5)$	-4 109.639		7.850 6			285.178 4	0.957 2	78.184 8
t 值	-1.591 0		2.908 6			0.462 1		
$= f(X_1, X_2)$	-3 326.393	0.029 8	6.194 2				0.973 4	128.166 9
t 值	-8.431 7	2.151 2	4.283 9					
$= f(X_2, X_3)$	-2 587.265		8.017 2	1.716 4			0.960 0	84.097 8
t 值	-4.392 3		5.747 9	6.857 8				
$= f(X_2, X_3, X_4)$	-2 441.161		4.215 9	3.222 0	13.629 1		0.991 4	231.793 5
t 值	-8.246 1		3.945 0	3.067 7	4.693 0			

在变量 X_2 的基础上,引入变量 X_5。引入后的模型拟合优度有小幅度提高,但是 X_5 并不显著。说明加入 X_5 后模型存在多重共线性,因此剔除 X_5。继续加入变量 X_1,X_1 同样不显著,同理,剔除 X_1。接下来加入变量 X_3,模型的拟合优度提高到 0.960 0,并且模型变量均显著,因此保留变量 X_3。最后加入变量 X_4,加入后的模型拟合优度明显增大到 0.991 4,各变量均显著,保留变量 X_4。最终得到最优的回归模型为:

$$Y_t = -2\ 441.161 + 4.215\ 9 X_{2t} + 3.222\ 0 X_{3t} + 13.629\ 1 X_{4t} \tag{6-47}$$
$$t = (-8.246\ 1)\quad (3.945\ 0)\quad (4.693\ 0)$$
$$R^2 = 0.991\ 4, \text{DW} = 1.952\ 6, F = 231.793\ 5$$

关键术语

多重共线性   方差膨胀因子   辅助回归模型   逐步回归法

闯关习题

一、单项选择题

1. 假设 X_1、X_2 为模型的两个自变量,当 X_1、X_2 满足(   )时,说明模型存在不完全多重共线性。

A. $X_{1t} + 3X_{2t} = 0$
B. $X_{1t} + 3X_{2t} + \mu_t = 0$
C. $X_{1t} e^{X_{2t}} = 0$
D. $X_{1t} + e^{X_{2t}} = 0$

2. 如果回归模型中存在完全多重共线性,则最小二乘估计量(　　)。
   A. 不确定,方差无限大　　　　　　B. 确定,方差无限大
   C. 不确定,方差最小　　　　　　　D. 确定,方差最小

3. 在多元线性回归模型中,若某个解释变量对其余解释变量的判定系数接近于1,则表明模型中存在(　　)。
   A. 异方差　　　B. 序列相关　　　C. 多重共线性　　　D. 高拟合优度

4. 多重共线性是一种(　　)。
   A. 样本现象　　　　　　　　　　B. 随机误差现象
   C. 被解释变量现象　　　　　　　D. 总体现象

5. 如果回归模型中存在不完全多重共线性,则有关最小二乘估计量错误的是(　　)。
   A. 确定的　　　　　　　　　　　B. 无偏估计
   C. 无法确定　　　　　　　　　　D. 方差最小的估计量

6. 当方差膨胀因子(　　)时,说明模型可能存在较严重的多重共线性。
   A. VIF<10　　B. VIF<5　　C. VIF>5　　D. VIF>10

7. 相关系数矩阵法主要用于检验(　　)。
   A. 异方差性　　B. 自相关性　　C. 随机解释变量　　D. 多重共线性

8. 下列关于多重共线性说法正确的是(　　)。
   A. 不完全多重共线性情况下,回归系数的最小二乘估计量仍然是无偏估计,但不是最优估计
   B. 多重共线性的可能后果是 R^2 值大而显著的 t 值比率多
   C. 多重共线性是一种样本现象
   D. 岭回归法是用来检验多重共线性的方法

二、简述题

1. 什么是多重共线性?
2. 简述多重共线性的后果。
3. 简述利用辅助回归模型法检验多重共线性的基本思路。
4. 多重共线性的修正方法有哪些?
5. 简述逐步回归法的基本思想。

三、计算分析题

1. 表6-4是某地区在1995—2004年的食品需求量 Y、可支配收入 X_1、食品类价格指数 X_2、物价总指数 X_3 和流动资产拥有量 X_4 的数据资料。

表6-4　食品需求函数有关统计资料

年份	食品需求量 Y/亿元	可支配收入 X_1/亿元	食品类价格指数 X_2 (1995年为100)	物价总指数 X_3 (1995年为100)	流动资产拥有量 X_4/亿元
1995	84	829	92	94	171
1996	96	880	93	96	213
1997	104	999	96	97	251

续表

年份	食品需求量 Y/亿元	可支配收入 X_1/亿元	食品类价格指数 X_2（1995年为100）	物价总指数 X_3（1995年为100）	流动资产拥有量 X_4/亿元
1998	114	1 053	94	97	290
1999	122	1 177	100	100	340
2000	142	1 310	101	101	400
2001	158	1 482	105	104	440
2002	179	1 618	112	109	490
2003	193	1 742	112	111	510
2004	208	1 847	112	111	530

问题：(1) 检验模型的多重共线性。

(2) 利用逐步回归法，建立适当的回归方程。

课外修炼

阅读《计量经济学》

一、作者简介

林文夫（Fumio Hayashi，1952—）是一位日本著名的经济学家，专长为计量经济学和宏观经济学。他是计量经济学会（Econometric Society）会员，美国艺术与科学院（American Academy of Arts and Sciences）外国荣誉会员。林文夫本科毕业于东京大学，并于1980年从哈佛大学获得博士学位。他曾先后在美国的西北大学、日本的筑波大学、大阪大学、美国的宾夕法尼亚大学和哥伦比亚大学，以及日本的东京大学任教，目前是日本一桥大学的教授。林文夫2000年在普林斯顿大学出版社出版的《计量经济学》（$Econometrics$）已成为计量经济学的经典之作，并被翻译为中文在中国出版。

二、主要特点

该书从最小二乘法开始介绍高年级本科生与研究生需要掌握的计量经济学内容，提供包括平稳与非平稳时间序列分析在内的标准计量经济学课程的内容；鉴于广义矩（GMM）估计已逐步成为计量经济学的基本估计方法。该书通过GMM估计原理统一处理最小二乘法、极大似然法等其他估计方法，将常用的计量经济学的估计方法都处理成GMM的特例。

该书不仅简洁地涵盖了计量经济学的重要课题，而且通过极值估计量的方法介绍Probit模型、Tobit模型等各种模型的极大似然估计方法，充分反映了计量经济学的现代处理方法。本书不仅利用命题的形式描述计量经济学的主要成果，而且提供大多数命题的间接证明或证明思路，以帮助读者掌握各章节讨论的内容。

该书理论和实践相结合，试图在计量经济学理论及其应用之间寻找最佳平衡。为帮助读者理解计量经济学的应用，广泛融合劳动经济学、产业组织、宏观经济理论、金融理论等学科的实证分析应用案例，通过内容丰富的习题和部分习题的提示解答帮助读者复习、理解，尤其是,实证分析的习题内容取自计量经济学的经典案例,而相应的实证分析的习题提示融入了 Gauss、TSP 等计量经济分析软件的使用方法,以帮助读者直接利用相应的统计软件和所介绍的估计方法进行实证研究。

> 我相信,那一切都是种子。只有经过埋葬,才有生机。
>
> ——顾城

第七章 随机解释变量问题

>>> 知识结构图

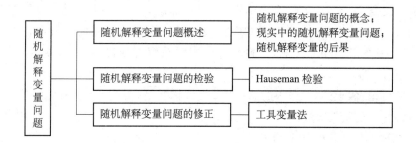

>>> 学习目标

1. 知识目标：随机解释变量的概念；随机解释变量问题；随机解释变量问题的检验；随机解释变量问题的修正等。

2. 能力目标：理解随机解释变量问题；掌握随机解释变量的后果；能借助软件应用豪斯曼检验、工具变量法等。

>>> 情景写实

小张和舍友小明讨论大学里每个月的生活开支问题。小张父母每个月固定给他1 000元生活费，同时小张也在校外做家教勤工俭学，如果每个月收一个学生，他每个月能赚200元。小明没有勤工俭学，父母每个月固定给他1 200元。小明对小张说："每个月的消费是和收入成正相关的，每个月的收入越多，消费就越多，我自己每个月固定拿1 200元，所以每个月也固定花费1 000元左右，剩下200元攒起来以备买大额商品之需。"小张说："不对吧，我正常每个月都要收三个学生，一个月1 600元的收入，花费1 300元，上个月我多收了一个学生，收入上升到1 800元了，可是花费还是1 300元左右，并没有增加。"

消费和收入的正比例关系是西方经济学的一个经典假定，可是消费除了和每个月的当期收入相关之外,可能还受上个月消费的影响,因为这里面存在消费的惯性。因此,在我们的模型假设中,除了要考虑当期收入作为解释变量之外,还要将上期的消费也作为一个解释变量,这就产生了随机解释变量问题。

第一节 随机解释变量问题概述

一、随机解释变量问题的概念

单方程线性计量经济学模型假设方程的解释变量为确定性变量,同时解释变量还要与随机误差项不相关。如果违背了这一基本假设,则我们将这样的问题称为随机解释变量问题(stochastic explanatory variables problem)。

对于模型

$$Y_i = \beta_0 + \beta_1 X_{1i} + \beta_2 X_{2i} + \cdots + \beta_k X_{ki} + \mu_i \tag{7-1}$$

假定解释变量 $X_1, X_2, \cdots, X_k$ 都是确定性变量,即解释变量与随机扰动项不相关。但现实中,这个假设并不一定成立,因为一方面模型中经济变量的观测值一般会存在观测误差;另外,经济变量有可能会相互影响,解释变量会影响被解释变量,可解释变量在一定程度上也会依赖被解释变量。

为了方便讨论,假设式(7-1)中的 X_2 为随机解释变量,根据 X_2 和随机误差项的关系,可以分以下三种不同的情况。

▶ 1. 解释变量与随机误差项独立

$$\text{cov}(X_2, \mu) = E(X_2 \mu) = E(X_2) E(\mu) = 0$$

说明解释变量与随机误差项既不同期相关,也不异期相关,即该解释变量是严格外生的。

▶ 2. 解释变量与随机误差项同期无关但异期相关

$$\text{cov}(X_{2i}, \mu_i) = E(X_{2i} \mu_i) = 0$$
$$\text{cov}(X_{2i}, \mu_{i-s}) = E(X_{2i} \mu_{i-s}) \neq 0, \quad s \neq 0$$

说明该随机解释变量为同期外生的。

▶ 3. 解释变量与随机误差项同期相关

$$\text{cov}(X_{2i}, \mu_i) = E(X_{2i} \mu_i) \neq 0$$

说明该随机解释变量是内生的。

二、现实中的随机解释变量问题

在现实中,许多解释变量不是确定性的,不是严格外生的,它们往往都具有随机性,主要有滞后被解释变量 Y_{i-t} 作为模型的解释变量的情况。由于经济活动的连续性,这类模型在以时间序列数据作样本的模型中占据较大份额。

例如,投资不仅受上期收入的影响,还会受前期投资水平 I_{i-t} 的影响;消费不仅受当期收入的影响,也受前期消费水平 C_{i-t} 的影响,前期的消费习惯会影响到下期消费水平,但并不是所有包含滞后被解释变量的模型都会带来随机解释变量问题。

两个典型例子：

▶ 1. 耐用品存量调整模型

$$Q_t = \beta_0 + \beta_1 Y_t + \beta_2 Q_{t-1} + \mu_t, \quad t=1,2,\cdots,T \tag{7-2}$$

耐用品的存量由前一个时期的存量和当期收入共同决定，这是一个滞后被解释变量作为解释变量的自回归模型。但是，如果该滞后被解释变量 Q_{t-1} 与随机误差项 μ_t 不存在自相关，而只与 μ_{t-1} 相关，说明该随机解释变量为同期外生的。

▶ 2. 合理预期的消费函数模型

$$C_t = \beta_0 + \beta_1 Y_t^e + \mu_t$$
$$C_{t-1} = \beta_0 + \beta_1 Y_{t-1}^e + \mu_{t-1} \tag{7-3}$$

C_t 表示 t 期消费，Y_t^e 表示对 t 期收入的预期。消费由收入的预期而决定，同时预期收入与实际收入之间是不可能完全一致的，假设它们的差距为

$$Y_t^e = (1-\lambda) Y_t + \lambda Y_{t-1}^e \tag{7-4}$$

式中，Y_t 表示实际收入。

由此可以进一步推导出

$$\begin{aligned} C_t &= \beta_0 + \beta_1 (1-\lambda) Y_t + \beta_1 \lambda Y_{t-1}^e + \mu_t \\ &= \beta_0 + \beta_1 (1-\lambda) Y_t + \lambda (C_{t-1} - \beta_0 - \mu_{t-1}) + \mu_t \\ &= \beta_0 (1-\lambda) + \beta_1 (1-\lambda) Y_t + \lambda C_{t-1} + \mu_t - \lambda \mu_{t-1} \end{aligned}$$

C_{t-1} 作为滞后被解释变量充当模型的解释变量，它如果与 μ_{t-1} 高度相关，则它与 $\mu_t - \lambda \mu_{t-1}$ 也高度相关，即解释变量与随机误差项同期相关，说明该随机解释变量为同期内生的。

三、随机解释变量的后果

如果解释变量不具有确定性，即出现随机解释变量，并且还与模型中的随机干扰项相关，则普通最小二乘法估计参数的方法就不一定适用。如果在这种情况下仍坚持使用普通最小二乘法去估计模型参数，不同性质的随机解释变量则会产生不同的后果。根据随机解释变量 X 与随机干扰项 μ 的不同，可得三种情况：

(1) 如果随机解释变量与随机干扰项相互独立，得到的参数估计量仍然是无偏一致估计量。

(2) 如果随机解释变量与随机干扰项同期不相关，但是异期相关，得到的参数估计量有偏但一致的。

(3) 如果随机解释变量与随机干扰项同期相关，得到的参数估计量则是有偏并且非一致的。

对于前面提到的滞后被解释变量作为解释变量的情况，若滞后被解释变量与随机干扰项同期相关，OLS 估计量就是有偏并且非一致的。即使随机解释变量与干扰项同期无关，普通最小二乘法估计量也肯定是有偏的，因为至少会出现异期相关的情况。

第 二 节　随机解释变量问题的检验

使用普通最小二乘法求解回归模型参数时,对回归模型作出的基本假设要求随机干扰项与解释变量之间不存在相关性,要求随机解释变量与模型的随机干扰性至少不存在同期相关性,即至少要求随机解释变量是同期外生变量。那么,如何对随机解释变量问题进行判断呢?

一方面,由一些基本经济知识作一些判断。例如,由于惯性的存在,当期消费在一定程度上会受到前期的消费支出的影响,但当期消费却不会对前期消费进行影响;另一方面,豪斯曼(Hauseman)检验从计量技术上给出了一种检验随机解释变量是否具有内生性的有效方法。

豪斯曼检验的基本思想:已知某二元线性回归模型

$$Y_i = \beta_0 + \beta_1 X_i + \beta_2 Z_{i1} + \mu_i \tag{7-5}$$

式中,Z_1 是外生变量;X_i 是随机解释变量。

如果 X_i 是内生变量,则需要寻找一外生变量 Z_2 作为工具变量(Instrument Variable)并对该模型进行工具变量法估计,将工具变量法的估计结果与对式(7-5)直接进行普通最小二乘法估计的结果进行对比,如果两者有显著的差异,则表明 X_i 是同期内生性变量。

豪斯曼检验的步骤如下:

(1) 将随机解释变量 X_i 对外生变量 Z_1 与 Z_2 做普通最小二乘法估计:

$$X_i = \alpha_0 + \alpha_1 Z_{i1} + \alpha_2 Z_{i2} + \nu_i \tag{7-6}$$

该步骤的目的是得到残差项 $\hat{\nu}$,假定随机干扰项 ν_i 满足所有线性回归基本假设。

(2) 将残差项 $\hat{\nu}$ 加入到式(7-5)中,再进行普通最小二乘法估计:

$$Y_i = \beta_0 + \beta_1 X_i + \beta_2 Z_{i1} + \delta\hat{\nu} + \varepsilon_i \tag{7-7}$$

假定随机干扰项 ε_i 与残差项 $\hat{\nu}$ 并不同期相关,并满足所有线性回归基本假设。如果参数 δ 显著为零,则可以判断在式(7-6)中的随机干扰项 ν_i 与 Y_i 同期无关,进而可判断 ν_i 与式(7-5)中的随机干扰项 μ_i 同期无关,而 Z_1 与 Z_2 作为外生变量肯定与 μ_i 同期无关。因此,由式(7-6)能够判断 X_i 与 μ_i 同期无关;反之,如果式(7-7)中回归结果拒绝 $\delta=0$ 的假设,则可以判定原模型中的解释变量 X_i 为同期内生变量。

需要说明的是,如果原回归模型里有多个随机解释变量被怀疑与随机干扰项同期相关,则需寻找多个外生变量,并将每个需要检验的解释变量与模型中所有的外生变量一起进行普通最小二乘法回归,取得各自的残差项,然后再将所有的残差项引入到原模型中再进行普通最小二乘法估计,通过 t 检验或多种情形的受约束的 F 检验,去判断哪些解释变量是同期内生性变量。

相关链接

豪斯曼检验

EViews 6.0 软件操作步骤：

(1) 假定 $Y_i = \beta_0 + \beta_1 X_i + \beta_2 Z_{it} + \mu_i$，输入变量名和样本数据。

(2) 在如图 7-1 所示的工作文件的命令窗口输入下列命令：

Equation hausman. ls X C Z_1 Z_2

Genr v=resid

Equation eq00. ls Y C X Z_1 V

说明：第一句命令建立随机解释变量 X 与工具变量 Z_2 的回归方程；第二句命令给定一个变量 V 等于 Hausman 方程的残差；第三句命令建立被解释变量 Y 与变量 V 的回归方程。

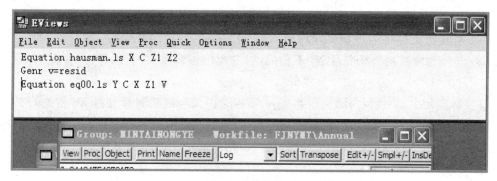

图 7-1 命令窗口

(3) 命令输入完毕，直接按 Enter 键。在工作文件中会出现 hausman、V、eq00 三个标记，豪斯曼检验运行结果储存在 eq00 标记中，如图 7-2 所示。

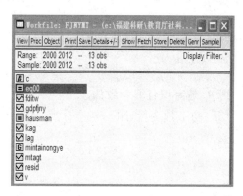

图 7-2 豪斯曼检验运行结果

(4) 判断随机变量的同期内生性。打开 eq00 标记，显示运行结果。图例中残差 V 的参数估计 δ 值的 t 值为 $-0.010\ 162$，在 99.21% 的显著性水平下接受原假设 $\delta = 0$。因此，解释变量 X 与随机误差项不存在同期相关性，即具有外生性。

第三节 随机解释变量问题的修正

模型中出现随机解释变量与随机误差项相关时,普通最小二乘法参数估计值是有偏的。如果随机解释变量与随机误差项异期相关,则可以通过增大样本容量的办法来得到一致的估计量;但如果是同期相关,即使增大样本容量也无法起作用,这时通常使用工具变量法进行估计。

一、工具变量的选取

工具变量是指在模型估计过程中被作为工具使用以代替模型中与随机误差项 μ_i 相关的随机解释变量 X_i。使用工具变量法,第一个问题就是如何选择工具变量,被选择为工具变量 Z_i 的变量必须满足以下条件:

(1) 与所替代的随机解释变量 X_i 高度相关,即 $\text{cov}(Z_i, X_i) \neq 0$。

(2) 与随机误差项 μ_i 不相关,即 $\text{cov}(Z_i, \mu_i) = 0$。

(3) 与模型中其他解释变量 X_j 不相关,以避免出现多重共线性,即 $\text{cov}(Z_i, X_j) = 0$,$i \neq j$。

在实际应用中,要找到与随机误差项 μ_i 不相关而又与随机解释变量 X_i 相关的工具变量 Z_i 并不是一件很容易的事。在一般情况下,如果考虑到随机解释变量与随机误差项相关的主要来源是由于同期测量误差引起的,就可以用滞后一期的随机解释变量 X_{t-1} 作为原解释变量 X 的工具变量。

二、工具变量法的应用

以一元线性回归模型为例,已知

$$Y_i = \beta_0 + \beta_1 X_i + \mu_i \tag{7-8}$$

根据各变量的样本数据,用普通最小二乘法估计该模型参数,可以得到

$$\hat{\beta}_1 = \frac{\sum x_i y_i}{\sum x_i^2}, \qquad \hat{\beta}_0 = \overline{Y} - \hat{\beta}_1 \overline{X}$$

然而,如果 X_i 与 μ_i 相关,由于 $E(\mu_i X_i) \neq 0$,则 $\hat{\beta}_1$ 是有偏且非一致的。

于是需要按照工具变量的选择条件,选择 Z_i 为 X_i 的工具变量,则

$$\text{cov}(Z_i, \mu_i) = E(\mu_i Z_i) = 0$$

根据普通最小二乘法,可以得到

$$\hat{\beta}_1 = \frac{\sum Z_i Y_i}{\sum Z_i X_i}, \hat{\beta}_0 = \overline{Y} - \hat{\beta}_1 \overline{X}$$

这种选择 Z_i 作为 X_i 的工具变量求模型参数估计量的方法称为工具变量法,$\hat{\beta}_0$,$\hat{\beta}_1$ 称为工具变量法估计量。用工具变量法所求的参数估计量 $\hat{\beta}_1$ 与总体参数真值 β_1 之间的关系为

$$\hat{\beta}_1 = \beta_1 + \frac{\sum Z_i \mu_i}{\sum Z_i X_i}$$

如果工具变量 Z 选取得当,即有

$$\text{Plim}(\hat{\beta}_1) = \beta_1$$

由此可以说明，工具变量法的参数估计值是无偏一致估计量。

三、工具变量法的注意事项

（1）在小样本下，工具变量法参数估计量 $\hat{\beta}$ 仍是有偏的。因此，在对计量经济模型进行回归操作时，要保证有足够大的样本容量，从而避免参数估计量的偏误。

（2）在分析实际经济问题时，经常会产生一种误解，以为采用工具变量法是将原模型中的随机解释变量 X 换成了工具变量 Z，即改变了原来的计量经济学模型。从上述工具变量法应用的例子可以看出，工具变量法并没有改变原计量经济学模型，只是在原模型的参数估计过程中，使用了工具变量 Z 来代替随机解释变量 X。

（3）如果一个随机解释变量 X 可以找到多个相互独立的工具变量 Z_i，人们希望充分利用这些工具变量的信息，就形成了 GMM，这是近年来计量经济学理论方法发展的重要方向之一。工具变量法是广义矩方法的一个特例。同样，普通最小二乘法也可以称为工具变量法的特例。

相关链接

工具变量法

EViews 6.0 软件操作步骤：

（1）假定 $Y_i = \beta_0 + \beta_1 X_i + \beta_2 Z_{i1} + \mu_i$，输入变量名和样本数据。

（2）假定 Z_2 满足作为随机解释变量 X_1 的工具变量的三个条件。在 EViews 6.0 软件的工作界面选择 Quick/Estimate Eqution 菜单命令，出现对话框。

（3）在 Equation specification 选项组的列表框中输入回归模型的被解释变量 Y、常数项 C、解释变量 X 等，Instrument list 文本框中输入工具变量 Z_2，在 Estimation settings 选项组的 Method 下拉列表中选择 TSLS（两阶段最小二乘法）或 GMM，如图7-3所示。

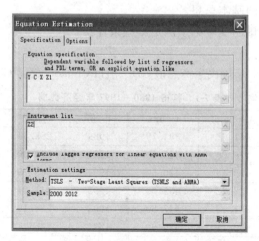

图7-3　输入 Y C X 等

（4）单击"确定"按钮后输出运行结果，如图7-4所示。

```
Dependent Variable：Y
Method：Two-Stage Least Squares
Date：04/19/15   Time：16:23
Sample：1990 2012
Included observations：23
Instrument list：Z_2
```

Variable	Coefficient	Std. Error	t-Statistic	Prob.
C	18.897 41	11.529 46	5.639 055	0.032 2
X	0.161 805	0.108 777	13.487 494	0.027 7
Z_1	−1.856 626	1.700 542	−6.091 785	0.000 5
R-squared	0.974 129	Mean dependent var		7.382 462
Adjusted R−squared	0.848 955	S. D. dependent var		0.360 837
S. E. of regression	0.140 237	Sum squared resid		0.196 665
F-statistic	64.723 35	Durbin-Watson stat		0.518 064
Prob(F-statistic)	0.000 032			

图 7-4 运行结果

关键术语

随机解释变量问题　豪斯曼检验　工具变量法

闯关习题

一、简述题

1. 什么是随机解释变量问题，随机解释变量问题的后果有哪些？
2. 简述豪斯曼检验的基本思想。
3. 被选择为工具变量的变量必须满足哪些条件？

二、软件操作题

已知某市 1980—1997 年国民生产总值 GDP、出口 Chukou、储蓄 Chuxu 数据如表 7-1 所示。

表 7-1　某市 1980—1997 年经济数据　　　　　　　　　　（单位：亿元）

年份	GDP	Chukou	Chuxu	年份	GDP	Chukou	Chuxu
1980	103.52	461.67	394.79	1989	283.34	988.65	469.79
1981	107.96	476.00	413.00	1990	310.00	1 075.37	470.07
1982	114.10	499.13	420.50	1991	342.75	1 184.58	479.67
1983	123.40	527.22	435.00	1992	411.24	1 344.14	485.70
1984	147.47	561.02	447.50	1993	536.10	1 688.02	503.10
1985	175.71	632.11	455.90	1994	725.14	2 221.42	513.00
1986	194.67	710.51	466.94	1995	920.11	2 843.00	515.30
1987	222.00	780.00	470.00	1996	1102.10	3 364.34	512.00
1988	259.00	895.66	465.15	1997	1143.50	3 387.45	520.11

已知一元线性回归模型 Chukou$=\beta_1+\beta_2$GDP$+u$，假定 Chuxu 与 GDP 高度相关且与随机误差项 μ 不相关，请利用 EViews 6.0 软件，根据豪斯曼检验思想验证解释变量 GDP 是否是内生性变量；如果 GDP 是内生性随机解释变量，请用工具变量法（两阶段最小二乘法或 GMM）对随机解释变量问题进行修正。

课外修炼

阅读《计量经济学》

丁俊年编著的《计量经济学》(第三版)是"十二五"普通高等教育本科国家级规划教材，高等院校国际经贸专业规划教材，于 2014 年由对外经贸大学出版社出版。

一、作者简介

于俊年，对外经济贸易大学教授，研究领域包括计量经济学、项目经济分析数量方法、投资项目可行性研究与项目评估，出版并发表了多本著作和学术论文。

二、主要特点

全书分四篇共十七章。第一篇导论；第二篇系统地讲述单方程回归模型的基本理论和方法；第三篇系统地讲述违背经典回归假定的有关经济计量模型；第四篇讲述经济模型构造理论与应用。内容由浅入深，循序渐进，理论与应用并重，将理论计量经济学与应用计量经济学融为一体，每章之首配有本章要点，每章末尾配有小结和复习思考题，便于读者使用，为读者学习计量经济学提供了一本较好的入门教材。

> 生活中的你，可以不帅，可以不漂亮，但需要拥有教养。教养能感染身边的同伴，能吸引身边人的目光。

第八章 虚拟变量模型

> **知识结构图**

> **学习目标**

1. 知识目标：虚拟变量的含义；虚拟变量作为自变量的方差分析模型、协方差模型；虚拟变量作为因变量的离散选择模型包括线性概率模型；二元概率模型及其参数估计；二元逻辑模型及其参数估计。

2. 能力目标：理解虚拟变量的含义；了解虚拟变量分别作为自变量、因变量的模型建立，包括方差分析模型、协方差模型、线性概率模型；掌握二元概率模型及其参数估计；掌握二元逻辑模型及其参数估计。

> **情景写实**

某旅行社为了提高旅游业务收入，希望通过建立个人旅游支出模型，找出影响个人旅游支出的关键因素，从而作出针对性的旅游宣传。根据实际经济理论，个人的旅游支出往往与个人的收入、职业、受教育程度、性别等有密切关系，其中职业、教育、性别因素不是我们前面章节常用的定量变量，而是定性变量。职业有教师、工程师、银行职员等，教育程度可以分为大学教育和非大学教育，性别因素可以考虑是男是女。将这样的定性变量作为自变量考虑进旅游支出模型，模型如何建立？有怎样的结果和意义？

在运输经济学中，想要预测某人在上下班时是否选择坐公交，这个结果与个人的收入、职业、上班地点与居住处之间的距离、公交费用等诸多因素有关。那么,此时建立的模型因变量是只有两个可能值的定性变量,即选择坐公交和其他交通工具。对于这样的模型又该如何建立?

第一节 虚拟变量模型概述

前面研究的计量模型无论是因变量还是自变量均为定量变量,是可以被度量的变量,如收益率、面积、收入、成本、价格等。但是,实际运用中所研究的问题往往涉及很多不可被度量的定性变量,如性别、职业、国籍、受教育程度、健康情况等。这些定性变量可能是某些问题的影响因素,如工薪族的收入常与职业、教育等有关。另外,一些定性变量也可能是需要预测研究的问题,如高中生是否继续接受高等教育,贷款人的贷款申请能否被允许,大学毕业生是否回家乡工作,一项科学研究能否成功,等等。这些定性变量同定量变量一样可以作为模型的因变量与自变量。本章将考虑这种类型模型的建立与参数估计问题。

一、虚拟变量的含义

一个定性变量,它的值一般有两个。也就是说,出现或不出现某种属性,如性别是男性或女性,受过高等教育或没有接受高等教育,职业是教师或非教师,已婚或未婚,健康或不健康,等等。如果要将这样的变量加入到计量模型中,首先需要人为地量化定性变量。一般地,用 1 表示出现某种属性,用 0 表示没有出现该属性。例如,对于性别变量,用 1 表示男性,用 0 表示女性;或者用 1 表示受过高等教育,用 0 表示没有接受高等教育。那么,像这样取值只为 0 和 1 的变量称为虚拟变量或哑变量,并用符号 D 表示,从而与常用符号 X 区别开。把赋值为 0 的一类称为基准类。需要注意的是,虚拟变量的赋值是人为的、任意的,根据人们的习惯而定。例如,前面所提到的性别变量,也可以用 1 表示女性,用 0 表示男性。

那么,对于某些具有大于两个可能值的定性变量,又该如何量化呢?如职业变量的可能取值为教师、工程师或其他职业。这样的多分类定性变量在加入计量模型前,同样需要量化成虚拟变量。但不同的是,一个多分类定性变量需要引入多个虚拟变量,引入的虚拟变量个数要比多分类定性变量的分类个数少一。即一个具有 m 个属性的定性变量,需要引入 $m-1$ 个虚拟变量。如果引入 m 个虚拟变量,这些虚拟变量之间将会产生完全多重共线性。例如,票选结果有赞同、不赞同、弃权三种分类,此时需量化成两个虚拟变量,分别为

$$D_1 = \begin{cases} 1, 赞同 \\ 0, 其他 \end{cases}, D_2 = \begin{cases} 1, 不赞同 \\ 0, 其他 \end{cases}$$

变量以弃权为基准类。

相关链接

构造虚拟变量

EViews 6.0 软件操作步骤:

(1) 输入变量名和样本数据如图 8-1,其中包括性别变量"sex"和月收入变量"income"。

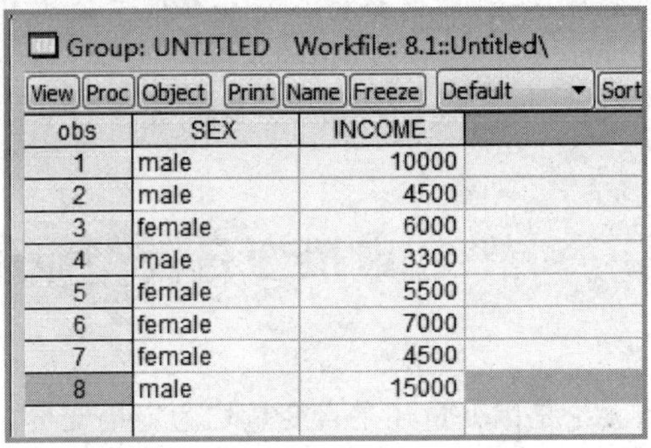

图 8-1 输入变量名和样本数据

(2) 根据 sex 变量构造虚拟变量 d1,用 1 表示男性"male",0 表示女性"female"。在命令窗口中输入 series d1=(sex="male"),按 Enter 键,得到虚拟变量 d1,如图 8-2 所示。

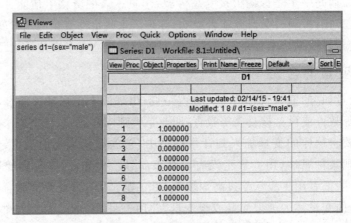

图 8-2 得到虚拟度量 D1

(3) 根据 income 变量构造虚拟变量 d2,用 1 表示月收入大于或等于 10 000 元的高收入者,0 表示月收入小于 10 000 元的中低收入者。在命令窗口中输入 series d2=(income>=10000),按 Enter 键,得到虚拟变量 D1,如图 8-3 所示。

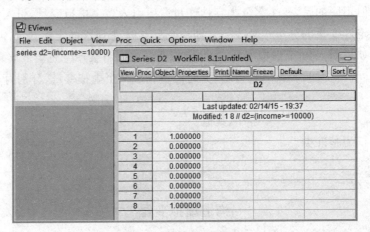

图 8-3 得到虚拟度量 D2

二、虚拟变量作为自变量

在实际经济模型中,因变量不仅会受到定量变量的影响,同时也会受到定性变量的影响。例如,个人的月支出水平往往受到月收入、性别、职业、婚姻状况等因素的影响,其中月收入为定量变量,性别、职业、婚姻状况为定性变量。由此可见,这些定性变量也是影响因变量的重要因素,所以有必要将其量化成虚拟变量后加入到模型中。在回归分析模型中,假设模型自变量为非随机变量。而虚拟变量的取值为 0、1,说明虚拟变量是非随机变量。因此,对于自变量中含有一个或多个虚拟变量的回归模型,回归系数的普通最小二乘估计法以及模型检验方法同样适用。下面建立含有虚拟变量为自变量的回归模型。

▶ 1. 方差分析模型

在回归分析中,虚拟变量与定量变量一样可以作为模型的回归元。一个回归模型的自变量只有虚拟变量,这样的模型称为方差分析(Analysis of Variance,ANOVA)模型。为说明方差分析模型,先看下面一个只含有一个虚拟变量的 ANOVA 模型。含有多个虚拟变量的 ANOVA 模型原理相似不再赘述。

$$Y_i = \beta_0 + \beta_1 D_{1i} + \mu_i, \quad (i=1,2,\cdots,n)$$

式中,Y_i 为个人月支出;$D_{1i} = \begin{cases} 1, 已婚 \\ 0, 未婚 \end{cases}$;$\mu_i$ 为随机误差项且 $E(\mu_i) = 0$。

根据模型有

未婚者的月期望支出为

$$E(Y_i \mid D_{1i} = 0) = E(\beta_0 + \beta_1 \times 0 + \mu_i) = \beta_0$$

已婚者的月期望支出为

$$E(Y_i \mid D_{1i} = 1) = E(\beta_0 + \beta_1 \times 1 + \mu_i) = \beta_0 + \beta_1$$

从上述结果可以得知,模型截距 β_0 表示未婚者的月平均支出;斜率系数 β_1 表示未婚者与已婚者的月平均支出差距,$(\beta_0 + \beta_1)$ 表示已婚者的月平均支出,并且可用检验法检验 β_1 的显著性。

相关链接

ANOVA 模型

下面给出一组不同婚姻状况的个人月支出数据(见表 8-1),建立个人月支出模型,分析婚姻状况对个人月支出的影响。

表 8-1 个人月支出数据

个人月支出 Y_i/千元	婚姻状况 D_{1i}(1=已婚者,0=未婚者)
2.3	0
4.5	1
2.0	0
6.7	1

续表

个人月支出 Y_i/千元	婚姻状况 D_{1i}(1=已婚者,0=未婚者)
5.0	0
3.6	0
7.1	1
1.6	0
4.8	0
5.6	1
6.9	1
7.7	1

根据表 8-1 所示数据建立模型,结果为

$$Y_i = 3.2167 + 3.2000 D_{1i}$$
$$t = (5.9499) \quad (4.1854)$$
$$R^2 = 0.6366; F = 17.5176$$

由回归结果(图 8-4)可知,未婚者的月平均支出估计值为 3 216.7 元,已婚者的月平均支出估计值为 6 416.7 元。另外,从表格数据中能够得出,未婚者的实际月平均支出为 3 126.7元,已婚者的实际月平均支出为 6 416.7 元。由此可见,模型估计出的个人月平均支出与实际相同。接下来考查 t 检验结果,系数 β_1 是统计显著的,说明婚姻变量对个人月支出水平有显著影响,已婚者与未婚者的个月支出水平有较显著的差距。而实际上也确实如此,已婚者要承担起自己及家庭的开支,月支出较大;而大部分未婚者只需担负自己的开支,月支出相对较少。

图 8-4　个人月支出模型回归结果

▶ 2. 协方差模型

方差分析模型在心理学、社会行为学、市场研究等领域较常见,但在实际经济学模型中,自变量往往既含有定量变量,也包含定性变量。将自变量中同时包含定性变量和定量变量的回归模型称为协方差(Analysis of Covariance,ANCOVA)模型。下面给出含有一个定量变量和一个定性变量的协方差模型,含有多个定量变量和定性变量的协方差模型原理相似不再赘述。

$$Y_i = \beta_0 + \beta_1 D_{1i} + \alpha_1 X_{1i} + \mu_i, \qquad i = 1, 2, \cdots, n$$

式中,Y_i 表示大学生月话费支出;X_{1i} 表示月生活费支出;$D_{1i} = \begin{cases} 1, 独生子女 \\ 0, 非独生子女 \end{cases}$;$\mu_i$ 表示模型随机误差项且 $E(\mu_i) = 0$。

根据模型有

非独生子女大学生月话费支出期望值为

$$E(Y_i \mid D_{1i} = 0) = E(\beta_0 + \beta_1 \times 0 + \alpha_1 X_{1i} + \mu_i) = \beta_0 + \alpha_1 X_{1i}$$

独生子女大学生月话费支出期望值为

$$E(Y_i \mid D_{1i} = 1) = E(\beta_0 + \beta_1 \times 1 + \alpha_1 X_{1i} + \mu_i) = \beta_0 + \beta_1 + \alpha_1 X_{1i}$$

模型表明,大学生中独生子女与非独生子女的月平均话费支出不同,但是月平均话费对月生活费支出的变化率(α_1)相同。

相关链接

ANCOVA 模型

下面给出一组大学生月话费支出数据(表 8-2),建立大学生月话费支出模型,分析月生活费支出、是否独生子女对月话费支出的影响。

表 8-2 大学生月话费支出数据

月话费支出 Y_i/元	独生情况 D_{1i}(1=独生,0=非独生)	月生活费支出 X_{1i}/百元
45	0	6
55	0	7
100	1	10
67	0	8.5
50	0	8
87	1	12
36	0	6
40	0	6.6
110	1	15
78	0	9
66	1	9
96	1	10
70	1	7.8
90	1	8.9

根据表 8-2 数据建立模型,结果为

$$Y_i = 8.9147 + 16.7937 D_{1i} + 6.0391 X_{1i}$$
$$t = (0.7135) \quad (2.2097) \quad (3.7299)$$
$$R^2 = 0.8259; F = 26.0911$$

由回归结果(图 8-5)可知,非独生子女大学生月话费支出期望值为
$$E(Y_i \mid D_{1i} = 0) = 8.9147 + 6.0391X_{1i}$$
独生子女大学生月话费支出期望值为:
$$E(Y_i \mid D_{1i} = 1) = 25.7084 + 6.0391X_{1i}$$

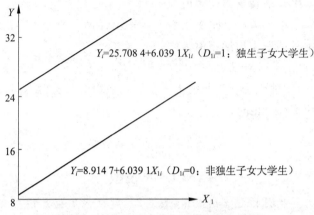

图 8-5　大学生月话费支出模型回归结果

如图 8-5 所示,大学生中独生子女和非独生子女的月平均话费支出 Y_i 对月生活费支出 X_{1i} 的函数具有相同的斜率,即大学生的月平均话费支出对生活费支出的变化率相同。同时,根据模型的回归结果可知,当大学生独生情况变量为常量时,月生活费每增加 100 元,月平均话费将增加 6.0391 元。另外,当月生活费支出变量保持不变时,独生子女大学生月平均话费比非独生子女大学生多 16.7937 元。模型检验结果显示参数估计量 β_1 是统计显著的,说明独生子女大学生与非独生子女大学生的月平均话费支出不同。

三、虚拟变量作为因变量

到目前为止,主要讨论了以定量变量为自变量的计量模型,但在实际应用中经常会遇到很多决策问题。比如,人们上下班的交通工具是选择步行、坐公交、自驾还是其他工具;某天的天气是晴朗、阴天、雨天还是其他;某项医学研究能否成功,人们对某一项建议是持赞成、不赞成还是中立的态度,大学生毕业是否会选择自主创业等等。这些情况下,如果想要做出决策,就需要以定性变量作为因变量来建立计量模型,才能判断出最终结果。我们称这样的模型为离散选择模型。定性变量作为因变量可以是只有二值的虚拟变量,也可以是多分类的定性变量。以虚拟变量为因变量的模型称为二元选择模型。以多分类定性变量为因变量的模型称为多元选择模型。本章主要讨论二元选择模型。二元选择模型的建立可以由三种方法解决,分别为线性概率模型(LPM)、二元概率(Probit)模型和二元逻辑(Logit)模型。下面先介绍较为简单的线性概率模型。

(一) LPM

以虚拟变量为因变量的线性回归模型称为线性概率模型(Linear Probability Model, LPM)。模型的基本形式为

$$Y_i = \beta_0 + \beta_1 X_{1i} + \beta_2 X_{2i} + \cdots + \beta_k X_{ki} + \mu_i, \quad i = 1, 2, \cdots, n \tag{8-1}$$

式中,Y_i 为虚拟变量;μ_i 为模型随机误差项,且 $E(\mu_i) = 0$。

于是有
$$E(Y_i \mid X) = \beta_0 + \beta_1 X_{1i} + \beta_2 X_{2i} + \cdots + \beta_k X_{ki}, \quad i = 1, 2, \cdots, n \quad (8\text{-}2)$$
记 X 为所有自变量 $X_1, X_2, \cdots, X_k$。

接下来,记 P_i 为事件"$Y_i = 1$"发生的概率,则 $1 - P_i$ 为事件"$Y_i = 0$"发生的概率。那么,变量 Y_i 的概率分布如表 8-3 所示。

表 8-3 Y_i 的概率分布

Y_i	概　率
1	P_i
0	$1 - P_i$

根据期望的定义有
$$E(Y_i) = 1 \times P_i + 0 \times (1 - P_i) = P_i \quad (8\text{-}3)$$
由式(8-2)和式(8-3)可得
$$E(Y_i \mid X) = \beta_0 + \beta_1 X_{1i} + \beta_2 X_{2i} + \cdots + \beta_k X_{ki} = P_i \quad (8\text{-}4)$$

式(8-4)可以解释为:在给定所有自变量 X 的条件下,条件期望 $E(Y_i|X)$ 等于事件"$Y_i = 1$"发生的条件概率;截距项 β_0 表示每个自变量 $X_j = 0 (j = 1, 2, \cdots, k)$ 时,事件"$Y_i = 1$"发生的概率;斜率系数 β_j 表明在其他因素不变的情况下,自变量 X_j 每增加一个单位,事件"$Y_i = 1$"发生的概率将增加 β_j。

运用普通最小二乘估计法,得到 LPM 的估计方程:
$$\hat{Y}_i = \hat{\beta}_0 + \hat{\beta}_1 X_{1i} + \hat{\beta}_2 X_{2i} + \cdots + \hat{\beta}_k X_{ki}, \quad i = 1, 2, \cdots, n$$

那么,利用上述估计方程得到的预测值 $\hat{Y}_i$ 就是"$Y_i = 1$"发生的概率预测值。估计量 $\hat{\beta}_j$ 度量了由 X_j 的单位变化而引起的"$Y_i = 1$"发生的概率变化预测值。

(二) LPM 存在的问题

虽然 LPM 可以较容易地得到,并且模型的结果能够提供有价值的信息,但是 LPM 也存在一些问题。下面对这些问题进行说明。

▶ 1. 随机误差项 μ_i 的异方差性

根据式(8-2),随机误差项 μ_i 可写成
$$\mu_i = Y_i - \beta_0 - \sum_{j=1}^{k} \beta_j X_{ji}$$

由 Y_i 的概率分布,可以得知 μ_i 的概率分布如表 8-4 所示。

表 8-4 μ_i 的概率分布

Y_i	μ_i	概　率
1	$\mu_i = 1 - \beta_0 - \sum_{j=1}^{k} \beta_j X_{ji}$	P_i
0	$\mu_i = -\beta_0 - \sum_{j=1}^{k} \beta_j X_{ji}$	$1 - P_i$

很明显,μ_i 服从概率为 P_i 的伯努利分布,μ_i 的方差为
$$\mathrm{var}(\mu_i) = P_i(1 - P_i)$$

而 $P_i = E(Y_i \mid X) = \beta_0 + \sum_{j=1}^{k} \beta_j X_{ji}$，说明 P_i 的值决定于自变量 X。所以 LPM 的随机误差项 μ_i 具有异方差性。我们知道，普通最小二乘估计的假设之一是随机误差项 μ_i 具有同方差性。可见，LPM 的随机误差项并不符合这一假设，异方差性会使得普通最小二乘估计量虽然具有无偏性，却失去有效性。要解决这个问题，需要对模型进行变换，采用加权最小二乘估计法。

首先，将式(8-1)两边同时除以

$$\sqrt{w_i} = \sqrt{P_i(1-P_i)}, \tag{8-5}$$

于是模型变换为

$$\frac{Y_i}{\sqrt{w_i}} = \frac{\beta_0}{\sqrt{w_i}} + \frac{1}{\sqrt{w_i}} \sum_{j=1}^{k} \beta_j X_{ji} + \frac{\mu_i}{\sqrt{w_i}} \tag{8-6}$$

变换后的式(8-6)的随机误差项为 $\dfrac{\mu_i}{\sqrt{w_i}}$，其方差变换为

$$\operatorname{var}\left(\frac{\mu_i}{\sqrt{w_i}}\right) = \frac{1}{\sqrt{w_i}} \operatorname{var}(\mu_i) = \frac{1}{w_i} \cdot P_i(1-P_i) = 1$$

可以发现变换后的模型随机误差项是同方差的，此时可以对模型(8-6)进行普通最小二乘估计，进而得到原线性概率模型(8-1)的系数估计量。但是需要清楚权重 w_i 是未知的，所以要估计 w_i 的值。于是可以先忽略原模型的异方差性，对模型(8-1)进行普通最小二乘估计，得到预测值 $\hat{Y}_i$，从而 $\hat{P}_i = \hat{Y}_i$。根据式(8-5)可得权重 w_i 的估计值为

$$\hat{W} = \hat{Y}(1-\hat{Y}_i)$$

▶ **2. 不适用的拟合优度 R^2**

LPM 模型因变量的取值不是 0 就是 1。也就是说，Y 值会落在 x 轴或直线 $Y=1$ 上，那么此 Y 时这些值的散点将很难接近落在同一条直线上。从而 LPM 模型的估计方程拟合优度 R^2 很可能会非常小，并且从前面的模型介绍中得知，估计模型得到的预测值 $\hat{Y}_i$ 代表了 "$Y_i = 1$" 成功的概率值，与因变量真值的意义不同。所以，R^2 对 LPM 模型的使用意义不大，不能沿用拟合优度 R^2 来度量 LPM 模型的拟合效果。

▶ **3. $E(Y_i \mid X)$ 不一定落在 0 和 1 之间**

由式(8-4)可知，条件期望 $E(Y_i \mid X)$ 代表给定自变量 X 的条件下 $Y_i = 1$ 成功的条件概率，因此它的取值必落在 0 和 1 之间。但是，根据 LPM 模型估计得到的 $E(Y_i \mid X)$ 预测值 $\hat{Y}_i$ 不一定能全部介于 0 和 1 之间，这与概率的取值相矛盾。这是 LPM 模型存在的最严重问题。解决这一问题的一个较为简单的方法是将小于 0 的预测值 $\hat{Y}_i$ 取值为 0，大于 1 的预测值取值为 1。然而，这种方法可能会导致这些预测值所对应的数据失去可能存在的有价值的信息。另一种解决方法是，通过对模型进行某种变换，使得 $E(Y_i \mid X)$ 的预测值能够落在 0 与 1 之间。这种解决方法就是后面两节所要介绍的二元概率模型和二元逻辑模型。

相关链接

大学毕业生创业模型

利用一组有关大学毕业生创业的数据(表 8-5)，建立一个线性概率模型并具体说明模型

存在的问题。数据中包括大学生毕业之后是否选择创业 Y_i，以及影响创业率的两个主要因素：大学四年的平均绩点 X_{1i}、家庭月平均收入 X_{2i}。

表 8-5　大学毕业生创业的相关数据

大学毕业生	创业情况 Y_i（1＝创业，0＝不创业）	大学四年的平均绩点 X_{1i}	家庭月平均收入 X_{2i}/万元
1	0	4.0	1.0
2	0	3.1	1.5
3	1	2.2	2.5
4	0	2.8	0.8
5	0	4.2	0.8
6	0	3.2	1.2
7	1	2.6	3.0
8	1	2.9	2.8
9	1	3.5	5.0
10	0	2.7	1.8
11	0	3.3	0.95
12	0	3.6	4.5
13	1	2.3	2.0
14	1	3.7	4.5
15	0	3.3	1.2
16	0	2.9	1.5

利用普通最小二乘估计，得到线性概率模型为

$$Y_i = 1.024\ 2 - 0.368\ 1X_{1i} + 0.232\ 0X_{2i} \tag{8-7}$$
$$t = (1.971\ 9)\quad(-2.319\ 6)\quad(3.600\ 5)$$
$$R^2 = 0.574\ 9, F = 8.791\ 5.$$

模型回归结果表明，模型总体及各变量是统计显著的。截距项 $\hat{\beta}_0 = 1.024\ 2$ 说明大学四年的平均绩点和家庭收入均为 0 时，大学毕业生创业的概率为 1.024 2。这个值大于 1，但是概率值不可能大于 1，所以把它当作 1 来看待。当然，对于实际生活而言，大学毕业生的平均绩点不可能为 0，所以截距项并没有实际意义。斜率系数估计量 $\hat{\beta}_1 = -0.368\ 1$ 能够说明当平均绩点每增加 1 时，大学毕业生创业的概率将下降 36.81%。估计量 $\hat{\beta}_2 = 0.232\ 0$ 表明大学生的家庭月平均收入每增加 1 万元，大学毕业生创业的概率上升 23.2%。由估计得到的模型(8-7)，可以得出各样本对应的预测值 $\hat{Y}_i$，见表 8-6。

表 8-6　大学毕业生创业的 LPM 模型预测值

大学毕业生	Y_i	$\hat{Y}_i$
1	0	−0.216 2
2	0	0.231 1

续表

大学毕业生	Y_i	$\hat{Y}_i$
3	1	0.794 4
4	0	0.179 1
5	0	−0.336 2
6	0	0.124 7
7	1	0.763 1
8	1	0.606 3
9	1	0.895 9
10	0	0.447 9
11	0	0.029 9
12	0	0.743 0
13	1	0.641 6
14	1	0.706 2
15	0	0.087 9
16	0	0.304 7

由表 8-6 中的预测结果可解释为:例如,平均绩点为 3.1 且家庭月平均收入为 1.5 万元的大学毕业生,他在大学毕业后参与创业的概率为 23.11%。大学生参与创业的概率预测值中有两个是负值,这个结果清楚地说明了上面所提到的 LPM 模型预测的条件期望 $E(Y_i|X)$ 值不一定能够落在 0 与 1 之间。因此,需要用上述介绍的加权最小二乘估计的方法,对 LPM 模型进行估计。此时首先需要利用表 8-6 中的预测值 $\hat{Y}_i$ 估计权重 $\hat{w}_i = \hat{Y}_i(1-\hat{Y}_i)$,但是当 $\hat{Y}_i$ 小于 0 或大于 1 时,权重估计值 $\hat{w}_i$ 必定会小于 0。所以,必须要删除 $\hat{Y}_i$ 小于 0 或大于 1 所对应的观测值,将剩下的观测值用于加权最小二乘估计。对于本例就是要删除第 1 和第 5 条观测值,利用剩下的 14 条观测值作模型的加权最小二乘估计。根据这 14 个观测值对应的预测值 $\hat{Y}_i$,估计出权重 $\hat{w}_i$(表 8-7)。

表 8-7 权重 $\hat{w}_i$ 的估计结果

大学毕业生	Y_i	$\hat{Y}_i$	$\hat{w}_i$	$\sqrt{\hat{w}_i}$
1	0	−0.216 2	—	—
2	0	0.231 1	0.177 7	0.421 5
3	1	0.794 4	0.163 3	0.404 2
4	0	0.179 1	0.147 0	0.383 5
5	0	−0.336 2		
6	0	0.124 7	0.109 1	0.330 4
7	1	0.763 1	0.180 8	0.425 2

续表

大学毕业生	Y_i	$\hat{Y}_i$	$\hat{w}_i$	$\sqrt{\hat{w}_i}$
8	1	0.606 3	0.238 7	0.488 6
9	1	0.895 9	0.093 3	0.305 5
10	0	0.447 9	0.247 3	0.497 3
11	0	0.029 9	0.029 0	0.170 2
12	0	0.743 0	0.190 9	0.437 0
13	1	0.641 6	0.230 0	0.479 5
14	1	0.706 2	0.207 5	0.455 5
15	0	0.087 9	0.080 1	0.283 1
16	0	0.304 7	0.211 9	0.460 3

得到权重估计值后，根据上文介绍的 LPM 的加权最小二乘估计过程，得到模型的加权最小二乘估计结果为

$$\frac{Y_i}{\sqrt{w_i}} = 1.553\,0\,\frac{1}{\sqrt{w_i}} - 0.575\,7\,\frac{X_{1i}}{\sqrt{w_i}} + 0.272\,2\,\frac{X_{2i}}{\sqrt{w_i}} \tag{8-8}$$

$$t = (2.747\,7) \quad (-3.134\,5) \quad (5.428\,8)$$

$$R^2 = 0.704\,7$$

从回归结果(8-8)可知，此加权最小二乘估计模型的变量 X_{1i} 不是统计显著的，而模型(8-7)则是显著的。产生这一结果的可能原因有：第一，权重 $\hat{w}_i$ 是由预测值 $\hat{Y}_i$ 估计得到的，本身存在一定的误差；第二，样本观测值由 16 个变成 14 个，模型的样本量太少，OLS 估计不服从于正态分布，这时模型的统计检验是无效的。

第二节　二元概率模型

线性概率模型所面临的一个非常重要的问题是预测值 $\hat{Y}_i = E(Y_i|X)$ 不一定落在 0 与 1 之间，这个结果与 $\hat{Y}_i$ 等于 $Y_i = 1$ 成功的概率预测值相矛盾。另外，线性概率模型的普通最小二乘估计结果 $\hat{Y}_i$ 与各自变量呈线性关系，这并不能较好地说明事实。例如，8.1 节中大学毕业生创业的 LPM 估计结果表明，当平均绩点每增加 1 时，大学毕业生创业的概率将下降 36.81%。这一结论并没有指出家庭收入因素对大学毕业生创业的影响。考虑 LPM 所面临的这些问题，尝试在 LPM 的基础上，对模型进行变换，使得所估计的成功概率值能落在 0 与 1 之间，并且 $\hat{Y}_i$ 能与自变量呈非线性关系。变换后的新模型所期望达到的结果是

$$\lim_{Z_i \to +\infty} P_i = 1$$

$$\lim_{Z_i \to -\infty} P_i = 0$$

式中,P_i 表示新模型估计得到的 $Y_i = 1$ 成功的概率值;$Z_i = \beta_0 + \beta_1 X_{1i} + \cdots + \beta_k X_{ki}$。

用图形来描述这一过程,见图 8-6 所示。

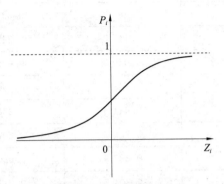

图 8-6 P_i 随 Z_i 的预期变化趋势

观察图 8-6 中我们希望看到的 P_i 随 Z_i 的变化曲线,可以发现这条曲线其实可以是一个累积分布函数(CDF)的曲线图。因此,可以考虑用累积分布函数对模型进行变换,通常可以采用累积标准正态分布函数与逻辑累积分布函数,从而产生了后面所要介绍的 Probit 模型和 Logit 模型。

一、二元 Probit 模型

二元 Probit 模型即二元概率模型,其基本形式为

$$P_i = \Phi(Z_i) = \frac{1}{\sqrt{2\pi}} \int_{-\infty}^{Z_i} e^{-t^2/2} \mathrm{d}t \tag{8-9}$$

式中,$Z_i = \beta_0 + \beta_1 X_{1i} + \cdots + \beta_k X_{ki}$;$\Phi$ 是累积标准正态分布函数;t 为服从标准正态分布的随机变量。

由模型可以看出,当 Z_i 从 $-\infty$ 变化到 $+\infty$ 时,P_i 从 0 变化到 1,并且 P_i 对 Z_i 呈现的是非线性关系,于是 P_i 与各自变量 $X_1, X_2, \cdots, X_k$ 之间也是非线性关系。这与上述所期望达到的目的一致。然而,此时就不能运用普通最小二乘估计对模型进行估计了。接下来,由式 (8-9) 可得出

$$Z_i = \Phi^{-1}(P_i)$$

即

$$\Phi^{-1}(P_i) = \beta_0 + \beta_1 X_{1i} + \cdots + \beta_k X_{ki} \tag{8-10}$$

这说明,虽然 P_i 与各变量已不是线性关系,但是 $\Phi^{-1}(P_i)$ 与各自变量之间仍然是线性关系。一般来说,$\Phi^{-1}(P_i)$ 几乎不可能与各变量之间达到完全的线性关系,于是将式(8-10)写成

$$\Phi^{-1}(P_i) = \beta_0 + \beta_1 X_{1i} + \cdots + \beta_k X_{ki} + \mu_i \tag{8-11}$$

式中,$E(\mu_i) = 0$。

所以,如果能够得到 $\Phi^{-1}(P_i)$ 的估计值,就可以考虑用普通最小二乘估计或加权最小二乘估计对式(8-11)进行估计。

二、二元 Probit 模型参数估计

▶ 1. 可重复观测数据的二元 Probit 模型参数估计

对于样本的每个决策者可以重复观测的情况下,对第 i 个决策者重复观测 N_i 次,选择 $Y_i=1$ 的次数为 n_i 次,那么第 i 个决策者选择 $Y_i=1$ 的频率为

$$\hat{p}_i = \frac{n_i}{N_i}$$

那么,当重复观测的次数较大时,可以将 $\hat{p}_i$ 作为真实概率 P_i 的一个估计值。得到估计的 Probit 模型为

$$\Phi^{-1}(\hat{p}_i) = \hat{\beta}_0 + \hat{\beta}_1 X_{1i} + \cdots + \hat{\beta}_k X_{ki}$$

那么,可以继续使用普通最小二乘估计法对式(8-11)进行估计吗?这时同 LPM 一样,必须知道随机误差项 μ_i 是否存在异方差性。如果存在异方差性,就需要运用加权最小二乘估计法进行估计。

第 i 个决策者选择 $Y_i=1$ 的频率也可以写成

$$\hat{p}_i = \frac{1}{N_i} \sum_{i=1}^{N_i} Y_i$$

根据统计学相关知识可以推出,当观测次数 N_i 足够多时,第 i 个决策者的选择变量 Y_i 服从概率为 P_i 的伯努利分布,而 $\hat{p}_i$ 则为 N_i 次观测结果的均值,从而

$$\hat{p}_i : N\left(P_i, \frac{1}{N_i P_i (1-P_i)}\right) \tag{8-12}$$

对 $\Phi^{-1}(\hat{p}_i)$ 在 P_i 处进行泰勒级数展开,只保留一阶项,得到

$$\Phi^{-1}(\hat{p}_i) = \Phi^{-1}(P_i) + \frac{1}{\varphi(P_i)}(\hat{p}_i - P_i) \tag{8-13}$$

式中,φ 为标准正态分布的概率密度函数。

由式(8-12)与式(8-13),随机误差项 μ_i 的方差为

$$\begin{aligned}
\operatorname{var}(\mu_i) &= \operatorname{var}[\Phi^{-1}(\hat{p}_i) - \Phi^{-1}(P_i)] \\
&= \operatorname{var}\left[\frac{1}{\varphi(P_i)}(\hat{p}_i - P_i)\right] \\
&= \frac{P_i(1-P_i)}{N_i [\varphi(P_i)]^2}
\end{aligned} \tag{8-14}$$

从式(8-14)可得出结论,模型的随机误差项 μ_i 具有异方差性。因此,需要用加权最小二乘估计法对式(8-11)进行估计,此时的权重 w_i 应该取为

$$w_i = \frac{P_i(1-P_i)}{N_i [\varphi(P_i)]^2}$$

将用 P_i 估计值 $\hat{p}_i$ 代入,就可得到权重的估计值为

$$w_i = \frac{\hat{p}_i(1-\hat{p}_i)}{N_i [\varphi(\hat{p}_i)]^2}$$

接下来对(8-11)两边同时除以 $\sqrt{w_i}$,

$$\frac{\Phi^{-1}(P_i)}{\sqrt{w_i}} = \frac{\beta_0}{\sqrt{w_i}} + \beta_1 \frac{X_{1i}}{\sqrt{w_i}} + \cdots + \beta_k \frac{X_{ki}}{\sqrt{w_i}} + \frac{\mu_i}{\sqrt{w_i}} \tag{8-15}$$

将 $\Phi^{-1}(P_i)$ 用估计值 $\Phi^{-1}(\hat{p}_i)$ 代入，对式(8-15)进行普通最小二乘估计，就可以得到相应的模型参数。

相关链接

价格折扣券兑换模型

蒙哥马利和佩克收集了关于 6 盒两升装软饮料的价格折扣券使用数据，以此研究赠送价格折扣券对饮料销售产生的效果。有 5 500 个消费者被平均分为 11 个小组，并随机分配到具有 11 种不同价格折扣的实验组中，观察消费者是否在一个月内兑换折扣券。试验得出的数据如表 8-8 所示。

表 8-8 价格折扣券兑换数据

价格折扣 X_{1i}, %	样本大小 N_i	折扣券兑换个数 n_i
5	500	100
7	500	122
9	500	147
11	500	176
13	500	211
15	500	244
17	500	277
19	500	310
21	500	343
23	500	372
25	500	391

在数据基础上，考虑建立二元 Probit 模型，研究赠送价格折扣券的效果。模型以 Y_i 表示折扣券的兑换情况，$Y_i=1$ 代表折扣券有被兑换，$Y_i=0$ 代表折扣券没有被兑换。价格折扣 X_1（单位：美分）为模型的自变量。这是一组可重复观测数据，根据数据求出不同价格折扣组中，$Y_i=1$ 发生的频率 $\hat{p}_i$。用 $\hat{p}_i$ 作为 $Y_i=1$ 发生的真实概率 P_i 的估计值。根据上文介绍的可重复观测数据的二元 Probit 模型参数估计过程，得出模型建立的结果为：

$$\frac{\Phi^{-1}(P_i)}{\sqrt{w_i}} = -1.272\ 2\ \frac{1}{\sqrt{w_i}} + 0.082\ 9\ \frac{X_{1i}}{\sqrt{w_i}}$$

$$t = (-120.846\ 7) \quad (118.504\ 5)$$

$$R^2 = 0.999\ 4$$

上述的回归结果可以解释为：当加权价格折扣 $\frac{X_{1i}}{\sqrt{w_i}}$ 每增加一美分时，$\frac{\Phi^{-1}(P_i)}{\sqrt{w_i}}$ 将增加 0.082 9 个单位。然而，实际的目的是要研究消费者兑换价格折扣券的概率情况。我们知道

$$P_i = \Phi(-1.272\ 2 + 0.082\ 9X_{1i})$$

两边对 X_{1i} 求导,得

$$\frac{dP_i}{dX_{1i}} = \varphi(-1.2722+0.0829X_{1i}) \times 0.0829 \tag{8-16}$$

那么,根据式(8-16),就可以知道价格折扣 X_{1i} 取不同值时,以该折扣值为起点每增加一个单位折扣值,消费者选择兑换价格折扣券的概率变化值。比如当价格折扣 $X_{1i}=5$ 时,将 $X_{1i}=5$ 代入式(8-16)的右边式子,得

$$\varphi(-1.2722+0.0829X_{1i}) \times 0.0829 = \varphi(-1.2722+0.0829 \times 5) \times 0.0829 = 0.0229$$

这意味着,价格折扣从 5 美分开始,每增加 1 美分,消费者选择兑换价格折扣券的概率可能将会增加 2.29%。

▶ **2. 不可重复观测数据的二元 Probit 模型参数估计**

如果对于每个决策者不能重复观测,这时就无法求出决策者选择 $Y_i=1$ 的频率,那么也就无法求出 P_i 的估计值。这种情况下,二元 Probit 模型的参数不能由普通最小二乘估计与加权最小二乘估计得出,通常是运用最大似然法的非线性估计。下面简单介绍估计原理。

假设对 n 个决策者进行观测,得到 n 个观测值,Y_i 为第 i 个决策者的选择结果。已经得知 Y_i 服从概率为 P_i 的伯努利分布,于是 n 次观测的 Y 值的联合概率,即似然函数为

$$f(Y_1, Y_2, \cdots, Y_n) = \prod_{i=1}^{n} f_i(Y_i) = \prod_{i=1}^{n} (P_i)^{Y_i} (1-P_i)^{1-Y_i} \tag{8-17}$$

对式(8-17)取自然对数,得到对数似然函数为

$$\ln(f(Y_1, Y_2, \cdots, Y_n)) = \sum_{i=1}^{n} [Y_i \ln P_i + (1-Y_i) \ln(1-P_i)] \tag{8-18}$$

在二元 Probit 模型中,

$$P_i = \Phi(Z_i) = \Phi(\beta_0 + \beta_1 X_{1i} + \cdots + \beta_k X_{ki})$$

于是有

$$\ln(f(Y_1, Y_2, \cdots, Y_n)) = \sum_{i=1}^{n} [Y_i \ln(\Phi(Z_i)) + (1-\Phi(Z_i)) \ln(1-\Phi(Z_i))] \tag{8-19}$$

在给定各自变量 X 的条件下,对数似然函数 $\ln(f(Y_1, Y_2, \cdots, Y_n))$ 是关于参数 $\beta_0, \beta_1, \cdots, \beta_k$ 的函数。我们目的是求出使得对数函数 $\ln(f(Y_1, Y_2, \cdots, Y_n))$ 最大的参数估计 $\hat{\beta}_0, \hat{\beta}_1, \cdots, \hat{\beta}_k$。接下来,就式(8-19)对每个未知的参数 $\beta_0, \beta_1, \cdots, \beta_k$ 求偏微分,并且令这些式子为零,求解得到的方程组,就可以得到模型的参数估计。然而,实际的运算过程中会发现,这些式子对于参数 $\beta_0, \beta_1, \cdots, \beta_k$ 来说是非线性的,无法得到参数的确切解。因此,需要运用最大似然法的非线性估计牛顿迭代法来求解参数。由于现在的很多软件都可以进行最大似然法的非线性估计,所以这里不再阐述具体的原理。

相关链接

二元 Probit 模型参数估计

根据相关链接 8.5 中的大学生创业数据,运用 EViews 6.0 软件建立二元 Probit 模型。具体步骤如下:

(1) 将数据导入 EViews 6.0 软件,选择 Quick/Estimate Equation 菜单命令。打开如图

8-7 所示的对话框。在 Method 下拉列表中选择 BINARY 选项,并且在 Binary estimation 选项组中选择 Probit 单选按钮。

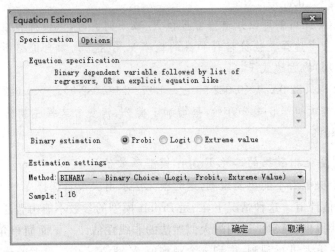

图 8-7 Equation Estimation 对话框

(2) 在图 8-7 所示对话框的方程定义(Equation specification)栏中,输入二元因变量与自变量的序列名:

$$Y\ C\ X1\ X2$$

然后单击"确定"按钮。

(3) 由于得到的结果显示常数项不显著,所以将常数项去掉,建立不含有常数项的模型。此时方程定义(Equation specification)栏中输入的序列名改为

$$Y\ X1\ X2$$

得到模型的建立结果如图 8-8 所示。

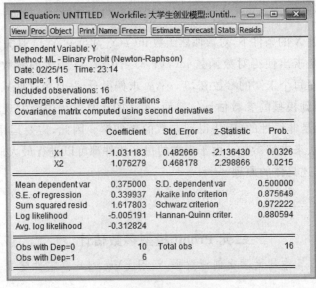

图 8-8 模型的建立结果

图 8-8 所示模型结果中的上部分显示了模型的估计方法是 ML 法、迭代收敛、计算系数协方差矩阵的方法等信息；模型估计结果的下部分显示了模型的系数估计值、渐进标准误差，z 统计量的值等信息。根据结果，可以得出大学毕业生创业的二元 Probit 模型结果为

$$\Phi^{-1}(P_i) = -1.031\ 2X_{1i} + 1.076\ 2X_{2i} \tag{8-20}$$
$$z = (-2.136\ 4) \quad (2.298\ 9)$$

模型结果可以这样解释：$\hat{\beta}_1 = -1.031\ 2$ 表明，当保持家庭月平均收入一致时，平均绩点每增加 1 个单位，$\Phi^{-1}(P_i)$ 的值将减少 1.031 2 个单位。接下来需要明确的问题是大学毕业生选择创业的概率是如何变化的。由式(8-20)可得

$$P_i = \Phi(-1.031\ 2X_{1i} + 1.076\ 2X_{2i})$$

在给定 X_{2i} 的条件下，上式两边对变量 X_{1i} 求导，得

$$\frac{\mathrm{d}P_i}{\mathrm{d}X_{1i}} = (-1.031\ 2) \times \varphi(-1.031\ 2X_{1i} + 1.076\ 2X_{2i}) \tag{8-21}$$

于是根据式(8-21)，就可以知道在保持 X_{2i} 不变的情况下，以不同的平均绩点为起点开始每增加一个单位的平均绩点，大学毕业生参加创业的概率变化值。比如，对于家庭月平均收入为 1.5 万元并且大学四年的平均绩点为 3.1 的大学毕业生，可以将 $X_{1i} = 3.1$、$X_{2i} = 1.5$ 代入(8-21)的右边式子，得

$$\varphi(-1.031\ 2X_{1i} + 1.076\ 2X_{2i}) \times (-1.031\ 2)$$
$$= \varphi(-1.031\ 2 \times 3.1 + 1.076\ 2 \times 1.5) \times (-1.031\ 2)$$
$$= -0.117\ 6$$

这个结果意味着对于家庭月平均收入都是 1.5 万元的大学毕业生而言，平均绩点从 3.1 开始每增加 1 个单位绩点，参加创业的概率就会下降 11.76%。

第三节 二元逻辑模型

一、二元 Logit 模型

二元 Logit 模型即二元逻辑模型，其基本形式为

$$P_i = f(Z_i) = \frac{1}{1 + e^{-Z_i}} \tag{8-22}$$

式中，$Z_i = \beta_0 + \beta_1 X_{1i} + \cdots + \beta_k X_{ki}$；$f$ 为逻辑累积分布函数。

由模型(8-22)可以看出，其与二元 Probit 模型的基本原理一致。当 Z_i 从 $-\infty$ 变化到 $+\infty$ 时，P_i 从 0 变化到 1，并且 P_i 与各自变量 $X_1, X_2, \cdots, X_k$ 之间表现的也是非线性关系。同样不能用普通的最小二乘估计直接对模型(8-22)进行参数估计。由式(8-9)可推出，

$$Z_i = f^{-1}(P_i) = \ln\left(\frac{P_i}{1 - P_i}\right)$$

于是有

$$\ln\left(\frac{P_i}{1 - P_i}\right) = \beta_0 + \beta_1 X_{1i} + \cdots + \beta_k X_{ki} \tag{8-23}$$

这说明 $\ln\left(\dfrac{P_i}{1-P_i}\right)$ 对各自变量的关系是线性关系，但这种线性关系几乎不能达到完全的线性关系，于是可以将式(8-23)写成

$$\ln\left(\frac{P_i}{1-P_i}\right) = \beta_0 + \beta_1 X_{1i} + \cdots + \beta_k X_{ki} + \mu_i \tag{8-24}$$

式中，$E(\mu_i) = 0$。

二元 Logit 模型的参数估计原理与二元 Probit 模型的参数估计原理一样，对于可重复观测与不可重复观测的数据，采用不同的参数估计方法。下面简要介绍二元 Logit 模型的参数估计原理。

二、二元 Logit 模型参数估计

▶ 1. 可重复观测数据的二元 Logit 模型参数估计

同样地，对每个决策者 i 重复观测 N_i 次，观察得到其选择 $Y_i=1$ 的次数为 n_i 次。当对每个决策者的重复观测次数足够大时，可以用 $\hat{p}_i = \dfrac{n_i}{N_i}$ 作为真实概率 P_i 的一个估计值，得到估计的 Logit 模型为

$$\ln\left(\frac{\hat{p}_i}{1-\hat{p}_i}\right) = \hat{\beta}_0 + \hat{\beta}_1 X_{1i} + \cdots + \hat{\beta}_k X_{ki}$$

接下来，同样检验模型的随机误差项是否存在异方差性。在 8.2 中已经证明了

$$\hat{p}_i : N\left(P_i, \frac{1}{N_i P_i (1-P_i)}\right) \tag{8-25}$$

对 $\ln\left(\dfrac{\hat{p}_i}{1-\hat{p}_i}\right)$ 在 P_i 处进行泰勒级数展开，只保留一阶项，得到

$$\ln\left(\frac{\hat{p}_i}{1-\hat{p}_i}\right) = \ln\left(\frac{P_i}{1-P_i}\right) + \frac{\hat{p}_i - P_i}{P_i(1-P_i)} \tag{8-26}$$

结合式(8-25)和式(8-26)可得随机误差项 μ_i 的方差为

$$\begin{aligned}
\mathrm{var}(\mu_i) &= \mathrm{var}\left[\ln\left(\frac{\hat{p}_i}{1-\hat{p}_i}\right) - \ln\left(\frac{P_i}{1-P_i}\right)\right] \\
&= \mathrm{var}\left[\frac{\hat{p}_i - P_i}{P_i(1-P_i)}\right] \\
&= \frac{1}{N_i P_i(1-P_i)}
\end{aligned} \tag{8-27}$$

从式(8-27)可得出结论，模型的随机误差项 μ_i 具有异方差性。因此，需要用加权最小二乘法对式(8-24)进行估计，此时的权重应该取为

$$w_i = \frac{1}{N_i P_i (1-P_i)}$$

将 P_i 用估计值 $\hat{p}_i$ 代入，就可得到权重的估计值为

$$w_i = \frac{1}{N_i \hat{p}_i (1-\hat{p}_i)}$$

接下来对式(8-24)两边同时除以 $\sqrt{w_i}$，即

$$\frac{1}{\sqrt{w_i}} \ln\left(\frac{P_i}{1-P_i}\right) = \frac{\beta_0}{\sqrt{w_i}} + \beta_1 \frac{X_{1i}}{\sqrt{w_i}} + \cdots + \beta_k \frac{X_{ki}}{\sqrt{w_i}} + \frac{\mu_i}{\sqrt{w_i}} \tag{8-28}$$

将 $\ln\left(\dfrac{P_i}{1-P_i}\right)$ 用估计值 $\ln\left(\dfrac{\hat{p}_i}{1-\hat{p}_i}\right)$ 代入，对式(8-28)进行普通最小二乘估计，就可以得到相应的模型参数。

相关链接

可重复观测数据二元 Logit 模型参数估计

根据相关链接 8.5 的价格折扣券兑换模型数据，建立二元 Logit 模型。模型的结果为：

$$\frac{1}{\sqrt{w_i}}\ln\left(\frac{P_i}{1-P_i}\right) = -2.0846\frac{1}{\sqrt{w_i}} + 0.1357\frac{X_{1i}}{\sqrt{w_i}} \tag{8-29}$$

$t = (-143.5967) \quad (151.6210)$

$R^2 = 0.9996$

由二元 Logit 模型的性质可知：

$$P_i = \frac{1}{1+e^{-(\beta_0+\beta_1 X_{1i})}} \tag{8-30}$$

结合式(8-29)有

$$\hat{p}_i = \frac{1}{1+e^{-(-2.0846+0.1357X_{1i})}} \tag{8-31}$$

于是可以根据式(8-31)计算出某一价格折扣水平下，消费者选择兑换价格折扣券的概率。例如取 $X_{1i}=5$ 时，代入式(8-31)中得到估计概率为 $\hat{p}_i = 0.1969$。也就是说，当价格折扣为 5 美分时，消费者兑换价格折扣券的概率达到 19.69%。那么，当价格折扣 X_{1i} 变化时，概率又是如何变化的呢？将式(8-30)两边对 X_{1i} 求导，得到

$$\frac{dP_i}{dX_{1i}} = \beta_1 P_i(1-P_i)$$

于是在下 $X_{1i}=5$，有

$$\frac{dP_i}{dX_{1i}} = 0.1357 \times 0.1969 \times (1-0.1969) = 0.0215$$

可以解释为价格折扣以 5 美分起，每增加一美分，消费者兑换价格折扣券的概率可能会增加 2.15%。

▶ 2. 不可重复观测数据的二元 Logit 模型参数估计

不可重复观测数据的二元 Logit 模型参数估计与二元 Probit 模型一样，需要运用最大似然法的非线性估计。下面求出二元 Logit 模型的对数似然函数，结合式(8-19)有

$$\ln(f(Y_1,Y_2,\cdots,Y_n)) = \sum_{i=1}^{n}[Y_i\ln P_i + (1-Y_i)\ln(1-P_i)]$$

$$= \sum_{i=1}^{n}Y_i\ln\left(\frac{P_i}{1-P_i}\right) + \sum_{i=1}^{n}\ln(1-P_i)$$

在二元 Logit 模型中

$$P_i = \frac{1}{1+e^{-Z_i}} = \frac{1}{1+e^{-(\beta_0+\beta_1 X_{1i}+\cdots+\beta_k X_{ki})}}$$

于是有

$$\ln(f(Y_1, Y_2, \cdots, Y_n)) = \sum_{i=1}^{n} Y_i(\beta_0 + \beta_1 X_{1i} + \cdots + \beta_k X_{ki}) - \sum_{i=1}^{n} \ln(1 + e^{(\beta_0 + \beta_1 X_{1i} + \cdots + \beta_k X_{ki})})$$

(8-32)

根据式(8-32)可知,在给定各自变量 X 的条件下,将对数似然函数 $\ln(f(Y_1, Y_2, \cdots, Y_n))$ 对每个未知的参数 $\beta_0, \beta_1, \cdots, \beta_k$ 求偏微分,再令这些式子为零。然而,由于这些公式对于参数 $\beta_0, \beta_1, \cdots, \beta_k$ 来说是非线性的,无法得到参数的确切解。因此,需要运用最大似然法的非线性估计牛顿迭代法来求解参数。

相关链接

不可重复观测数据二元 Logit 模型参数估计

仍然根据相关链接 8.5 的大学毕业生创业数据,建立二元 Logit 模型,运用 EViews 6.0 软件求得模型的结果为

$$\ln\left(\frac{P_i}{1-P_i}\right) = -1.7636 X_{1i} + 1.8805 X_{2i}$$

(8-33)

$$z = (-1.9999) \quad (2.0888)$$

由二元 Logit 模型可得

$$\hat{p}_i = \frac{1}{1 + e^{-(-1.7636 X_{1i} + 1.8805 X_{2i})}}$$

(8-34)

于是,由式(8-34)可以得知某一特定平均绩点与家庭收入状况的大学毕业生,其参加创业的可能概率。当保持家庭收入 X_{2i} 不变时,创业概率相对平均绩点的变化率为

$$\frac{\mathrm{d}P_i}{\mathrm{d}X_{1i}} = \beta_1 P_i(1 - P_i)$$

(8-35)

例如,对于月家庭收入为 1.5 万元的大学生而言,平均绩点由 3.1 开始每增加 1,根据式(8-35)可以得知其创业的概率将下降 10.90%。

三、模型检验与拟合优度

在大样本条件下,最大似然估计近似服从正态分布,此时基于最大似然估计的 Probit 模型与 Logit 模型的统计检验,与基于普通最小二乘估计的线性回归模型的统计检验方法一样。当样本量较少的情况下,就不能沿用线性回归模型的统计检验方法了。这时可以对模型进行沃尔德检验(Wald 检验)、似然比检验(LR 检验)和拉格朗日乘数检验(LM 检验)。

与线性概率回归模型一样,拟合优度 R^2 同样不适用于度量 Probit 模型与 Logit 模型的拟合效果。计数 R^2 法是度量 Probit 模型与 Logit 模型拟合效果的较为简单的方法。计数 R^2 等于模型正确预测的观测值比重。一般来说,预测概率 $\hat{p}_i \geq 0.5$ 时,预测因变量 Y_i 取值为 1;预测概率 $\hat{p}_i < 0.5$ 时,预测因变量 Y_i 取值为 0。也就是说,当预测概率为 0.6 与 0.9 时,预测变量 Y_i 都取 1。因此,计数 R^2 法存在无法反映预测质量的缺点。

四、多元选择模型

在实际经济问题中,决策者常常会遇到多分类选择的情况。比如,对某个提案进行投

票,投票人可以选择赞成、不赞成或弃权;又如,职业的选择,上下班交通工具的选择,居住地的选择等,这些问题的选择结果都是多样化的。那么,如果决策者遇到这些问题,又会做出怎样的决策呢?这就是接下来要简要介绍的多元选择模型能够解决的问题。

由于在多元离散选择模型中,多元 Probit 模型将涉及多元正态分布问题,模型较复杂,应用难度较大,所以在涉及多元离散选择模型时,一般考虑运用多元线性概率模型和多元 Logit 模型。下面以三元选择模型为例。

▶ 1. 多元线性概率模型

以三元线性概率模型为例,其基本形式为

$$P_{1i} = \alpha_1 + \beta_1 X_i$$
$$P_{2i} = \alpha_2 + \beta_2 X_i \quad (8\text{-}36)$$
$$P_{3i} = \alpha_3 + \beta_3 X_i$$

式中,P_{1i}、P_{2i}、P_{3i} 分别表示第 i 个决策者做出第 1、2、3 个选择的概率,$P_{1i} + P_{2i} + P_{3i} = 1$。

因此,只需要估计出第 i 个决策者做出其中两个类别的概率,那么选择剩下一个类别的概率也就确定了。也就是说,只需要运用二元线性概率模型的参数估计方法对式(8-36)中的两个方程进行估计,就可以得到另外一个方程的估计值。

▶ 2. 多元 Logit 模型

三元 Logit 模型的基本形式为

$$\log\left(\frac{P_{2i}}{P_{1i}}\right) = \alpha_{21} + \beta_{21} X_i$$
$$\log\left(\frac{P_{3i}}{P_{1i}}\right) = \alpha_{31} + \beta_{31} X_i \quad (8\text{-}37)$$
$$\log\left(\frac{P_{3i}}{P_{2i}}\right) = \alpha_{32} + \beta_{32} X_i$$

同样,决策者的选择概率满足 $P_{1i} + P_{2i} + P_{3i} = 1$。因此,对于多元 Logit 模型同样只需要对式(8-37)中的两个方程进行估计,就可以得到另外一个方程的估计。由式(8-27)可以发现

$$\log\left(\frac{P_{3i}}{P_{2i}}\right) = \log\left(\frac{P_{3i}}{P_{1i}}\right) + \log\left(\frac{P_{1i}}{P_{2i}}\right) = \log\left(\frac{P_{3i}}{P_{1i}}\right) - \log\left(\frac{P_{2i}}{P_{1i}}\right)$$

于是有

$$\alpha_{32} + \beta_{32} X_i = (\alpha_{31} - \alpha_{21}) + (\beta_{31} - \beta_{21}) X_i$$

从而有

$$\alpha_{32} = \alpha_{31} - \alpha_{21} ; \beta_{32} = \beta_{31} - \beta_{21}$$

方程的估计与二元 Logit 模型的参数估计原理类似,对于可重复观测数据,运用加权最小二乘估计法进行估计;而对于不可重复观测的数据,则采用最大似然估计法进行估计。

关键术语

虚拟变量　线性概率模型　Probit 模型　Logit 模型

闯关习题

一、单项选择题

1. 虚拟变量的取值为 0 和 1，分别代表某种属性的存在与否，其中正确的是（ ）。

   A. 0 表示存在某种属性　　　　　　　B. 0 表示不存在某种属性

   C. 1 表示存在某种属性　　　　　　　D. 0 和 1 代表的内容可以随意设定

2. 如果一个回归模型中不包含截距项，对一个具有 m 个特征的定性变量作为自变量，那么引入模型中的虚拟变量数目为（ ）。

   A. m　　　　　B. $m-1$　　　　　C. $m-2$　　　　　D. $m+1$

3. 下面关于虚拟变量说法正确的是（ ）。

   A. 虚拟变量只能作为自变量

   B. 虚拟变量只能作为因变量

   C. 虚拟变量既可以作为自变量，也可以作为因变量

   D. 虚拟变量既不能作为自变量，也不能作为因变量

4. 设某计量经济模型为 $Y_i = \beta_0 + \beta_1 D_{1i} + \mu_i$，其中 Y_i 为大学教授年薪，$D_{1i} = \begin{cases} 1, 男教授 \\ 0, 女教授 \end{cases}$，则对参数 β_0、β_1 的含义，下列解释不正确的是（ ）。

   A. β_0 表示大学女教授的平均年薪　　　　B. β_1 表示大学男教授的平均年薪

   C. $\beta_0 + \beta_1$ 表示大学男教授的平均年薪　　D. β_1 表示大学男女教授平均年薪的差额

5. 下列关于线性概率模型说法不正确的是（ ）。

   A. 样本量较少的情况下，模型的随机误差项 μ_i 具有异方差性

   B. 拟合优度 R^2 不适用于度量线性概率模型的拟合效果

   C. $E(Y_i|X)$ 不一定落在 0 和 1 之间

   D. 模型的随机误差项 μ_i 具有同方差性，可以使用普通最小二乘估计进行参数估计

6. 下列关于二元 Probit 模型说法不正确的是（ ）。

   A. 样本量较少的情况下，模型的随机误差项 μ_i 具有异方差性

   B. 拟合优度 R^2 不适用于度量二元 Probit 模型的拟合效果

   C. 二元 Probit 模型是运用逻辑累积分布函数对模型进行变换

   D. 二元 Probit 模型是运用累积标准正态分布函数对模型进行变换

7. 下列选项中说法正确的是（ ）。

   A. 虚拟变量是随机变量

   B. 自变量中只含有虚拟变量的模型称为 ANCOVA 模型

   C. OLS 估计法以及模型统计检验方法对 ANCOVA 模型同样适用

   D. LPM 模型的随机误差项服从正态分布

8. 个人保健支出的 ANCOVA 模型为 $Y_i = \beta_0 + \beta_1 D_{1i} + \alpha_1 X_{1i} + \mu_i$，其中 Y_i 代表保健年度支出；X_{1i} 为个人年度收入；虚拟变量 $D_{1i} = \begin{cases} 1, 大学及以上 \\ 0, 大学以下 \end{cases}$；$\mu_i$ 满足古典线性回归模型的假设。那么，大学及以上群体的平均年保健支出为（ ）。

A. $E(Y_i \mid X_i, D_i = 0) = \beta_0 + \alpha_1 X_{1i}$ B. $E(Y_i \mid X_i, D_i = 1) = \beta_0 + \beta_1 + \alpha_1 X_{1i}$

C. $\beta_0 + \beta_1$ D. β_1

二、简述题

1. 什么是虚拟变量？虚拟变量引入模型中要遵循怎样的原则？
2. 简述以虚拟变量为自变量的模型主要类别以及基本原理。
3. 线性概率模型存在的问题有哪些？
4. 简述二元 Probit 模型的参数估计方法。
5. 简述二元 Logit 模型的参数估计方法。

三、计算分析题

1. 为了评价工作权法案对工会关系的影响，利用美国 1982 年 50 个州的数据估计出如下回归模型：

$$PVT_i = 19.8066 - 9.3917 RTW_i$$
$$t = (17.0352) \quad (-5.1086)$$
$$R^2 = 0.3522$$

其中，PVT 代表 1982 年私人部门雇员加入工会的百分比。如果工作权法案生效，则 $RTW_i = 1$；否则，$RTW_i = 0$。

（1）请解释上述的回归结果。

（2）对于没有颁布工作权法案的州，其私人部门雇员加入工会的平均百分比为多少？

2. 某一临床数据表明：心肌梗塞与人体内的 HDL（高密度脂蛋白）和 Fib（纤维蛋白原）的指标值密切相关。为了研究这两个指标对心梗的影响，请根据表 8-9 中 30 个样本的相关指标数据，建立二元选择模型。其中 Y_i 表示是否有心梗（有为 1，否则为 0）。

表 8-9 心肌梗塞与 HDL、Fib 数据

Y_i	HDL	Fib	Y_i	HDL	Fib	Y_i	HDL	Fib
1	43	0.41	1	51	0.42	0	44	0.47
1	54	0.42	1	46	0.42	0	40	0.39
0	51	0.4	1	38	0.4	1	44	0.45
1	52	0.48	0	44	0.37	0	50	0.42
0	58	0.35	1	38	0.38	0	57	0.33
0	50	0.38	0	73	0.35	0	62	0.38
0	41	0.36	1	42	0.34	0	39	0.45
0	46	0.41	0	39	0.38	1	71	0.36
1	53	0.4	0	43	0.45	1	54	0.29
0	54	0.33	0	50	0.48	1	27	0.41

课外修炼

阅读《计量经济学方法》

一、作者简介

J. 约翰斯顿是加利福尼亚大学的计量经济学名誉教授。在转入俄尔文之前,他担任曼彻斯特大学的斯坦利·杰文斯计量经济学教授。J. 约翰斯顿教授也曾任教于纽约市立大学、埃莫立大学、哈佛大学、安大略皇后大学、威尔士大学等。他还是计量经济学会的资深会员。其作品有《统计成本分析》及《计量经济学方法》的前三版。

J. 迪纳尔多是加利福尼亚大学的经济学副教授,并为国民经济研究所的研究员。在转入俄尔文之前,他曾担任兰德的研究助理。作为一名劳动经济学家和应用计量经济学家,他曾执教于麻省理工学院和普林斯顿大学。他最近的作品刊登在《计量经济学》和《政治经济学》杂志,以及《经济学杂志》季刊上。该书是他所著的第一本书。

二、主要特点

该书的主要写作目标有两个:一是提供一份综合易懂可用的计量经济方法手册;二是通过应用一些真实数据集来说明这些方法。这些数据由该书的配套数据磁盘给出,因而读者可以重复操作书中的应用案例,实验一下章末所提出的一些问题,再对自己选择的方法进行进一步的分析。

> 我读的书越多,就越亲近世界,越明了生活的意义,越觉得生活的重要。
> ——高尔基

第九章 滞后变量模型

>>> **知识结构图**

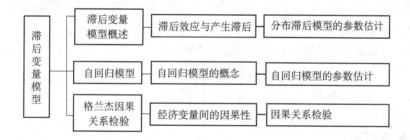

>>> **学习目标**

1. 知识目标:了解滞后变量、滞后效应、滞后变量模型、分布滞后模型、自回归模型等概念及滞后效应产生的原因。

2. 能力目标:掌握分布滞后模型和自回归模型的建立及参数估计方法。

>>> **情景写实**

在社会经济复杂的系统中,人的心理因素对经济变量的变化有很大影响。由于人们的心理定式及社会习惯的作用,适应新经济条件和经济环境需要一个过程,从而表现为决策的滞后性。经济主体的大多数行为,都会受到预期心理的影响。以消费为例,人们对某种商品的消费量不仅受商品当前价格影响,而且还受预期价格影响,当人们预期价格上涨时,就会加快当期的购买;而当人们预期价格要下降时,则会持币观望,减少当期的购买。由于对将来的预期要依据过去的经验,因此在一定条件下,这种"预期"因素的影响可转化为滞后效应。

第一节　滞后变量模型概述

在经济活动中,广泛存在时间滞后效应,即动态性。某些经济变量不仅受到同期各种因素的影响,而且也受到过去某些时期的各种因素甚至自身的过去值的影响。把这种过去时期的具有滞后作用的变量叫作滞后变量(lagged variable),含有滞后变量的模型称为滞后变量模型。

滞后变量模型考虑了时间因素的作用,使静态分析的问题有可能成为动态分析。含有滞后被解释变量的模型,又称动态模型(dynamic models)。

一、滞后效应与产生滞后效应的原因

一般来说,被解释变量与解释变量的因果关系不一定就在瞬时发生,可能存在时间上的滞后,或者说解释变量的变化可能需要经过一段时间才能完全对被解释变量产生影响。同样地,被解释变量当前的变化也可能受其自身过去水平的影响。这种被解释变量受到自身或另一解释变量的前几期值影响的现象称为滞后效应,表示前几期值的变量称为滞后变量。例如,在研究消费函数时,通常认为本期的消费除了受本期的收入水平影响之外,还受前一期收入以及前一期消费水平的影响。

设 C_t、Y_t 分别是 t 时的消费和收入,则消费函数为

$$C_t = \beta_0 + \beta_1 Y_t + \beta_2 Y_{t-1} + \beta_3 C_{t-1} + \mu_t \tag{9-1}$$

这就是含有滞后变量的模型,Y_{t-1}、C_{t-1} 为滞后变量。

在现实生活中,产生滞后效应的原因主要有以下几个方面。

(一) 客观原因

▶ 1. 技术原因

在现实经济运行中,从生产到流通再到使用,每一个环节都需要一段时间,从而形成时滞。

(1) 工业生产中,当年的产出在某种程度上依赖于过去若干期内投资形成的固定资产。

(2) 当年农产品产量主要取决于过去一年价格的高低。

(3) 生产者扩大生产规模和改进产品质量会受到工艺技术水平和生产能力的限制,生产者将产品的产量调整到最佳水平,需要一定时间来增加设备和改进工艺技术。

▶ 2. 制度原因

契约、管理制度等因素也会造成经济行为一定程度的滞后。

(1) 企业要改变它的产品结构或产量,会受到过去签订的供货合同的制约。

(2) 定期存款到期才能提取,造成了它对社会购买力的影响具有滞后性。

(3) 管理层次过多、管理的低效率也会造成滞后效应。

这些情况说明,当一种变量发生变化时,另一变量由于制度方面的原因,需经过一定时期才能做出相应的变动,从而形成滞后现象。

(二) 主观原因

经济活动离不开人的参与。人们往往对信息的了解不够全面或者受心理因素的影响,

因而对于新的变化情况反应迟钝。人们受习惯势力的影响,往往不能迅速调整自己的行为使之适应新的环境。由于人们固有的心理定式和行为习惯,其行为方式往往滞后于经济形势的变化。

(1) 中彩票的人不可能很快改变其生活方式。因此,以往的行为延续产生了滞后效应。

(2) 消费。人们对某种商品的消费量不仅受商品当前价格的影响,而且还受预期价格的影响。当人们预期价格上涨时,就会加快当期的购买;而当人们预期价格要下降时,就会持币观望,减少当期的购买。由于对将来的预期要依据过去的经验,因此在一定条件下,这种"预期"因素的影响可转化为滞后效应。

二、滞后变量模型

以滞后变量作为解释变量,就得到滞后变量模型。它的一般形式为

$$Y_t = \beta_0 + \beta_1 Y_{t-1} + \beta_2 Y_{t-2} + \cdots + \beta_q Y_{t-q} + \alpha_0 X_t + \alpha_1 X_{t-1} + \alpha_2 X_{t-2} + \cdots + \alpha_s X_{t-s} + \mu_t \quad (9\text{-}2)$$

式中,q、s 为滞后时间间隔,称为滞后期;Y_{t-q} 为被解释变量 Y 的第 q 期滞后;X_{t-s} 为解释变量 X 的第 s 期滞后。

由于模型既含有 Y 对自身滞后变量的回归,还包括解释变量 X 分布在不同时期的滞后变量,因此一般称为自回归分布滞后模型(ADL)。若滞后期长度有限,称模型为有限自回归分布滞后模型;若滞后期无限,称模型为无限自回归分布滞后模型。

如果滞后变量模型中没有滞后被解释变量,仅有解释变量 X 的当期值及其若干期的滞后值,则称为分布滞后模型(Distributed-lag Model),也称为外生滞后变量模型。

分布滞后模型的一般形式为

$$Y_t = \beta_0 + \alpha_0 X_t + \alpha_1 X_{t-1} + \alpha_2 X_{t-2} + \cdots + \alpha_s X_{t-s} + \mu_t \quad (9\text{-}3)$$

分布滞后模型的各系数体现了解释变量的当期值和各期滞后值对被解释变量的不同影响程度,因此也称为乘数(multiplier)。

α_0 为即期乘数,表示本期 X 变化一个单位对 Y 平均值的影响程度。α_i 称为动态乘数或延迟系数,表示各滞后期 X 的变动对 Y 的平均值影响的大小。$\sum \alpha_s$ 称为长期或均衡乘数,表示 X 变动一个单位,由于滞后效应而形成的对 Y 平均值总影响的大小。

由式(9-3)可知,如果各期的 X 值保持不变,则 X 与 Y 间的长期或均衡关系即为

$$E(Y_t) = \beta_0 + \left(\sum \alpha_s\right) X_t \quad (9\text{-}4)$$

为了避免 Y_t 的数值激增,假定 α_i 项之和为有限值,即 $\sum \alpha_s < +\infty$。

问题:滞后期 s 应该是多少呢?

一个平均滞后定义为

$$\text{平均滞后} = \frac{\sum_{i=1}^{s} i\beta_i}{\sum_{i=1}^{s} \beta_i} = \sum_{i=1}^{s} i \frac{\beta_i}{\sum_{i=1}^{s} \beta_i} \quad (9\text{-}5)$$

即平均滞后定义为所有滞后的加权平均数,其权数就是关于系数 β 的相对数值。

三、分布滞后模型的参数估计

(一) 分布滞后模型估计的困难

如果是无限期的分布滞后模型,由于样本观测值的有限性,使得无法直接对其进行估

计。如果是有限期的分布滞后模型，普通最小二乘回归也会遇到如下问题：

（1）没有先验准则确定滞后期长度。

（2）如果滞后期较长，而样本数较小，将缺乏足够的自由度进行传统的统计检验。

（3）同名变量滞后值之间可能存在高度线性相关，即模型会存在高度的多重共线性。

（二）分布滞后模型的修正估计方法

基本思想：通过对各滞后变量加权，组成线性合成变量而有目的地减少滞后变量的数目，以缓解多重共线性，保证自由度。

常用的方法有以下四种。

▶ 1. 经验加权法

对于有限期分布滞后模型，往往根据实际问题的特点，以及人们的经验给各滞后变量指定权数，并按权数构成各滞后变量的线性组合，形成新的变量，再进行估计。

权数有以下三种类型。

（1）递减型

递减型，即认为权数是递减的，X 的近期值对 Y 的影响较远期值大。例如，消费函数中，收入的近期值对消费的影响显然大于远期值的影响。

一个滞后期为 3 的一组权数可取值为

$$\frac{1}{2}, \frac{1}{4}, \frac{1}{6}, \frac{1}{8}$$

则新的线性组合变量为

$$W_{1t} = \frac{1}{2}X_t + \frac{1}{4}X_{t-1} + \frac{1}{6}X_{t-2} + \frac{1}{8}X_{t-3}$$

（2）矩形

矩形，即认为权数是相等的，X 的逐期滞后值对 Y 的影响相同。例如，对滞后期为 3 的分布滞后模型，可指定相等权数为 $\frac{1}{4}$，则新的线性组合变量为

$$W_{2t} = \frac{1}{4}X_t + \frac{1}{4}X_{t-1} + \frac{1}{4}X_{t-2} + \frac{1}{4}X_{t-3}$$

（3）倒 V 形

在这种形式中，假定权数先递增后递减呈倒"V"形。例如，在一个较长建设周期的投资中，历年投资 X 对产出 Y 的影响，往往是周期期中的投资额最大，因此对产出的贡献最大。设滞后期为 4，则一组权数可取为

$$\frac{1}{6}, \frac{1}{4}, \frac{1}{2}, \frac{1}{3}, \frac{1}{5}$$

于是新变量为

$$W_{3t} = \frac{1}{6}X_t + \frac{1}{4}X_{t-1} + \frac{1}{2}X_{t-2} + \frac{1}{3}X_{t-3} + \frac{1}{5}X_{t-4}$$

一般来说，经验加权法的优点是简单易行，缺点是设置权数的随意性较大。研究者不仅指定了滞后变量的一般形式（递减形、矩形、倒 V 形），而且指定了权数的实际数值。确定了不同的 W_t 项之后，研究者就用包含每个 W_t 的函数依次作为单一解释变量进行试验。例如，对下述模型应用 OLS 法：

$$Y_t = \alpha_0 + \alpha_1 W_{1t} + \mu_t$$
$$Y_t = \beta_0 + \beta_1 W_{2t} + \mu_t$$
$$Y_t = \gamma_0 + \gamma_1 W_{3t} + \mu_t$$

从这些备择模型中根据各统计检验(R^2 拟合度检验、F 检验、t 检验、DW 检验),从中选择最佳估计式,有时也试图根据经济原理来考虑这种选择的合理化。

相关链接

经验加权法

已知 1995—2014 年某国制造业库存量 Y 和销售量 X 的统计资料如表 9-1 所示,设定有限分布滞后模型为

$$Y_t = \alpha + \beta_0 X_t + \beta_1 X_{t-1} + \beta_2 X_{t-2} + \beta_3 X_{t-3} + \mu_t$$

运用经验加权法,选择三种权数:第一种为 $1,1/2,1/4,1/8$;第二种为 $1/4,1/2,2/3,1/4$;第三种为 $1/4,1/4,1/4,1/4$。分别估计上述模型,并从中选择最佳方程。

表 9-1 1995—2014 年某国制造业库存量 Y 和销售量 X (单位:亿美元)

年份	Y	X	年份	Y	X
1995	450.69	264.80	2005	682.21	410.03
1996	506.42	277.40	2006	779.65	448.69
1997	518.70	287.36	2007	846.55	464.49
1998	500.70	272.80	2008	908.75	502.82
1999	527.07	302.19	2009	970.74	535.55
2000	538.14	307.96	2010	1 016.45	528.59
2001	549.39	308.96	2011	1 024.45	559.17
2002	582.13	331.13	2012	1 077.19	620.17
2003	600.43	350.32	2013	1 208.70	713.98
2004	633.83	373.35	2014	1 471.35	820.78

解:新的线性组合变量分别为

$$W_{1t} = X_t + \frac{1}{2}X_{t-1} + \frac{1}{4}X_{t-2} + \frac{1}{8}X_{t-3}$$

$$W_{2t} = \frac{1}{4}X_t + \frac{1}{2}X_{t-1} + \frac{2}{3}X_{t-2} + \frac{1}{4}X_{t-3}$$

$$W_{3t} = \frac{1}{4}X_t + \frac{1}{4}X_{t-1} + \frac{1}{4}X_{t-2} + \frac{1}{4}X_{t-3}$$

在 EViews 软件中,输入 X 和 Y 的数据,根据 X 的数据,由上述公式生成线性组合变量 $W1t$、$W2t$、$W3t$ 的数据。然后分别估计如下经验加权模型

$$Y_t = \alpha + \beta W_{kt} + \mu_t, \quad k=1,2,3$$

EViews 6.0 软件操作步骤：

(1) 输入变量名和样本数据。

(2) 选择 Quick/Generate Series 菜单命令，如图 9-1 所示，弹出 Generate Series by Equation 对话框，在 Enter equation 文本框中输入

$w_1 = x + 1/2 * x(-1) + 1/4 * x(-2) + 1/8 * x(-3)$，生成 W_1 数据库。同理，输入 w_2 和 w_3：$w_2 = 1/4 * x + 1/2 * x(-1) + 2/3 * x(-2) + 1/4 * x(-3)$；$w_3 = 1/4 * x + 1/4 * x(-1) + 1/4 * x(-2) + 1/4 * x(-3)$，生成 W_2，W_3 数据库。

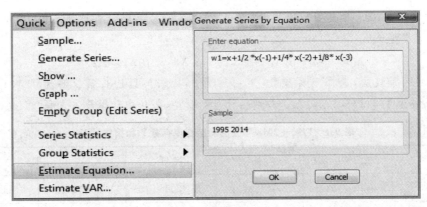

图 9-1 生成数据库

(3) 选择 Quick/Estimate Equation 菜单命令，在弹出的对话框中输入 Y C W1，在 Method 下拉列表中选择最小二乘法(Least Squares)，如图 9-2 所示，单击"确定"按钮，得出结果，如图 9-3 所示。

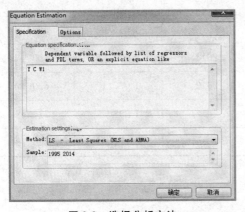

图 9-2 选择分析方法

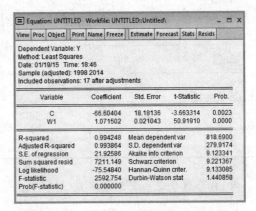

图 9-3 分析结果

回归分析结果整理如下：

模型(9-1)

$$\hat{Y}_t = -66.604 + 1.072 W_{1t} \quad (-3.663) \quad (50.919)$$

其中，$R^2 = 0.9942$，$DW = 1.4409$，$F = 2592$。

同理，可得模型(9-2)

$$\hat{Y}_t = -133.199 + 1.367 W_{2t}$$
$$(-5.029) \quad (37.359)$$

其中，$R^2 = 0.9894$，DW $= 1.0429$，$F = 1396$。

也可得模型(9-3)
$$\hat{Y}_t = -121.781 + 2.238 W_{3t}$$
$$(-4.812)(38.666)$$

其中，$R^2 = 0.9901$，DW $= 1.1588$，$F = 1496$。

从上述回归结果可以看出，模型(9-1)的扰动项无一阶自相关，模型(9-2)、模型(9-3)扰动项存在一阶自相关；再综合判断可决系数、F 检验值、t 检验值，可以认为：最佳的方程是模型(9-1)，即权数为(1,1/2,1/4,1/8)的分布滞后模型。

▶ 2. 阿尔蒙多项式法

针对有限滞后期模型，通过阿尔蒙(Almon)变换，定义新变量，以减少解释变量个数，然后用 OLS 法估计参数。主要步骤如下：

(1) 阿尔蒙变换。对于分布滞后模型

$$Y_t = \alpha + \beta_0 X_t + \beta_1 X_{t-1} + \beta_2 X_{t-2} + \cdots + \beta_s X_{t-s} + \mu_t$$
$$= \alpha + \sum_{i=0}^{s} \beta_i X_{t-i} + \mu_t \tag{9-6}$$

假定其回归系数 β_i 可用一个关于滞后期 i 的适当阶数的多项式来表示，即

$$\beta_i = \alpha_0 + \alpha_1 i + \alpha_2 i^2 + \cdots + \alpha_m i^m, \quad i = 0, 1, 2, \cdots, s \tag{9-7}$$

式中，$m < s$。

阿尔蒙变换要求先验地确定适当阶数 m，如取 $m = 2$，得

$$\beta_i = \alpha_0 + \alpha_1 i + \alpha_2 i^2, \quad i = 0, 1, 2, \cdots, s \tag{9-8}$$

将式(9-8)代入式(9-6)得

$$Y_t = \alpha + \sum_{i=0}^{s} (\alpha_0 + \alpha_1 i + \alpha_2 i^2) X_{t-i} + \mu_t$$
$$= \alpha + \alpha_0 \sum_{i=0}^{s} X_{t-i} + \alpha_1 \sum_{i=0}^{s} i X_{t-i} + \alpha_2 \sum_{i=0}^{s} i^2 X_{t-i} + \mu_t$$

定义新变量

$$W_{0t} = \sum_{i=0}^{s} X_{t-i}, \quad W_{1t} = \sum_{i=0}^{s} i X_{t-i}, \quad W_{2t} = \sum_{i=0}^{s} i^2 X_{t-i}$$

将原模型转换为

$$Y_t = \alpha + \alpha_0 W_{0t} + \alpha_1 W_{1t} + \alpha_2 W_{2t} + \mu_t \tag{9-9}$$

(2) 模型的 OLS 估计。对变换后的模型，即式(9-9)进行 OLS 估计。将得到的参数估计值 α、α_0、α_1、α_2 代入式(9-8)求出滞后分布模型参数的估计值 β_i。

由于 $m < s$，可以认为原模型存在的自由度不足和多重共线性问题已得到改善。需要注意的是，在实际估计中，阿尔蒙多项式的阶数 m 一般取 2 或 3，不超过 4，否则达不到减少变量个数的目的。

▶ 3. 科伊克方法

科伊克(Koyck)方法是将无限分布滞后模型转换为自回归模型，然后进行估计。

对于无限分布滞后模型

$$Y_t = \alpha + \sum_{i=0}^{\infty} \beta_i X_{t-i} + \mu_t \tag{9-10}$$

科伊克变换假设偏回归系数 β_i 随滞后期 i 按几何级数衰减:

$$\beta_i = \gamma_0 \lambda^i \tag{9-11}$$

式中,$0<\lambda<1$,λ 称为分布滞后衰减率;$1-\lambda$ 称为调整速率(speed of adjustment)。

科伊克变换的具体做法是:

将科伊克变换式(9-11)代入式(9-10),得

$$Y_t = \alpha + \gamma_0 \sum_{i=0}^{\infty} \lambda^i X_{t-i} + \mu_t \tag{9-12}$$

将式(9-12)滞后一期并乘以 λ 得

$$\lambda Y_{t-1} = \lambda \alpha + \gamma_0 \sum_{i=1}^{\infty} \lambda^i X_{t-i} + \lambda \mu_{t-1} \tag{9-13}$$

将式(9-12)减去式(9-13)得科伊克变换模型

$$Y_t - \lambda Y_{t-1} = (1-\lambda)\alpha + \gamma_0 X_t + \mu_t - \lambda \mu_{t-1} \tag{9-14}$$

整理得科伊克模型的一般形式为

$$Y_t = (1-\lambda)\alpha + \gamma_0 X_t + \lambda Y_{t-1} + \mu_t - \lambda \mu_{t-1} \tag{9-15}$$

其中,设

$$v_t = \mu_t - \lambda \mu_{t-1} \tag{9-16}$$

$$\alpha_0 = (1-\lambda)\alpha, \alpha_1 = \gamma_0, \alpha_2 = \lambda$$

模型(9-15)变为

$$Y_t = \alpha_0 + \alpha_1 X_t + \alpha_2 Y_{t-1} + v_t \tag{9-17}$$

于是,将原模型(9-10)转换为等价形式的模型(9-17),解释变量为 X_t, Y_{t-1}。

如果由式(9-17)获得参数估计值 α,那么由式(9-16)可得 λ, α 和 γ_0 的估计值

$$\hat{\lambda} = \hat{\alpha}_2, \hat{\alpha} = \hat{\alpha}_0/(1-\hat{\alpha}_2), \hat{\beta}_0 = \hat{\alpha}_1 \tag{9-18}$$

进而由式(9-11)可得参数 β_1 的估计。

科伊克模型有以下两个特点:

(1) 以一个滞后被解释变量 Y_{t-1} 代替了大量的滞后解释变量 X_{t-1},最大限度地节省了自由度,解决了滞后期长度 s 难以确定的问题。

(2) 由于滞后一期的被解释变量 Y_{t-1} 与 X_t 的线性相关程度可以肯定小于 X 的各期滞后值之间的相关程度,从而缓解了多重共线性。

科伊克模型存在以下两个问题:

(1) 模型存在随机干扰项 V_t 的一阶自相关性。

(2) 滞后被解释变量 Y_{t-1} 与随机项 V_t 不独立,即 $cov(Y_{t-1}, V_t) \neq 0$。

分布滞后模型参数估计带有很大的经验成分,这是由于经济理论不能对经济现象调整过程的长度作出令人满意的阐述而引起的。经济理论即使认识到时间滞后的重要性,也从未提出在函数中应该包含的滞后的精确数目;相反,滞后类型是根据可以利用的样本观测值,通过包括各种滞后类型的试验方法来探索和决定的,然后从中选择一种产生最佳统计拟合的滞后类型。研究者用包含不同滞后类型(矩形滞后、倒 V 形滞后等)的模型进行试验,并

根据统计准则(主要的),从中选出最令人满意的一种模型。

第二节 自回归模型

一、自回归模型

如果滞后变量模型中的解释变量仅包含 X 的当期值与被解释变量 Y 的一个或多个滞后值,则称为自回归模型(autoregressive model),也称为内生滞后变量模型。自回归模型的一般形式为

$$Y_t = \alpha_0 + \alpha_1 X_t + \sum_{i=1}^{q} \beta_i Y_{t-i} + \mu_t \tag{9-19}$$

式中,q 为滞后期长度,也称为自回归模型的阶数(order)。而

$$Y_t = \alpha_0 + \alpha_1 X_t + \alpha_2 Y_{t-1} + \mu_t \tag{9-20}$$

称为一阶自回归模型(first-order autoregressive model)。

二、自回归模型的参数估计

(一) 自回归模型的构造

一个无限期分布滞后模型可以通过科伊克变换转化为自回归模型。事实上,许多滞后变量模型都可以转化为自回归模型。下面以两个模型为例进行说明。

▶ 1. 自适应预期模型

自适应预期模型最初的表现形式是

$$Y_t = \beta_0 + \beta_1 X_t^e + \mu_t \tag{9-21}$$

由于预期变量是不可实际观测的,往往作如下自适应预期假定:

$$X_t^e - X_{t-1}^e = \gamma(X_t - X_{t-1}^e) \tag{9-22}$$

式中,γ 为预期系数(coefficient of expectation),$0 \leqslant \gamma \leqslant 1$。

式(9-22)的经济含义是"经济行为者将根据过去的经验修改他们的预期"。这个假定还可写成

$$X_t^e = \gamma X_t + (1-\gamma) X_{t-1}^e \tag{9-23}$$

将式(9-23)代入式(9-21)得

$$Y_t = \beta_0 + \beta_1 [\gamma X_t + (1-\gamma) X_{t-1}^e] + \mu_t \tag{9-24}$$

将式(9-21)滞后一期并乘以 $1-\gamma$ 得

$$(1-\gamma)Y_{t-1} = (1-\gamma)\beta_0 + (1-\gamma)\beta_1 X_{t-1}^e + (1-\gamma)\mu_{t-1} \tag{9-25}$$

以式(9-24)减去式(9-25),整理得

$$Y_t = \gamma\beta_0 + \gamma\beta_1 X_t + (1-\gamma)Y_{t-1} + v_t \tag{9-26}$$

式中,$v_t = \mu_t - (1-\gamma)\mu_{t-1}$。

由此可见,自适应预期模型可转化为一个自回归模型。

▶ 2. 局部调整模型

局部调整模型主要用来研究物资储备问题。例如,企业为了保证生产和销售,必须保持一定的原材料储备,对应于一定的产量或销售量 X_t,存在着预期的最佳库存 Y_t^e。

局部调整模型的最初表现形式是

$$Y_t^e = \beta_0 + \beta_1 X_t + \mu_t \qquad (9\text{-}27)$$

显然,Y_t^e 不可观测。由于生产条件的波动和生产管理方面的原因,库存储备 Y_t 的实际变化量只是预期变化的一部分。储备按预定水平逐步进行调整,故有如下局部调整假设:

$$Y_t - Y_{t-1} = \delta(Y_t^e - Y_{t-1}) \qquad (9\text{-}28)$$

式中,δ 为调整系数,$0 \leq \delta \leq 1$。

局部调整假设还可写成

$$Y_t = \delta Y_t^e + (1-\delta) Y_{t-1} \qquad (9\text{-}29)$$

将式(9-28)代入式(9-29),整理得

$$Y_t = \delta\beta_0 + \delta\beta_1 X_t + (1-\delta) Y_{t-1} + v_t$$

式中,由 $v_t = \delta \mu_t$ 可见,局部调整模型可转化为一个自回归模型。

(二) 自回归模型的参数估计

$$Y_t = \alpha_0 + \alpha_1 X_t + \sum_{i=1}^{q} \beta_i Y_{t-i} + \mu_t$$

对于自回归模型,估计时的主要问题在于,滞后被解释变量的存在可能导致它与随机干扰项相关,以及随机干扰项出现序列相关性。而局部调整模型(9-19)则存在滞后被解释变量 Y_{t-1} 与随机干扰项的异期相关性。因此,对自回归模型的估计主要需视滞后被解释变量与随机干扰项的不同关系进行估计。下面以一阶自回归模型为例进行说明。

▶ 1. 工具变量法

对于一阶自回归模型

$$Y_t = \alpha_0 + \alpha_1 X_t + \alpha_2 Y_{t-1} + \mu_t$$

在实际估计中,一般用 $\hat{Y}_{t-1}$ 作为 Y_{t-1} 的工具变量,其中 $\hat{Y}_{t-1}$ 是 X 的若干滞后的线性组合:

$$\hat{Y}_{t-1} = \alpha_0 + \alpha_1 X_{t-1} + \alpha_2 X_{t-2} + \cdots + \alpha_s X_{t-s} \qquad (9\text{-}30)$$

由于模型式(9-20)中已假设随机干扰项 μ_t 与解释变量 X 及其滞后项不存在相关性,因此式(9-20)中的 μ_t 与 $\hat{Y}_{t-1}$ 不再线性相关。

▶ 2. 普通最小二乘法

若滞后被解释变量 Y_{t-1} 与随机干扰项 μ_t 同期无关(如局部调整模型),可直接使用 OLS 法进行估计,得到一致估计量。

注意:上述工具变量法只解决了解释变量与随机干扰项相关对参数估计所造成的影响,

但没有解决 μ_t 的自相关问题。事实上,对于自回归模型,随机干扰项的自相关问题始终是存在的,对于此问题,至今没有完全有效的解决办法。唯一可做的,就是尽可能地建立"正确"的模型,以使序列相关性的程度减轻。

第三节 格兰杰因果关系检验

相关链接

先有鸡还是先有蛋

先有鸡还是先有蛋这个因果困境想要表达的是一个"到底是先有蛋,还是先有鸡"(鸡生蛋,蛋生鸡,到底谁先出现在这个世界上,是鸡还是蛋)的问题。这个鸡与蛋的问题也常常激起古代的哲学家们去探索并讨论生命与宇宙的起源问题。

因果关系研究的有趣例子就是回答"先有鸡还是先有蛋"的问题。在一般情况下,人们往往会认为要得到"先有鸡还是先有蛋"这类循环因果的问题的答案是徒劳的,人们会认为这是自然界中最基本的问题。当然,关于这个问题的字面答案是简单并显而易见的:卵生动物在鸡出现前很长的一段时间中就一直存在了。然而,这个简单问题背后的隐喻却带来了一个形而上学层面上的困境问题。为了更好地理解这个困境问题,该问题也会被改写成"X得到了 Y,Y 得到了 X,那么是先有 X 还是先有 Y"。

自回归分布滞后模型旨在揭示:某变量的变化受其自身及其他变量过去行为的影响。然而,许多经济变量有着相互的影响关系。例如,GDP 的增长能够促进消费的增长,而反过来,消费的变化又是 GDP 变化的一个组成部分,因此消费增加又能促进 GDP 的增加。现在的问题是:当两个变量间在时间上有先导与滞后关系时,能否从统计上考查这种关系是单向的还是双向的?即主要是一个变量过去的行为在影响另一个变量的当前行为呢,还是双方的过去行为在相互影响着对方的当前行为?格兰杰提出了一个简单的检验程序,习惯上称为格兰杰(Granger)因果关系检验。

两变量 X 和 Y,格兰杰因果关系检验要求估计以下回归模型:

$$Y_t = \sum_{i=1}^{m} \alpha_i X_{t-i} + \sum_{i=1}^{m} \beta_i Y_{t-i} + \mu_{1t} \tag{9-31}$$

$$X_t = \sum_{i=1}^{m} \lambda_i Y_{t-i} + \sum_{i=1}^{m} \delta_i X_{t-i} + \mu_{2t} \tag{9-32}$$

可能存在四种检验结果:

(1) X 对 Y 有单向影响。

(2) Y 对 X 有单向影响。

(3) Y 与 X 间存在双向影响。

(4) Y 与 X 间不存在影响。

格兰杰检验是通过构造 F 统计量,利用 F 检验完成的。例如,针对 X 不是 Y 的格兰杰原因这一假设,即针对式(9-31)中 X 滞后项前的参数整体为零的假设,分别做包含与不包含 X 滞后项的回归,记前者的残差二次方和为 RSS_R,后者的残差二次方和为 RSS_U;再计算 F 统计量:

$$F = \frac{\dfrac{\text{RSS}_\text{R} - \text{RSS}_\text{U}}{m}}{\dfrac{\text{RSS}_\text{U}}{n-k}} \tag{9-33}$$

式中,m 代表 X 的滞后项的个数;n 代表样本容量;k 代表包含 X 滞后项的回归模型的待估参数的个数。

如果计算的 F 值大于给定显著性水平 α 下 F 分布的相应的临界值 $F_\alpha(m, n-k)$,则拒绝原假设,即认为 X 是 Y 的格兰杰原因。

注意:格兰杰因果关系检验对于滞后期长度的选择有时很敏感。不同的滞后期可能会得到完全不同的检验结果。因此,一般而言,常进行不同滞后期长度的检验,以检验模型中随机干扰项不存在序列相关的滞后期长度来选取滞后期。由于假设检验的零假设是不存在因果关系,在该假设下 F 统计量服从 F 分布,因此严格地说,该检验应该称为格兰杰非因果关系检验。

相关链接

格兰杰因果检验

EViews 6.0 软件操作步骤:

某国 1995—2014 年年末的国内生产总值 GDP 和广义的货币供应量 M_2 的数据如表 9-2 所示。试检验 GDP 与 M_2 是否存在因果关系。

表 9-2 1995—2014 年某国 GDP 和 M_2 的关系 (单位:亿美元)

年份	GDP	M_2	年份	GDP	M_2
1995	3 624.1	1 159	2005	14 928.3	10 099.8
1996	4 038.2	1 458.1	2006	16 909.2	11 949.6
1997	4 517.8	1 842.9	2007	18 547.9	15 290.4
1998	4 862.4	2 234.5	2008	21 617.8	19 349.9
1999	5 294.7	2 589.8	2009	26 638.1	25 402.2
2000	5 934.5	3 075.0	2010	46 759.4	46 923.5
2001	7 171.0	4 146.3	2011	58 478.1	60 750.5

续表

年份	GDP	M_2	年份	GDP	M_2
2002	8 964.4	5 198.9	2012	67 884.6	76 094.9
2003	10 202.2	6 720.9	2013	74 462.6	90 995.3
2004	11 962.5	8 330.9	2014	79 395.7	102 297.0

（1）输入变量名和样本数据。

（2）选择 Quick/Group Statistics/Granger Causality Test 菜单命令，如图 9-4 所示。

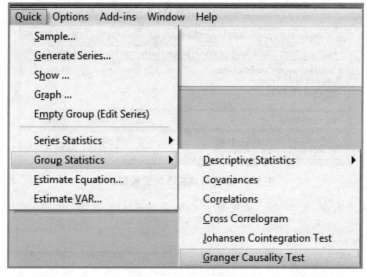

图 9-4　选择菜单命令

（3）在 Series List 对话框中的输入框中输入 m_2 gdp，如图 9-5 所示。

（4）在 Lag Specification（指定滞后长度）对话框中，选择适合的滞后长度，如滞后长度为 2，如图 9-6 所示。单击 OK 按钮，显示检验结果如图 9-7 所示。

图 9-5　Series List 对话框

图 9-6　Lag Specification 对话框

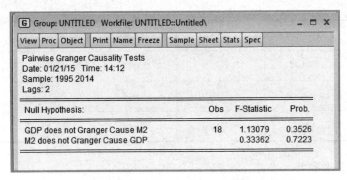

图 9-7　滞后长度为 2 时的检验结果

（5）修改滞后长度，比如滞后长度等于 3，再单击 OK 按钮，显示检验结果如图 9-8 所示。

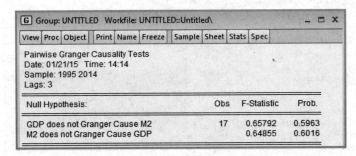

图 9-8　滞后长度为 3 时的检验结果

（6）修改滞后长度，比如滞后长度等于 4、5，再单击 OK 按钮，显示检验结果如图 9-9 和图 9-10 所示。

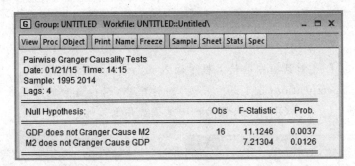

图 9-9　滞后长度为 4 时的检验结果

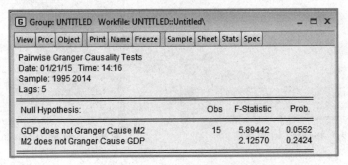

图 9-10　滞后长度为 5 时的检验结果

统计结果见表9-3。

表 9-3 统计不同滞后长度的检验结果

滞后长度 $M=n$	Granger 因果性	F 值	P 值	结论
2	GDP→M_2	1.130 79	0.352 6	拒绝
	M_2→GDP	0.336 2	0.722 3	拒绝
3	GDP→M_2	0.657 92	0.596 3	拒绝
	M_2→GDP	0.648 55	0.601 6	拒绝
4	GDP→M_2	11.124 6	0.003 7	不拒绝
	M_2→GDP	7.213 04	0.012 6	不拒绝
5	GDP→M_2	5.894 42	0.055 2	不拒绝
	M_2→GDP	2.125 70	0.242 4	拒绝

统计结果显示,似乎 M_2 与 GDP 间的因果关系对滞后长度较为敏感,其实不然。这是因为我们进行格兰杰因果关系检验时,尚有两个因素应当加以考虑,一是被检验变量的平稳性;二是样本容量的长度。

关键术语

滞后变量　滞后效应　滞后变量模型　分布滞后模型　自回归模型　格兰杰因果关系检验

闯关习题

一、单项选择题

1. 在有限分布滞后模型 $Y_t = 0.9 + 0.6X_t - 0.5X_{t-1} + 0.2X_{t-2} + \mu_t$ 中,短期乘数是( )。

   A. 0.2　　　　B. 0.5　　　　C. 0.6　　　　D. 0.9

2. 对于有限分布滞后模型,解释变量的滞后期长度每增加一期,可以用的样本数据就会( )。

   A. 增加1个　　B. 减少1个　　C. 增加2个　　D. 减少2个

3. 对于分布滞后模型,时间序列资料的序列相关问题,就转化为( )。

   A. 异方差问题　　　　　　　B. 多重共线性问题
   C. 多余解释变量　　　　　　D. 随机解释变量

4. 在分布滞后模型 $Y_t = \alpha + \beta_0 X_t + \beta_1 X_{t-1} + \beta_2 X_{t-2} + \cdots + u_t$ 中,短期影响乘数为( )。

   A. $\dfrac{\beta_1}{1-\alpha}$　　B. β_1　　C. $\dfrac{\beta_0}{1-\alpha}$　　D. β_0

5. 下列属于有限分布滞后模型的是( )。

A. $Y_t = \alpha + \beta_0 X_t + \beta_1 Y_{t-1} + \beta_2 Y_{t-2} + \cdots + u_t$

B. $Y_t = \alpha + \beta_0 X_t + \beta_1 Y_{t-1} + \beta_2 Y_{t-2} + \cdots + \beta_k Y_{t-k} + u_t$

C. $Y_t = \alpha + \beta_0 X_t + \beta_1 X_{t-1} + \beta_2 X_{t-2} + \cdots + u_t$

D. $Y_t = \alpha + \beta_0 X_t + \beta_1 X_{t-1} + \beta_2 X_{t-2} + \cdots + \beta_k X_{t-k} + u_t$

6. 下面哪一个不是几何分布滞后模型（　　）。

A. Koyck 变换模型　　　　　　　　B. 自适应预期模型

C. 局部调整模型　　　　　　　　　D. 有限多项式滞后模型

7. 分布滞后模型 $Y_t = \alpha + \beta_0 X_t + \beta_1 X_{t-1} + \beta_2 X_{t-2} + \beta_3 X_{t-3} + u_t$ 中，为了使模型的自由度达到 30，必须拥有多少年的观测资料（　　）。

A. 32　　　　　　B. 33　　　　　　C. 34　　　　　　D. 38

二、多项选择题

1. 常见的滞后结构类型有（　　）。

A. 递减滞后结构　　　　　　　　B. 不变滞后结构

C. 倒 V 形滞后结构　　　　　　　D. 递增型滞后结构

2. 对分布滞后模型直接采用普通最小二乘法估计参数时，会遇到的困难有（　　）。

A. 无法估计无限分布滞后模型参数

B. 难以预先确定最大滞后长度

C. 滞后期长而样本小时缺乏足够自由度

D. 滞后的解释变量存在序列相关问题

E. 解释变量间存在多重共线性问题

3. 下列模型中属于几何分布滞后模型的有（　　）。

A. Koyck 变换模型　　　　　　　　B. 自适应预期模型

C. 部分调整模型　　　　　　　　　D. 有限多项式滞后模型

E. 广义差分模型

4. 对于有限分布滞后模型，将参数 β_i 表示为关于滞后 i 的多项式并代入模型，作这种变换可以（　　）。

A. 使估计量从非一致变为一致　　　B. 使估计量从有偏变为无偏

C. 减弱多重共线性　　　　　　　　D. 避免因参数过多而自由度不足

E. 减轻异方差问题

5. 在模型 $Y_t = \alpha + \beta_0 X_t + \beta_1 X_{t-1} + \beta_2 X_{t-2} + \beta_3 X_{t-3} + u_t$ 中，延期过渡性乘数是指（　　）。

A. β_0　　　　　　B. β_1　　　　　　C. β_2　　　　　　D. β_3

E. $\beta_1 + \beta_2 + \beta_3$

6. 对几何分布滞后模型的三种变换模型，即 Koyck 变换模型、自适应预期模型、局部调整模型，其共同特点是（　　）。

A. 具有相同的解释变量

B. 仅有三个参数需要估计

C. 用 Y_{t-1} 代替了原模型中解释变量的所有滞后变量

D. 避免了原模型中的多重共线性问题

E. 都以一定经济理论为基础

三、简答题

1. 什么是有限分布滞后模型?
2. 什么是无限分布滞后模型?
3. 什么是滞后现象?产生滞后现象的原因主要有哪些?
4. 对分布滞后模型进行估计存在哪些困难?实际应用中如何处理这些困难?

四、软件操作题

1. 表 9-4 给出了某行业 1990—2009 年的库存额 Y 和销售额 X 的资料。假定库存额取决于本年销售额和前三年销售额,估计其有限分布滞后模型。

表 9-4 某行业 1990—2009 年库存与销售资料

年份	X	Y	年份	X	Y
1990	26.48	45.069	2000	41.003	68.221
1991	24.74	50.642	2001	44.869	77.965
1992	28.236	51.871	2002	46.449	84.655
1993	27.28	52.07	2003	50.282	90.815
1994	30.219	52.709	2004	53.555	97.074
1995	30.796	53.814	2005	52.859	101.64
1996	30.896	54.939	2006	55.917	102.44
1997	33.113	58.123	2007	62.017	107.71
1998	35.032	60.043	2008	71.398	120.87
1999	37.335	63.383	2009	82.078	147.13

2. 用分布滞后模型研究某国 1985—2004 年服务业库存量 Y 和销售量 X 的关系,数据如表 9-5 所示。

表 9-5 某国 1985—2004 年服务业库存量与销售关系

年份	Y	X	年份	Y	X
1985	470.69	264.80	1995	682.21	410.03
1986	506.42	277.40	1996	779.65	448.69
1987	518.70	287.36	1997	846.55	464.49
1988	500.70	272.80	1998	908.75	502.82
1989	527.07	302.19	1999	970.74	535.55

续表

年份	Y	X	年份	Y	X
1990	538.14	307.96	2000	1 016.45	528.59
1991	549.39	314.96	2001	1 024.45	559.17
1992	582.13	331.13	2002	1 077.19	620.17
1993	600.43	350.32	2003	1 208.70	713.98
1994	633.83	373.35	2004	1 471.35	840.38

试检验服务业库存量 Y 和销售量 X 是否存在因果关系。

> 艰难的道路会越走越容易；容易的道路会越走越艰难。

第十章 联立方程模型

Chapter 10

>>> **知识结构图**

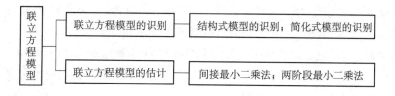

>>> **学习目标**

1. 知识目标：线性联立方程模型的基本概念；联立方程模型中的外生变量、内生变量和前定变量；联立方程模型的矩阵表示；联立方程模型的结构式和简化式分类；模型识别的概念和方法，单方程估计方法的原理。

2. 能力目标：能够运用阶条件和秩条件判断模型是恰好识别、过度识别和不可识别；掌握联立方程模型的估计方法，重点掌握间接最小二乘法、两阶段最小二乘法；学会运用联立方程模型描述和分析经济系统中变量之间的复杂关系。

>>> **情景写实**

在生活中，人们对各种商品的需求会受到商品价格和收入的影响，而商品的供给会受到商品的价格和成本的影响；需求量和供给量决定着平衡价格；另外，人们在采购商品时会根据商品本身的价格以及相关商品的价格，来决定自己的采购数量。同时，商人也会根据市场上商品的价格来选择生产哪种商品。所以说，价格又影响着需求与供给。

在经济现象中，很多事件的因果关系并不是单向的，而是相互影响，循环反馈的。因此，需要用多个有联系的方程，正确全面地反映复杂的经济状况。

第一节 联立方程模型的识别

单一方程模型是用一个方程描述一个经济变量与引起这个变量变化的各个因素之间的关系,解释变量 X 是因变量 Y 发生变化的原因,其因果关系是单向的。然而,经济现象是复杂的,因果关系可能是双向的,或者一果多因,或者一因多果。这时用一个单一方程很难完整地表达,需要用多个相互联系的方程,才能正确反映复杂的现实经济系统状况。

一、联立方程模型概述

▶ 1. 联立方程模型的概念

联立方程模型(simultaneous equations model)是指同时用若干相互关联的方程,表示一个经济系统中经济变量相互依存性的模型。联立方程组中每一个单一方程中包含了一个或多个相互关联的内生变量,每一个方程的被解释变量都是内生变量,解释变量则可以是内生或者外生变量。

例如商品需求与价格的模型,商品的需求量 Q 受商品的价格 P 和消费者的收入 X 等因素的影响,可建立需求模型 $Q_t = \alpha_0 + \alpha_1 P_t + \alpha_2 X_t + \varepsilon_{1t}$;同时,该商品价格 P 也受商品需求量 Q 和其他替代品价格的影响,又可建立价格模型 $P_t = \beta_0 + \beta_1 Q_t + \beta_2 P_t^* + \varepsilon_{2t}$。

可见,商品需求 Q_t 与商品价格 P_t,事实上存在双向因果关系,不能只用单一方程模型去描述这种联立,而需要把两个单一方程组成一个联立方程组,同时去研究商品的需求量和商品价格,从而形成如下的联立方程模型:

$$\begin{cases} Q_t = \alpha_0 + \alpha_1 P_t + \alpha_2 X_t + \varepsilon_{1t} \\ P_t = \beta_0 + \beta_1 Q_t + \beta_2 P_t^* + \varepsilon_{2t} \end{cases}$$

▶ 2. 联立方程模型中变量的类型

(1) 内生变量(endogenous variables):由模型内变量所决定的变量,其数值是在所考虑的经济系统模型本身内所决定的,它一般是被解释变量(在其他的方程中也可以作为解释变量出现),且是模型求解的结果。性质:内生变量与随机误差项是相关的;内生变量的值是在参数估计之后由方程组所解出来的值;内生变量的值可以是预测结果,也可以是政策后果。

(2) 外生变量(exogenous variables):由模型外变量所决定的变量,它是由系统外部因素所影响而不由所考虑的模型系统所决定的变量,但影响模型系统内生变量的值。性质:外生变量必须事先给定;外生变量可以分为政策性外生变量(如经济调控的手段)和非政策性外生变量(如时间趋势、自然条件)。

(3) 前定变量(predetermined variables):外生变量和滞后变量(滞后内生变量和滞后外生变量)的统称。性质:前定变量与模型的随机误差性不相关;在模型中作为解释变量出现。

二、联立方程模型的种类

(一) 结构式模型

▶ 1. 定义

依据经济理论直接设定的描述经济变量关系结构的联立方程组模型形式称为结构式模型(structural model)。结构模型是在对经济变量的影响关系进行理论分析的基础上建立的,反映了内生变量直接受前定变量、其他内生变量和随机项影响的因果关系。模型中的每个随机方程的被解释变量不仅是内生变量,而且还是由其他内生变量、前定变量和随机误差项所表示的变量,这种方程称为结构方程,各结构方程的参数称为结构参数。

下面介绍联立方程模型结构式的一般形式。

把结构方程中所有观测变量的项移到左边,用 Y 表示内生变量,β 表示内生变量的结构参数,X 表示前定变量,γ 表示前定变量的结构参数,结构模型的一般形式为

$$\begin{cases}\beta_{11}Y_{1t}+\beta_{12}Y_{2t}+\cdots+\beta_{1g}Y_{gt}+\gamma_{11}X_{1t}+\gamma_{12}X_{2t}+\cdots+\gamma_{1k}X_{kt}=\mu_{1t}\\ \beta_{21}Y_{1t}+\beta_{22}Y_{2t}+\cdots+\beta_{2g}Y_{gt}+\gamma_{21}X_{1t}+\gamma_{22}X_{2t}+\cdots+\gamma_{2k}X_{kt}=\mu_{2t}\\ \cdots\\ \beta_{g1}Y_{1t}+\beta_{g2}Y_{2t}+\cdots+\beta_{gg}Y_{gt}+\gamma_{g1}X_{1t}+\gamma_{g2}X_{2t}+\cdots+\gamma_{gk}X_{kt}=\mu_{gt}\end{cases}$$

模型中有 g 个内生变量 $Y_{1t},Y_{2t},\cdots,Y_{gt}$;$k$ 个前定变量 $X_{1t},X_{2t},\cdots,X_{kt}$;$g$ 个结构方程。$\mu_{it}(i=1,2,\cdots,g)$ 表示随机项。对独立结构方程的个数等于内生变量的数目的模型被称为完备结构式模型,矩阵形式为

$$\begin{pmatrix}\beta_{11}\beta_{12}\cdots\beta_{1g}\\ \beta_{21}\beta_{22}\cdots\beta_{2g}\\ \vdots\\ \beta_{g1}\beta_{g2}\cdots\beta_{gg}\end{pmatrix}\begin{pmatrix}Y_{1t}\\ Y_{2t}\\ \vdots\\ Y_{gt}\end{pmatrix}+\begin{pmatrix}\gamma_{11}\gamma_{12}\cdots\gamma_{1k}\\ \gamma_{21}\gamma_{22}\cdots\gamma_{2k}\\ \vdots\\ \gamma_{g1}\gamma_{g2}\cdots\gamma_{gk}\end{pmatrix}\begin{pmatrix}X_{1t}\\ X_{2t}\\ \vdots\\ X_{kt}\end{pmatrix}=\begin{pmatrix}\mu_{1t}\\ \mu_{2t}\\ \vdots\\ \mu_{gt}\end{pmatrix}\quad(t=1,2,\cdots,n)。$$

亦即

$$BY_t+\Gamma X_t=U_t$$

式中,$B=(\beta_{ij})_{g\times g}$ $\Gamma=(\gamma_{ij})_{g\times k}$

$$\boldsymbol{Y}_t=\begin{pmatrix}Y_{1t}\\ Y_{2t}\\ \vdots\\ Y_{gt}\end{pmatrix},\boldsymbol{X}_t=\begin{pmatrix}X_{1t}\\ X_{2t}\\ \vdots\\ X_{kt}\end{pmatrix},\boldsymbol{\mu}_t=\begin{pmatrix}\mu_{1t}\\ \mu_{2t}\\ \vdots\\ \mu_{gt}\end{pmatrix}$$

▶ 2. 结构式模型的特点

(1)模型直观地描述了经济变量之间的关系结构,模型的经济意义明确。例如投资函数,表示投资额的变化主要取决于当期和前期的国内生产总值。

(2)模型只反映了各变量之间的直接影响,却无法直观地反映各变量之间的间接影响和总影响。例如,政府支出 G 的增加将会引起收入 Y 的变化,进而引起居民消费 C 的变化,但这种间接影响却无法通过结构方程(或结构参数)直接反映出来。同样地,上期收入 Y_{t-1} 通过投资 I、收入 Y 等变量对居民消费 C 的间接影响也没有直观地反映出来。

(3)无法直接运用结构模型进行预测。联立方程模型预测就是根据前定变量的值,预测模型之能够内生变量。但是结构式中的解释变量中间,往往还包含着需要预测的内生变量,所以无法进行预测。

(二) 简化式模型

▶ 1. 定义

将结构式模型中的每个内生变量都只表示为前定变量和随机扰动项的函数,所构成的模型称为简化式模型(reduced-form equations)。习惯上用 π 表示简化式模型中每一个方程

的简化式参数。

▶ 2. 求得简化式的方法

（1）直接估计法，即直接把模型中的每一个内生变量表示成前定变量和随机扰动项的线性函数，如简化式一般形式为 $Y_i = \pi_{i1}X_1 + \pi_{i2}X_2 + \cdots + \pi_{ik}X_k + \mu_i$ $(i=1,2,\cdots,n)$。

用矩阵形式表示为 $Y = \pi X + \mu$，并用普通最小二乘法估计上述的 πij 值，就得到用直接估计法建立的简化式模型。其简化式模型为

$$\begin{cases} C_t = \pi_{11}Y_{t-1} + \pi_{12}G_t + \mu_{1t} \\ I_t = \pi_{21}Y_{t-1} + \pi_{22}G_t + \mu_{2t} \\ Y_t = \pi_{31}Y_{t-1} + \pi_{32}G_t + \mu_{3t} \end{cases}$$

（2）间接估计法，即在一定条件下通过推导，将每个内生变量表示成前定变量和随机误差项的函数，其中的每个前定变量的系数称为简化式参数。

▶ 3. 特点

（1）简化式方程的解释变量都是与随机项不相关的前定变量，可以应用 OLS 对简化式方程中的参数进行估计，其估计量是无偏的和一致的。

（2）简化式参数反映了前定变量对内生变量的总影响，包括直接影响和间接影响。

（3）利用简化式模型可以直接进行预测。在得到估计的简化式模型之后，根据前定变量的已知信息就可以预测模型中的所有内生变量。

（4）简化式模型没有客观地描述经济系统内各个变量间的内在联系，模型的经济含义不十分明确。

（三）结构式模型与简化式模型的关系

结构式模型直观地描述了经济变量之间的关系结构，模型有十分明确地经济含义，但却不便于进行参数估计、经济预测、政策评价等定量分析。简化式模型完全是根据内生变量的含义，将经济系统内各变量之间的关系人为地简化而得到的模型，所以没有明确的经济含义。但简化式模型却反映了前定变量对内生变量的总影响，能够进行最小二乘法参数估计及直接进行经济预测等分析。

针对结构式模型和简化式模型的不同特点，在实际应用中可以根据不同的研究目的合理地选择模型，同时也需要了解两类模型之间的转换过程，以及结构参数与简化参数之间的关系。

结构式模型： $\boldsymbol{B}Y_t + \boldsymbol{\Gamma}X_t = \boldsymbol{\mu}_t$

简化式模型： $Y = \Pi X + V$

对于结构式模型两边同时乘以 B^{-1}，整理得到 $Y = -B^{-1}\Gamma X + B^{-1}\mu$

将其与简化式模型比较，可以得到 $\Pi = -B^{-1}\Gamma$。该式描述了简化式参数与结构式参数之间的关系，称其为参数关系体式。

三、联立方程模型的识别

（一）模型识别的定义

模型的识别（identification）问题是从能否由被估计出的简化式参数求出结构式参数值的计算问题中引申出来的。从本质上讲，识别问题是讨论模型中的结构方程是否具有确定

的统计形式(指变量间的随机关系)。而从简化式与结构式的关系角度,识别问题是讨论是否能够从所估计的简化式参数求出结构式参数。若能求出,则结构方程具有确定的统计形式;若不能,则相反。从结构式模型中若干方程或全部方程的关系角度,识别问题是讨论模型中若干方程或全部方程的任意线性组合是否与被识别方程的统计形式相同,若不同,则具有唯一的统计形式,那么是可识别的;反之,则是不可识别的。

(二) 具体应用

下面用一些简单的例子阐述识别问题的含义,并引出不可识别、恰好识别和过度识别的定义。

例:粮食的需求供给模型为

$$\begin{cases} D_t = \beta_0 + \beta_1 P_t + \mu_1 & \text{(需求函数)} \\ S_t = \alpha_0 + \alpha_1 P_t + \mu_2 & \text{(供给函数)} \\ S_t = D_t & \text{(平衡条件)} \end{cases}$$

式中,D_t 为需求量;S_t 为供给量;P_t 为价格;$\mu_i (i=1,2)$ 为随机项。

当供给与需求在市场上达到平衡时,$D_t = S_t = Q_t$(产量),当用收集到的 Q_t、P_t 样本值,而无其他信息估计回归参数时,则无法区别估计值是对 α_0、α_1 的估计还是对 β_0、β_1 的估计,这就是联立方程模型的识别问题。

在需求函数和供给函数中分别加入收入变量 I_t 和滞后价格变量 P_{t-1},得

$$\begin{cases} D_t = \beta_0 + \beta_1 P_t + \beta_2 I_t + \mu_1 & \text{(需求函数)} \\ S_t = \alpha_0 + \alpha_1 P_t + \alpha_2 P_{t-1} + \mu_2 & \text{(供给函数)} \\ S_t = D_t & \text{(平衡条件)} \end{cases}$$

于是行为方程成为可识别方程。

当结构模型已知时,能否从其对应的简化型模型参数求出结构模型参数就称为识别问题。从上面的分析已知,当一个结构模型确定下来之后,首先应考虑识别问题。

当简化型参数多于结构参数时,结构模型是过度识别的;当简化型参数少于结构参数时,结构模型是不可识别的。识别问题是完整的联立方程模型所特有的问题,只有行为方程才存在识别问题,对于定义方程或恒等式不存在识别问题。识别问题不是参数估计问题,但是估计的前提,不可识别的模型则不可估计。识别依赖于对联立方程模型中每个方程的识别,若有一个方程是不可识别的,则整个联立方程模型是不可识别的。

模型识别分为不可识别和可识别,而可识别又分为恰好识别和过度识别。

$$\text{模型的识别} \begin{cases} \text{不可识别} \\ \text{可识别} \begin{cases} \text{恰好识别} \\ \text{过度识别} \end{cases} \end{cases}$$

▶ 1. 不可识别

意义:从所掌握的信息,不能从简化型参数确定结构型参数。

原因:信息不足,没有解。

▶ 2. 可识别

(1) 适度识别(恰好识别)。

意义:通过简化型模型参数可唯一确定各个结构型模型参数。

原因：信息恰当，有唯一解。

（2）过度识别。

意义：由简化型参数虽然可以确定结构型参数，但是不能唯一地确定（可得出两个或两个以上的结果）。

原因：信息过多，有解但不唯一。

(三) 模型的简化式识别条件

前面都是从识别的定义出发来判断结构方程的识别特性，但是当模型包含较多的变量和方程时，这样判断就比较麻烦，为此需要研究模式的识别条件。

假设联立方程模型的结构式为 $BY+\Gamma X=U$，它相应的简化式模型为 $Y=\pi X+V$，其中有 g 个内生变量，k 个前定变量，k_i 表示第 i 个结构方程中所含的先决变量数目，g_i 表示第 i 个结构方程中所含的内生变量数目。

▶ 1. 秩条件

若秩 $R(\pi_i)<g_i-1$，则第 i 个结构方程不可识别；若秩 $R(\pi_i)=g_i-1$，则第 i 个结构方程可识别。

▶ 2. 阶条件

当第 i 个结构方程可识别时，若 $k-k_i=g_i-1$，则该方程恰好识别；若 $k-k_i>g_i-1$，则该方程过度识别。其中 π_i 是简化式参数矩阵 π 中划去第 i 个结构方程中所不包含的内生变量所对应的行和第 i 个结构方程中所包含的前定变量所对应的列后，剩下的参数按原次序组成的矩阵，R 表示矩阵的秩。

设某一模型的结构式为

$$\begin{cases} Y_1=3Y_2-2X_1+X_2+u_1 \\ Y_2=Y_3+X_3+u_2 \\ Y_3=Y_1-Y_2-2X_3+u_3 \end{cases}$$

式中，Y_1,Y_2,Y_3 为内生变量，即 $g=3$；X_1,X_2,X_3 为前定变量，即 $k=3$。第一个结构方程中 $g_1=2,k_1=2$；第二个结构方程中 $g_2=2,k_2=1$。其结构参数矩阵为

$$(B,\Gamma)=\begin{matrix} & Y_1 & Y_2 & Y_3 & X_1 & X_2 & X_3 \\ & \begin{pmatrix} 1 & -3 & 0 & 2 & -1 & 0 \\ 0 & 1 & -1 & 0 & 0 & -1 \\ -1 & 1 & 1 & 0 & 0 & 2 \end{pmatrix} \end{matrix}$$

经过计算可得 B 的逆矩阵和简化参数矩阵：

$$B^{-1}=\begin{pmatrix} -2 & -3 & -3 \\ -1 & -1 & -1 \\ -1 & -2 & -1 \end{pmatrix} \quad \pi=-B^{-1}\Gamma=\begin{pmatrix} 4 & -2 & 3 \\ 2 & -1 & 1 \\ 2 & -1 & 0 \end{pmatrix}$$

对于第一个结构方程，它不含内生变量 Y_3，包含前定变量 X_1,X_2，则划掉 π 中第三行和第一、第二列得到 $\pi(1)=\begin{pmatrix} 3 \\ 1 \end{pmatrix}$。

根据秩条件，$R(\pi(1))=1=g_1-1=2-1$，因此第一个结构方程可识别，进而可用阶条件，这里 $k-k_1=3-2=1=g_1-1=2-1$，因此第一个结构方程是恰好识别的。

对于第二个结构方程,它不含内生变量 Y_1,包含前定变量 X_3,划去 π 中第一行及第三列得 $\pi(2)=\begin{pmatrix} 2 & -1 \\ 2 & -1 \end{pmatrix}$。

因此 $R[\pi(2)]=1=g_2-1=2-1$,此结构方程可识别,再用阶条件,$k-k_2=3-1=2$,$g_2-1=2-1=1$,有 $k-k_2>g_2-1$,第二个结构方程是过度识别的。

对于第三个结构方程,它含内生变量 Y_1, Y_2, Y_3(没有不包含的内生变量),包含前定变量 X_3,则保留 π 中的全部行,再划掉其第三列,得

$$\pi(3)=\begin{pmatrix} 4 & -2 \\ 2 & -1 \\ 2 & -1 \end{pmatrix}$$

其秩 $R[\pi(3)]=1<g_3-1=3-1$,因此由秩条件,第三个结构方程是不可识别的,由于第三个结构方程是不可识别的,所以该联立方程模型是不可识别的。

(四)模型的结构式识别条件

如果结构方程中包含了模型中的所有变量,则该方程与模型中任何一个方程的线性组合都与该方程有相同的统计形式,因而该方程一定是不可识别的。这一事实表明,如果一个结构方程可以识别,则必然有若干变量被排斥在该方程之外。由此可以给出判别结构方程识别性的阶条件。

模型的结构式表示为

$$\boldsymbol{BY}+\boldsymbol{\Gamma X}=\boldsymbol{\mu} \quad \text{或} \quad (\boldsymbol{B},\boldsymbol{\Gamma})\begin{pmatrix} \boldsymbol{Y} \\ \boldsymbol{X} \end{pmatrix}=\boldsymbol{\mu}$$

式中,含有 g 个内生变量,k 个前定变量,以及 g 个方程,因此它是完备的模型。

假定其中第 i 个结构方程中所含的内生变量的个数为 g_i,前定变量的个数为 k_i,矩阵 $[\boldsymbol{B}(i),\boldsymbol{\Gamma}(i)]$ 为从模型系数矩阵 $(\boldsymbol{B},\boldsymbol{\Gamma})$ 中去掉第 i 行,并去掉第 i 个结构方程包含的内生变量所对应的列而形成的矩阵。对结构式模型第 i 个结构方程的识别条件是:

▶ **1. 结构方程识别的阶条件(完备的结构型)**

记 M 为结构模型中内生变量和前定变量的总个数($M=g+k$),M_i 为第 i 个结构方程中所含变量(内生变量和前定变量)的个数:$M_i=g_i+k_i$。

当第 i 个结构方程是可识别时:

若 $k-k_i=g_i-1$,或 $M-M_i=g-1$,称阶条件成立,此时如果第 i 个结构方程可识别,则第 i 个结构方程是恰好识别的;

若 $k-k_i>g_i-1$,或 $M-M_i>g-1$,称阶条件成立,此时如果第 i 个结构方程可识别,则第 i 个结构方程是过度识别的;

若 $k-k_i<g_i-1$,或 $M-M_i<g-1$,称阶条件不成立,则第 i 个结构方程一定不可识别。

需要指出的是,识别的阶条件只是结构方程可识别的一个必要条件,而非充要条件。也就是说,如果阶条件不成立,则对应的结构方程不可识别;如果阶条件成立,则对应的结构方程是否可识别不能确定,还需进一步通过秩条件判别。

▶ **2. 结构方程识别的秩条件**

识别的阶条件实际上是要求某个特定方程排斥(即不包含)一定数目的变量,以保证达

到其在统计形式上与模型中其他方程不同的目的。但是,它不能保证模型中的另一个方程也排斥完全相同的变量,如果这样将与待定方程具有相同的统计形式。所以,阶条件只能作为识别的必要条件。

识别的秩条件则是一个充分必要条件,其具体内容为:

在具有 g 个方程的结构式模型中,任何一个方程能够被识别的充分必要条件是:该方程被排斥变量结构参数矩阵的秩为 $g-1$。或者说,该方程被排斥变量的结构参数矩阵中,至少有一个 $g-1$ 阶的非零行列式。

若秩 $\text{Rank}[\boldsymbol{B}(i),\boldsymbol{\Gamma}(i)]<g-1$,则第 i 个结构方程不可识别。

若秩 $\text{Rank}[\boldsymbol{B}(i),\boldsymbol{\Gamma}(i)]=g-1$,则第 i 个结构方程是可识别的。

其中秩条件是判断对应结构方程可否识别的充分必要条件,$\text{Rank}[\boldsymbol{B}(i),\boldsymbol{\Gamma}(i)]\neq g_i-1$,则秩条件成立,则对应的结构方程一定可识别;$\text{Rank}[\boldsymbol{B}(i),\boldsymbol{\Gamma}(i)]=g_i-1$,则秩条件不成立,则对应的结构方程一定不可识别。利用秩条件可以判别结构方程是否可识别,但不能确定是恰好识别还是过度识别。

识别的秩条件实际上是要求某个特定方程所排斥的变量,必须以不同的统计形式出现在其他 $g-1$ 个方程中,这样才能保证模型中的其他方程或这些方程的线性组合与待定方程具有不同的统计形式。

设某联立方程结构式模型为

$$\begin{cases} C_t = a_0 + a_1 Y_t + u_{t1} \\ I_t = \beta_0 + \beta_1 Y_t + \beta_2 Y_{t-1} + u_{t2} \\ Y_t = C_t + I_t + G_t \end{cases}$$

式中,Y、C、I 为内生变量,$g=3$;G_t、Y_{t-1} 和观察值始终取 1 的虚变量 D 为前定变量,$k=3$。其结构式参数矩阵为

$$(\boldsymbol{B},\boldsymbol{\Gamma}) = \begin{matrix} & C_t & I_t & Y_t & D & Y_{t-1} & G_t \\ & 1 & 0 & -a_1 & -a_0 & 0 & 0 \\ & 0 & 1 & -\beta_1 & -\beta_0 & -\beta_2 & 0 \\ & -1 & -1 & 1 & 0 & 0 & 1 \end{matrix}$$

对于第一个结构方程:

$(\boldsymbol{B}(1)\boldsymbol{\Gamma}(1)) = \begin{pmatrix} 1 & -\beta_2 & 0 \\ -1 & 0 & 1 \end{pmatrix}$,$k_1=1$,$g_1=2$,因为 $\boldsymbol{R}[\boldsymbol{B}(2)\boldsymbol{\Gamma}(1)]=2=g-1=3-1$,所以该方程可以识别;又因为 $k-k_1=2>g_1-1=1$,所以该方程是过度识别的。

对于第二个结构方程:

$[\boldsymbol{B}(2)\boldsymbol{\Gamma}(2)] = \begin{pmatrix} 1 & 0 \\ -1 & 1 \end{pmatrix}$,$k_2=2$,$g_2=2$,因为 $\boldsymbol{R}[\boldsymbol{B}(2)\boldsymbol{\Gamma}(2)]=2=g-1=3-1$,所以该方程可以识别;又因为 $k-k_2=1=g_2-1$,所以该方程是恰好识别的。

第三个方程是平衡方程,不存在识别问题,所以该联立方程模型是可以识别的。通过此例可以发现结构式方法要比简化式方法更简单,因而也更常用。

第二节 联立方程模型的估计

联立方程模型的估计方法分为单方程估计方法与系统估计方法两大类。单方程估计方法(又称有限信息法,limited information methods)指每次只估计模型系统中的一个方程,依次逐个估计;估计时仅考虑该方程给出的有限信息。系统估计方法(又称完全信息法,full information methods)指同时对全部方程进行估计,同时得到所有方程的参数估计量,估计时同时考虑全部方程给出的信息。从模型估计的性质来讲,系统估计方法优于单方程方法;从方法的复杂性来讲,单方程方法又优于系统估计方法。本节将介绍两种常用的单方程估计法:间接最小二乘法和两阶段最小二乘法。

一、间接最小二乘法

▶ 1. 思路

联立方程模型的结构方程中包含有内生解释变量,不能直接采用 OLS 估计其参数。但是对于简化式方程,可以采用 OLS 直接估计其参数。先对关于内生解释变量的简化式方程采用 OLS 估计简化式参数,得到简化式参数估计量,然后通过参数关系体系,计算得到结构式参数的估计量。间接最小二乘法(indirect least square)只适用于恰好识别的结构方程的参数估计,因为只有恰好识别的结构方程,才能从参数关系体系中得到唯一一组结构参数的估计量。

▶ 2. 步骤

把被估计的结构方程所包含的内生变表示为模型中全部前定变量和随机项的函数,即导出相应的简化型方程,以此消除方程中随机项与解释变量之间的相关性,使每一个简化型方程都满足 OLS 假定,从而可以应用 OLS 求得简化型参数的估计值,然后代入简化式,可以间接求得结构方程参数的估计值。

▶ 3. 实例

$$\begin{cases} Y_1 = \alpha_{12}Y_2 + \beta_{11}X_1 + \beta_{12}X_2 + \mu_1 \\ Y_2 = \alpha_{23}Y_3 + \beta_{23}X_3 + \mu_2 \\ Y_3 = \alpha_{31}Y_1 + \alpha_{32}Y_2 + \beta_{33}X_3 + \mu_3 \end{cases} \text{(原式)}$$

模型中有三个内生变量 Y_1, Y_2, Y_3,其一般表达式为

$$\begin{cases} Y_1 - \alpha_{12}Y_2 + 0Y_3 - \beta_{11}X_1 - \beta_{12}X_2 + 0X_3 = \mu_1 \\ 0Y_1 + Y_2 - \alpha_{23}Y_3 + 0X_1 + 0X_2 - \beta_{23}X_3 = \mu_2 \\ -\alpha_{31}Y_1 - \alpha_{32}Y_2 + Y_3 + 0X_1 + 0X_2 - \beta_{33}X_3 = \mu_3 \end{cases}$$

其系数矩阵表示为 $AY + \Gamma X = \mu$

$$(A, \Gamma) = \begin{pmatrix} 1 & -\alpha_{12} & 0 & -\beta_{11} & -\beta_{12} & 0 \\ 0 & 1 & -\alpha_{23} & 0 & 0 & -\beta_{23} \\ -\alpha_{31} & -\alpha_{32} & 1 & 0 & 0 & -\beta_{33} \end{pmatrix}$$

由结构式识别条件可知,第一个结构方程恰好识别;第二个是过度识别;第三个不可识别。经形式计算可得

$$A^{-1} = \frac{1}{1-\alpha_{23}(\alpha_{32}+\alpha_{31}\alpha_{12})} \begin{pmatrix} 1-\alpha_{23}\alpha_{32} & \alpha_{12} & \alpha_{12}\alpha_{23} \\ \alpha_{23}\alpha_{31} & 1 & \alpha_{23} \\ \alpha_{31} & \alpha_{32}+\alpha_{31}\alpha_{12} & 1 \end{pmatrix}$$

由于结构式参数与简化式参数的对应关系为 $\mathit{\Pi} = -A^{-1}T$,可知模型简化式 $Y = \pi X + V$

$$\begin{cases} Y_1 = \pi_{11}X_1 + \pi_{12}X_2 + \pi_{13}X_3 + v_1 \\ Y_2 = \pi_{21}X_1 + \pi_{22}X_2 + \pi_{23}X_3 + v_2 \\ Y_3 = \pi_{31}X_1 + \pi_{32}X_2 + \pi_{33}X_3 + v_3 \end{cases}$$

用间接最小二乘法(ILS法)对每一个结构方程进行估计,其步骤如下:

联立方程模型中的第一个结构方程式是恰好识别的,该方程含有两个内生变量 Y_1 和 Y_2,对应的简化式方程为:

$$Y_1 = \pi_{11}X_1 + \pi_{12}X_2 + \pi_{13}X_3 + v_1$$
$$Y_2 = \pi_{21}X_1 + \pi_{22}X_2 + \pi_{23}X_3 + v_2$$

将这两个式子代入到原式,得

$$\pi_{11}x_1 + \pi_{12}x_2 + \pi_{13}x_3 + v_1 = \alpha_{12}(\pi_{21}x_1 + \pi_{22}x_2 + \pi_{23}x_3 + v_2) + \beta_{11}x_1 + \beta_{12}x_2 + 0x_3 + \mu_1$$

将此式整理得:

$$(\pi_{11} - \alpha_{12}\pi_{21})X_1 + (\pi_{12} - \alpha_{12}\pi_{22})X_2 + (\pi_{13} - \alpha_{12}\pi_{23})X_3 + (v_1 X_{12} v_2)$$
$$= \beta_{11}X_1 + \beta_{12}X_2 + 0X_3 + \mu_1$$

将等号两边相同变量的系数相比较可知

$$\begin{cases} \pi_{11} - \alpha_{12}\pi_{21} = \beta_{11} \\ \pi_{12} - \alpha_{12}\pi_{22} = \beta_{12} \\ \pi_{13} - \alpha_{12}\pi_{23} = 0 \end{cases}$$

因此,若已知式中 π_{ij} 的值时,可由上三式唯一确定其中的结构参数。由于简化式方程式中解释变量(前定变量)X_1, X_2, X_3 与随机误差项不相关,如果前定变量之间不存在多重共线性且当随机误差项满足零均值、同方差、无自相关的假定时,用普通最小二乘法分别对简化式参数 π_{ij} 作出的估计值 $\hat{\pi}_{ij}$,具有最佳线性无偏和一致的特性。再将 $\hat{\pi}_{ij}$ 代入式中,则由此得到

$$\begin{cases} \hat{\alpha}_{12} = \hat{\pi}_{13}/\hat{\pi}_{23} \\ \hat{\beta}_{11} = \hat{\pi}_{11} - \hat{\alpha}_{12}\hat{\pi}_{21} \\ \hat{\beta}_{12} = \hat{\pi}_{12} - \hat{\alpha}_{12}\hat{\pi}_{22} \end{cases}$$

由此可见,对于恰好识别的结构方程,ILS法是求出其包含的全部内生变量所对应的简化式方程中参数 $\hat{\pi}_{ij}$ 的 OLS 估计值,再由参数对应关系式可唯一确定这个结构方程的结构参数估计值。显然,ILS 法不能有效地求出整个模型中每一个结构方程的结构参数。

二、两阶段最小二乘法

▶ 1. 思路

间接最小二乘法一般只适用于联立方程模型中恰好识别的结构方程的估计,但在实际的联立方程模型中,恰好识别的结构方程很少出现,一般情况下被估计方程是过度识别的。这样,ILS 不能被使用,两阶段最小二乘估计(Two-stage least square)是常用的另一种可选

方法。首先利用 OLS 法估计简化式方程,得到内生变量的估计值,然后以内生变量的估计值为工具变量,对结构式方程应用 OLS 法得到结构参数估计值。两阶段最小二乘法是一种既适用于恰好识别的结构方程,又适用于过度识别的结构方程的单方程估计方法,是应用最多的单方程估计方法。

▶ 2. 步骤

(1) 从结构方程导出简化式方程,用普通最小二乘法进行估价,然后用简化方程求出结构方程中内生解释变量的估计值。

(2) 用所求出的内生解释变量的估计值替换结构方程中该内生解释变量的样本观测值,再对结构方程用普通最小二乘法进行估价,所求出的结构参数估计量即为二阶段最小二乘法参数估计量。

▶ 3. 实例

一般来讲,联立方程模型 $YB + X\Gamma = \mu$ 的第 i 个方程可表示为 $Y_i = Y_0 B_0 + X_0 \Gamma_0 + \mu_i$,其中

$$Y_i = \begin{pmatrix} y_{1i} \\ y_{2i} \\ \vdots \\ y_{ni} \end{pmatrix}, Y_0 = \begin{pmatrix} y_{11} & \cdots & y_{1(i-1)} & y_{1(i+1)} & \cdots & y_1 g_i \\ y_{21} & \cdots & y_{2(i-1)} & y_{2(i+1)} & \cdots & y_2 g_i \\ \vdots & & \vdots & \vdots & & \vdots \\ y_{ni} & \cdots & y_{n(i-1)} & y_{n(i+1)} & \cdots & y_n g_i \end{pmatrix}, B_0 = \begin{pmatrix} \beta_{i1} \\ \beta_{i2} \\ \vdots \\ \beta_{1(i-1)} \\ \beta_{i(i+1)} \\ \vdots \\ \beta_i g_i \end{pmatrix}$$

$$X_0 = \begin{pmatrix} x_{11} & & \cdots & x_1 k_i \\ \vdots & & & \vdots \\ x_{n1} & x_{n2} & \cdots & x_n k_i \end{pmatrix}, \mu_i = \begin{pmatrix} \mu_{1i} \\ \mu_{2i} \\ \vdots \\ \mu_{ni} \end{pmatrix}, \Gamma_0 = \begin{pmatrix} \gamma_{i1} \\ \gamma_{i2} \\ \vdots \\ \gamma_i k_i \end{pmatrix}。$$

可以表示为

$$Y_i = (Y_0, X_0) \begin{pmatrix} B_0 \\ \Gamma_0 \end{pmatrix} + \mu_i$$

第一阶段,Y_0 中每个变量对 X 用 OLS 法进行回归计算,其关系式为 $Y_0 = X\Pi_0 + V_0$,Π_0、V_0 的矩阵元素排列类似于上面的矩阵。Π_0 的 OLS 估计式为 $\hat{\Pi}_0 = (X'X)^{-1} X' Y_0$,于是 $\hat{Y}_0 = X\hat{\Pi}_0$。

第二阶段,用 $\hat{Y}_0$ 代替式中的 Y_0,即

$$Y_i = (\hat{Y}_0, X_0) \begin{pmatrix} B_0 \\ \Gamma_0 \end{pmatrix} + \mu_i^*$$

对模型应用 OLS 法,得到结构参数估计量为

$$\begin{pmatrix} \hat{B}_0 \\ \hat{\Gamma}_0 \end{pmatrix} = [(\hat{Y}_0, X_0)'(\hat{Y}_0, X_0)]^{-1} (\hat{Y}_0, X_0)' Y_i$$

这就是第 i 个结构方程的 2SLS 的估计量。

相关链接

联立方程模型的两阶段最小二乘估计

EViews 6.0 软件操作步骤：

(1) 输入变量名和样本数据。

(2) 选择 Object/New Object 菜单命令。

(3) 弹出 New Object 对话框，在 Type of object 列表框中选择 System，在 Name for object 文本框中输入项目名(要求是字母或数字)，如图 10-1 所示，单击 OK 按钮。

图 10-1　设置对象类型和名称

(4) 如图 10-2 所示，在 System(系统)窗口中输入联立方程模型，并选 C_{t-1}, Y_{t-1}, G_t 为工具变量。已知消费方程为 $C_t = \alpha_0 + \alpha_1 Y_t + \alpha_2 C_{t-1} + \mu_{1t}$，投资方程为 $I_t = \beta_0 + \beta_1 Y_{t-1} + \mu_{2t}$，收入方程为 $Y_t = C_t + I_t + G_t$。其中，C_t 为消费；Y_t 为国民生产总值；I_t 为投资；G_t 为政府支出。图中用 CONS 表示 C_t，用 GDP 表示 Y_t，用 INV 表示 I_t，用 GOV 表示 G_t。需要用到 @inst 函数，即工具变量函数。

图 10-2　建立联立方程模型

(5) 单击 System(系统)窗口上的 estimate 按钮，弹出系统估计方法对话框，如图 10-3

所示。选择 Two-SLS 估计法,单击"确定"按钮。得到估计结果,如图 10-4 所示。

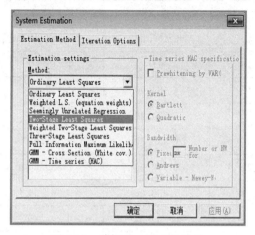

图 10-3　选择 Two-SLS 估计法

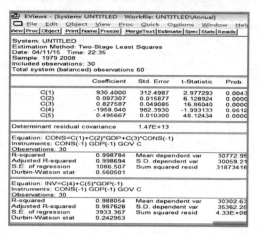

图 10-4　估计结果

关键术语

联立方程模型　结构式模型　简化式模型　间接最小二乘法　两阶段最小二乘法

闯关习题

一、简述题

1. 如何识别联立方程模型?
2. 简述间接最小二乘法的基本原理。
3. 简述两阶段最小二乘法的基本思路和一般步骤。

二、软件操作题

已知联立方程:消费方程为 $C_t=\alpha_0+\alpha_1 Y_t+\alpha_2 C_{t-1}+\mu_{1t}$;投资方程为 $I_t=\beta_0+\beta_1 Y_{t-1}+\mu_{2t}$;收入方程为 $Y_t=C_t+I_t+G_t$。其中,C_t 表示消费;Y_t 表示国民生产总值;I_t 表示投资;G_t 表示政府支出,各数据如表 10-1。请利用 EViews 6.0 软件,使用两阶段最小二乘法对联立方程各参数进行估算。

表 10-1　联立方程参数　　　　　　　　　　　　　（单位:亿元）

时间	国民生产总值	消费	投资	政府支出
1978	3 605.60	1 759.10	1 377.90	480.00
1979	4 092.60	2 011.50	1 478.90	622.20
1980	4 592.90	2 331.20	1 599.70	676.70
1981	5 008.80	2 627.90	1 630.20	733.60
1982	5 590.00	2 902.90	1 784.20	811.90
1983	6 216.20	3 231.10	2 039.00	895.30
1984	7 362.70	3 742.00	2 515.10	1 104.30

续表

时 间	国民生产总值	消 费	投 资	政府支出
1985	9 076.70	4 687.40	3 457.50	1 298.90
1986	10 508.50	5 302.10	3 941.90	1 519.70
1987	12 277.40	6 126.10	4 462.00	1 678.50
1988	15 388.60	7 868.10	5 700.20	1 971.40
1989	17 311.30	8 812.60	6 332.70	2 351.60
1990	19 347.80	9 450.90	6 747.00	2 639.60
1991	22 577.40	10 730.60	7 868.00	3 361.30
1992	27 565.20	13 000.10	10 086.30	4 203.20
1993	36 938.10	16 412.10	15 717.70	5 487.80
1994	50 217.40	21 844.20	20 341.10	7 398.00
1995	63 216.90	28 369.70	25 470.10	8 378.50
1996	74 163.60	33 955.90	28 784.90	9 963.60
1997	81 658.50	36 921.50	29 968.00	11 219.10
1998	86 531.60	39 229.30	31 314.20	12 358.90
1999	91 125.00	41 920.40	32 951.50	13 716.50
2000	98 749.00	45 854.60	34 842.80	156 61.40
2001	108 972.40	49 213.20	39 769.40	17 665.10
2002	120 350.30	52 571.30	45 565.00	19 119.90
2003	136 398.80	56 834.40	55 963.00	20 615.10
2004	160 280.40	63 833.50	69 168.40	23 199.40
2005	188 692.10	71 217.50	80 646.30	26 605.20
2006	221 651.30	80 476.90	94 402.00	30 118.40
2007	263 093.80	93 317.20	110 919.40	35 190.90
2008	306 859.80	108 392.20	133 612.30	40 720.40

课外修炼

阅读《计量经济学》

李子奈和潘文卿编著的《计量经济学》(第三版)是普通高等教育"十一五"国家级规划教材,由高等教育出版社出版。

该教材融计量经济学理论、方法与应用为一体,以中级水平内容为主,适当吸收初级和高级水平的内容;以经典线性模型为主,适当介绍一些适用的非经典模型。

主要特点

全书形成一个独具特色的内容体系,详细论述了经典的单方程计量经济学模型的理论方法,适当介绍了联立方程计量经济学模型和时间序列计量经济学模型的理论方法,并引入了几类扩展的单方程计量经济学模型。在计量经济学应用模型中,该书着重讨论了模型类型选择、模型变量选择、模型函数关系设定和模型变量性质设定的原则和方法。在详细介绍线性回归模型的数学过程的基础上,各章的重点不是理论方法的数学推导与证明,而是对实际应用中出现的实际问题的处理,并尽可能与中国的模型实例相结合。

> 有两种与自我实现相关的折磨:一是与生活纪律相关的折磨;二是由于生活不理想而产生的折磨。实现自我的诀窍在于你更愿意承受哪种类型的折磨。

第十一章 时间序列平稳性问题
Chapter 11

>>> **知识结构图**

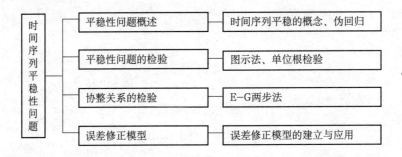

>>> **学习目标**

1. 知识目标：时间序列平稳性的概念；平稳性问题的检验方法；E-G 两步法检验协整；误差修正模型的建立与应用。

2. 能力目标：理解协整与误差修正模型的联系；掌握时间序列模型的构建步骤与应用范围；掌握 EViews 软件的操作方法，能应用 EViews 软件分析时间序列。

>>> **情景写实**

一项研究表明，在某个城市出现心力衰竭死亡人数和啤酒的消耗量同时急剧升高的现象，这是否表明喝啤酒一定会引起心脏病发作呢？正确答案是：否！两者升高是因为人口迅速增加的结果。

实践中在用一个时间序列对另一个时间序列作回归时，虽然两者之间并无任何有意义的关系，却常常会得到一个很高的 R^2 值。这种问题之所以产生，是因为如果所涉及的时间序列，如这个城市中死亡人数与啤酒的消耗量都显示强劲的趋势（持续的上升或下降），则所得到的 R^2 值是由于趋势的出现，而不是由于两者之间的真实关系。因此，判明经济变量之间的关系是真实的还是谬误的，是非常重要的问题，否则容易导致错误的结论。

第一节 平稳性问题概述

时间序列是指某一统计指标数据按时间先后顺序排列而形成的数列,如逐年的国内生产总值和消费支出,逐月的商品销售额,逐日的股票价格等都是时间序列。时间序列一般用 $X_1, X_2, \cdots, X_t$ 表示,t 为时间。时间序列数据是其经济分析中最常见,也是最重要的一类数据。因此,对时间序列数据的分析也就成了计量经济分析最为重要的内容之一。在前面的几章中,所涉及的有关时间的序列都是平稳的,但现实中很多时间序列是非平稳的。那么在计量经济分析中涉及非平稳时间序列时应如何处理,就是本节要讨论的问题。

一、时间序列平稳性的概念

假定某个时间序列是由某一随机过程生成的,即假定时间序列 $\{X_t\}$($t=1,2,\cdots$)的每一个数值都是从一个概率分布中随机得到,如果满足下列条件:

(1)均值 $E(X_t) = u$,u 为常数,与时间 t 无关;

(2)方差 $\text{var}(X_t) = \sigma^2$,$\sigma^2$ 为常数,与时间 t 无关;

(3)协方差 $\text{cov}(X_t, X_{t+k}) = \gamma_k$ 是只与时期间隔 k 有关,与时间 t 无关的常数,

则称该随机时间序列是平稳的(Stationary)。

例如,每年相同季节的气温是相似的,因此每年相同季节的气温是一平稳随机过程。

经典实例

白噪声序列

一个最简单的随机时间序列是一个具有零均值同方差的独立分布序列:
$$E(X_t) = 0, \text{var}(X_t) = \sigma^2, \text{cov}(X_t, X_{t+k}) = 0$$

则该序列常被称为一个白噪声(white noise)。由于 x_t 具有相同的均值与方差,且协方差为零,因此白噪声序列是平稳的。图 11-1 所示是一个白噪声随机数分布图。

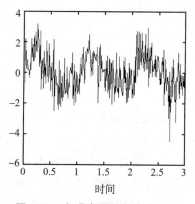

图 11-1 白噪声随机数据分布图

时间序列的非平稳是指时间序列的统计规律随着时间的位移而发生变化,其均值方差

函数不再是常数,协方差函数也不仅仅是时间间隔 k 的函数。

经济领域中,许多时间序列大都是非平稳的。例如,国内生产总值 GDP 大多数情况下随时间的位移而持续增长;货币供给量在正常状态下会随时间的位移而扩大,呈现出非平稳特征。又如,许多经济现象具有季节性特征,玩具的销售额每年到圣诞节达到最高峰,而冷饮和冰淇淋的销售额则在夏天达到最高峰。这些具有季节性特征的时间序列都是非平稳的。

经典实例

随机游走序列

另一个简单的随机时间序列被称为随机游走(Random Walk)。该序列由如下随机过程生成:

$$X_t = X_{t-1} + u_t$$

式中,u_t 是一个白噪声。

设 X_1 的初值为 X_0,则 $X_1 = X_0 + u_1$

$$X_2 = X_1 + u_2 = X_0 + u_1 + u_2$$

······

$$X_t = X_0 + u_1 + u_2 + \cdots + u_t$$

由于 X_0 为常数,u_t 是一个白噪声,因此 $\text{var}(X_t) = ts^2$,即 X_1 的方差与时间 t 有关而非常数,它是一非平稳序列。

然而,对 X_t 取一阶差分 $\Delta X_t = X_t - X_{t-1} = u_t$,由于 u_t 是一个白噪声,则 ΔX_t 序列是平稳的。可见,如果一个时间序列是非平稳的,常常可通过取差分的方法形成平稳序列。

二、伪回归问题

伪回归(Spurious Regression)是指对事实上不存在任何相关关系的两个变量进行回归得出的能够通过显著性检验的回归模型。20 世纪 70 年代 Grange 和 Newbold 研究发现,造成"伪回归"的根本原因在于时间序列变量的非平稳性。

下面通过简单的例子说明伪回归的表现形式及其发生的原因。

设啤酒消费量 x_t 和心力衰竭死亡人数 y_t 是完全独立的时间序列,并且均为随机游动,为非平稳时间序列。现将 y 对 x 进行回归,回归模型为

$$Y_t = \alpha + \beta X_t + v_t \tag{11-1}$$

式中,v_t 为误差项。

由于 Y_t 和 X_t 没有任何相关关系,回归系数 β 等于 0。如果采用 OLS 方法对式(11-1)进行估计,估计量 $\hat{\beta}$ 应该接近 0,相应的 t 检验也应该不显著。但实际回归结果却常常相反:t 检验表明 $\hat{\beta}$ 显著不为 0,回归拟合优度 R^2 也不接近 0,即使在样本量很大时仍然如此。如果仅从一般的检验判断,会得出啤酒消费量 X_t 和心力衰竭死亡人数 Y_t 有显著线性关系的错误结论。

因此,在利用回归分析方法讨论经济变量间有意义的经济关系之前,必须对经济变量时间序列的平稳性与非平稳性作出判断。如果经济变量时间序列是非平稳的,则需要寻找新的处理方法。

第二节 平稳性问题的检验

对平稳性问题的检验方法有多种,这里只介绍图示法和单位根检验两种方法。

一、图示法

给出一个随机时间序列,画出该时间序列的散点图,然后直观地判断该散点图是否围绕其均值上下波动。如果是,则该时间序列是一个平稳时间序列,如图 11-2(a);如果不是,则该时间序列是一个非平稳时间序列,如图 11-2(b)。

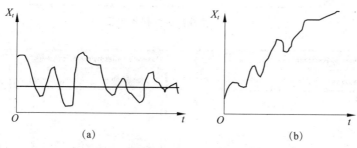

图 11-2 平稳时间序列与非平稳时间序列

相关链接

图示法检验序列平稳性

EViews 6.0 软件操作步骤:

已知厦门 1994—2013 年房地产开发投资额和地税收入数据如表 11-1 所示,检验两变量对数后的序列平稳性。

表 11-1 厦门 1994—2013 年房地产开发投资额和地税收入数据　　(单位:亿元)

年份	房地产开发投资额 X	地税收入 Y	年份	房地产开发投资额 X	地税收入 Y
1994	266 560.00	89 473.00	2004	914 610.00	583 927
1995	598 781.00	119 457	2005	1 140 742.00	692 972
1996	642 645.00	169 604	2006	2 139 308.00	978 236
1997	677 918.00	196 778	2007	3 457 362.00	1 334 817
1998	762 528.00	226 266	2008	3 270 160.00	1 522 969
1999	693 527.00	274 606	2009	2 945 940.00	1 561 393
2000	621 211.00	326 412	2010	3 961 254.00	1 797 500
2001	566 315.00	414 834	2011	4 381 217.00	2 783 064
2002	623 326.00	452 454	2012	5 188 791.00	3 178 273
2003	792 737.00	500 163	2013	5 318 000.00	3 637 096.00

(1) 建立工作文件并录入原始数据,对变量取对数,选择 quick/Generate Series 菜单命令(如图 11-3),令 LX=log(X),LY=log(Y),如图 11-4 和图 11-5 所示。

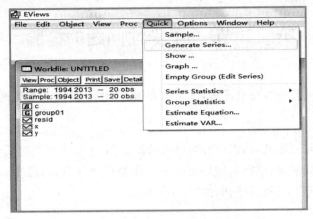

图 11-3　生成序列的操作步骤

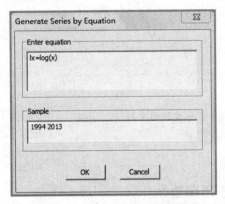 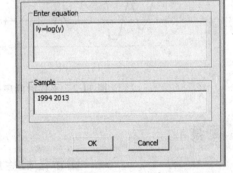

图 11-4　生成序列 LX 的操作步骤　　　图 11-5　生成序列 LY 的操作步骤

　　(2) 打开 LX 序列,单击 View 按钮,选择 Graph 命令,在 Graph Options 对话框的 Giraph type 列表框中选择 Line&Symbol 类型(如图 11-6),可得 LX 的序列图,如图 11-7 所示。用同样的方式,可得 LY 的序列图,如图 11-8 所示。

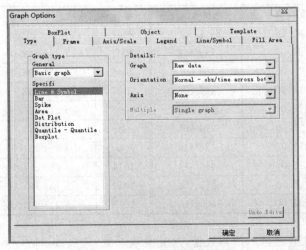

图 11-6　时间序列图的操作步骤

图 11-7 LX 序列图

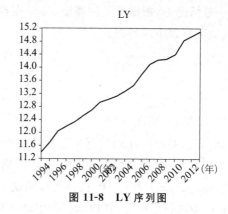

图 11-8 LY 序列图

从厦门房地产开发投资额对数序列图和地税税收收入对数序列图可以看出,两序列有明显递增的趋势,不同时间段的均值不同,因此两序列是不平稳的。

二、单位根检验

▶ 1. DF 检验

已知道,随机游走序列

$$X_t = X_{t-1} + \mu_t \tag{11-2}$$

是非平稳的,其中 μ_t 是白噪声。而该序列可被看作随机模型

$$X_t = \beta X_{t-1} + \mu_t \tag{11-3}$$

式中参数 $\beta = 1$ 时的情形。也就是说,对式(11-3)做回归,如果确实发现 $\beta = 1$,则就说随机变量有一个单位根。显然,X_t 是非平稳的。

式(11-3)可变成差分形式

$$\Delta X_t = (\beta - 1) X_{t-1} + \mu_t$$
$$= \rho X_{t-1} + \mu_t \tag{11-4}$$

检验式(11-3)是否存在单位根 $\beta = 1$,也可通过式(11-4)判断是否有 $\rho = 0$。如果接受零假设 $H_0: \rho = 0$,则说明时间序列 X_t 存在单位根,是非平稳的。这时 DF 检验值即为 X_{t-1} 系数的估计值,但它不服从标准的 t 分布,而是 DF 分布。为此,Dickey 和 Fuller 利用蒙特卡罗模拟方法给出了一定样本容量、显著性水平下的 DF 分布临界值,见表 11-2。

表 11-2 DF 分布临界值表

显著性水平	样本容量					t 分布临界值($n = \infty$)
	25	50	100	500	∞	
0.01	−3.75	−3.58	−3.51	−3.44	−3.43	−2.33
0.05	−3.00	−2.93	−2.89	−2.87	−2.86	−1.65
0.10	−2.63	−2.60	−2.58	−2.57	−2.57	−1.28

这样,判断 ρ 的显著性的方法就是:如果计算出来的 DF 值小于 DF 临界值,则拒绝原假设,X_t 不是单位根过程,时间序列是平稳的;如果计算出来的 DF 值大于 DF 临界值,则接受原假设,X_t 是单位根过程,时间序列是非平稳的。

一般情况下,根据检验的需要,可以在检验式(11-5)中加入截距项或时间趋势项,因此 DF 检验可有以下三种形式:

$$\begin{aligned}\Delta Y_t &= \rho Y_{t-1} + \mu_t \\ \Delta Y_t &= \alpha + \rho Y_{t-1} + \mu_t \\ \Delta Y_t &= \alpha + \beta t + \rho Y_{t-1} + \mu\end{aligned} \quad (11\text{-}5)$$

▶ 2. ADF 检验

DF 方法对时间序列进行平稳性检验中,实际上假定了随机误差项 u_t 不存在序列相关。但在实际检验中,大多数经济时间序列不满足这个假设,表现出随机误差项存在序列相关(Autocorrelation),导致 DF 检验出现偏误。为了保证单位根检验的有效性,Dicky 和 Fuller 对 DF 检验进行了扩充,在检验模型中加入被解释变量的适当滞后项,使得随机项不存在序列相关,从而保证检验的可信度。这就是 ADF(Augment Dickey-Fuller)检验。ADF 检验是通过下面三个模型完成的。

$$\text{模型 1}: \Delta X_t = \rho X_{t-1} + \sum_{i=1}^{m} \gamma_i \Delta X_{t-i} + u_t$$

$$\text{模型 2}: \Delta X_t = \alpha + \rho X_{t-1} + \sum_{i=1}^{m} \gamma_i \Delta X_{t-i} + u_t$$

$$\text{模型 3}: \Delta X_t = \alpha + \beta t + \rho X_{t-1} + \sum_{i=1}^{m} \gamma_i \Delta X_{t-i} + u_t$$

其中,X_t 为时间序列;α 为常数项;t 为时间趋势项;X_{t-i} 为 X_t 的 i 阶滞后项;m 为滞后阶数,一般采用施瓦茨准则(SIC)确定。

和 DF 检验一样,在序列存在单位根的原假设下,对参数 ρ 估计值进行显著性检验的 t 统计量不再服从标准的 t 分布,而是服从 ADF 分布,软件操作结果含 ADF 检验临界值。

实际检验时从模型 3 开始,然后是模型 2,最后是模型 1。何时拒绝零假设,即原序列不存在单位根,为平稳序列,何时停止检验;否则,继续检验,直到检验完模型 1 为止。

一个简单的方法是同时估计出上述三个模型的适当形式,然后通过 ADF 临界值表检验零假设 H_0:$\rho=0$。只要其中有一个模型的检验结果拒绝了零假设,就可以认为时间序列是平稳的。当三个模型的检验结果都不能拒绝零假设时,则认为时间序列是非平稳的。

相关链接

单位根检验

EViews 6.0 软件操作步骤:

以厦门房地产开发投资额对数序列 LX 和地税税收收入对数序列 LY 为例,进行单位根检验(ADF 检验)。

(1) 对 LX 进行检验。双击 LX 序列,在 LX 序列窗口中,选择 View/Unit Root Test… 菜单命令,如图 11-9 所示,弹出 Unit Root Test 对话框,如图 11-10 所示。

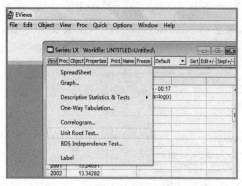

图 11-9 选择单位根检验菜单命令

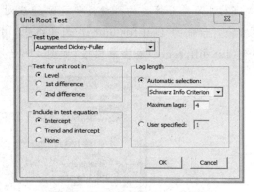

图 11-10 Unit Roor Test 对话框

Unit Root Test 对话框的设置。其中，Test for unit root in 选项组中，Level 是水平序列，1st 是一阶差分序列，2nd 是二阶差分序列；Include in test equation 选项组中，Intercept 是常数项，对应 ADF 检验中的第二个模型，Trend and intercept 是趋势项加常数项，对应 ADF 检验中的第三个模型，None 是没有趋势项跟常数项，对应 ADF 检验中的第一个模型；右侧的 Lag length 是滞后阶数的确定，系统默认是用 SIC 值确定，且默认最大滞后阶数为 4 阶。

本例中，对于 LX 序列的单位根检验是选择 Level 项，经过尝试，ADF 检验结果如图 11-11 所示。依据 ADF 检验的相关知识，其检验方程式为

$$\Delta LX_t = 4.210\,480 + 0.057\,294t - 0.337\,190 LX_{t-1} + 0.381\,098 \Delta LX_{t-1}$$
$$(2.500\,948)(2.763\,938)(-2.510\,858)(2.175\,858)$$

括号中给出的是 t 统计量的值，其中 $-2.510\,858$ 是 ADF 统计量的值，大于 ADF 分布临界值，所以 LX 序列存在单位根。

图 11-11 LX 单位跟检验结果

(2) LX 差分序列的平稳性检验。继续对 LX 的差分序列 ΔLX_t 做单位根检验，在单位根检验对话框的 Test for unit in 选择组中，由对原序列 LX(Level)检验单位根改为对 ΔLX_t 序列(1st difference)检验单位根，如图 11-12 所示。

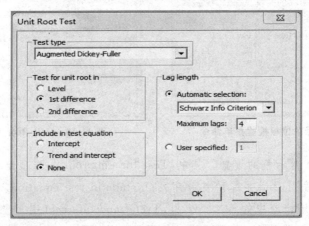

图 11-12　单位根检验选项

经过尝试，选择既不包含常数项也不包含时间趋势项的回归方程，如图 11-13 所示。回归结果表示如下：

$$\Delta^2 LX_t = -0.628\,995 \Delta LX_{t-1}$$
$$(-3.842\,027)$$

ADF 统计量的值为 $-3.842\,027$，小于 ADF 分布临界值，所以 LX 的差分序列是平稳的，不存在单位根。

Null Hypothesis: D(LX) has a unit root
Exogenous: None
Lag Length: 0 (Automatic based on SIC, MAXLAG=4)

		t-Statistic	Prob.*
Augmented Dickey-Fuller test statistic		-3.842027	0.0007
Test critical values:	1% level	-2.699769	
	5% level	-1.961409	
	10% level	-1.606610	

*MacKinnon (1996) one-sided p-values.
Warning: Probabilities and critical values calculated for 20 observations
and may not be accurate for a sample size of 18

Augmented Dickey-Fuller Test Equation
Dependent Variable: D(LX,2)
Method: Least Squares
Date: 01/17/15 Time: 00:28
Sample (adjusted): 1996 2013
Included observations: 18 after adjustments

Variable	Coefficient	Std. Error	t-Statistic	Prob.
D(LX(-1))	-0.628995	0.163714	-3.842027	0.0013

R-squared	0.451044	Mean dependent var	-0.043594
Adjusted R-squared	0.451044	S.D. dependent var	0.280272
S.E. of regression	0.207658	Akaike info criterion	-0.251896
Sum squared resid	0.733071	Schwarz criterion	-0.202431
Log likelihood	3.267063	Hannan-Quinn criter.	-0.245075
Durbin-Watson stat	1.412047		

图 11-13　LX 差分序列单位根检验结果

(3) LY 序列单位根检验。经过尝试，LY 单位根检验结果如图 11-14 所示。回归结果表示为

$$\Delta LY_t = 0.428\,746 - 0.017\,674 LX_{t-1}$$
$$(-0.740\,494)$$

ADF 统计量的值为 $-0.740\,494$，大于 ADF 分布临界值，所以 LY 序列是非平稳的，存在单位根。

```
Null Hypothesis: LY has a unit root
Exogenous: Constant
Lag Length: 0 (Automatic based on SIC, MAXLAG=4)
                                            t-Statistic    Prob.*
Augmented Dickey-Fuller test statistic      -0.740494      0.8130
Test critical values:    1% level           -3.831511
                         5% level           -3.029970
                         10% level          -2.655194
```

图 11-14　LY 序列单位根检验结果

进一步对 LY 差分序列进行单位根检验，检验结果见图 11-15，回归结果表示为：

$$\Delta^2 LY_t = 0.263\,166 - 1.406\,177\Delta LY_{t-1} + 0.484\,075\Delta^2 LY_{t-1}$$
$$(-4.912\,657) \qquad\qquad (2.290\,355)$$

ADF 统计量的值为 $-4.912\,657$，小于 ADF 分布临界值，所以 LY 的差分序列是平稳的，不存在单位根。

```
Null Hypothesis: D(LY) has a unit root
Exogenous: Constant
Lag Length: 1 (Automatic based on SIC, MAXLAG=2)
                                            t-Statistic    Prob.*
Augmented Dickey-Fuller test statistic      -4.912657      0.0013
Test critical values:    1% level           -3.886751
                         5% level           -3.052169
                         10% level          -2.666593
```

图 11-15　LY 差分序列单位根检验结果

第 三 节　协整关系的检验

经济中遇到的大多数变量（如收入、消费、GDP、利率、贸易量等）都是非平稳的，对于非平稳的时间序列，可以用差分的方法化为平稳时间序列，但这样处理，会忽略了原始序列中所包含的有用信息，而这些信息对分析问题是必不可少的。为了解决上述问题，发展了一种非平稳序列的新方法——协整理论。

一、单整

随机游走序列 $X_t = X_{t-1} + \mu_t$，经差分后等价地变形为 $\Delta X_t = \mu_t$，由于 μ_t 是一个白噪声过

程，因此 $\{\Delta X_t\}$ 序列是平稳的。

如果一个时间序列经过一次差分变成平稳的，就称该序列是一阶单整（Integrated of 1）序列，记为 $I(1)$。有时，一个序列经一次差分后可能还是非平稳的，如果一个时间序列经过 d 次差分后变成平稳序列，则称该序列是 d 阶单整（Integrated of d）序列，记为 $I(d)$。显然，$I(0)$ 代表平稳时间序列。

从上面单位根检验可知，表 11-1 的厦门房地产开发投资额对数序列 LX 和地税税收收入对数序列 LY 经过一次差分后变成平稳序列，为 1 阶单整序列，记为 $LX \sim I(1)$，$LX \sim I(1)$。

二、协整的定义

经典实例

两变量的长期均衡

根据弗里德曼的持久收入假说：私人总消费（CS_t）是持久私人消费（C_t^p）和暂时性私人消费（u_t）之和，持久性私人消费与持久个人可支配收入（Y_t）成正比，则消费函数为

$$CS_t = C_t^p + u_t = \beta Y_t + u_t$$

私人总消费（CS_t）和持久个人可支配收入（Y_t）都被认为是非平稳的，是 1 阶单整变量，即为 $I(1)$ 变量，暂时性私人消费（u_t）一定是平稳变量。也就是说，持久收入假设下的消费函数要求给定的两个变量（CS_t）和（Y_t）的线性组合 $u_t = CS_t - \beta Y_t$ 是平稳的。显然，如果暂时性消费 u_t 具有随机游走趋势，则模型中的误差将被累积，导致不能消除偏离持久消费的离差。因此，如果能够准确地揭示持久收入与持久消费之间的长期稳定的均衡关系，则意味着从本质上讲偏离持久消费的离差是暂时性的。于是，关键的假设是偏离持久消费的离差是平稳的。换句话说，暂时性消费 u_t 是平稳的。

经典实例

多变量的长期均衡

名义货币需求量 m_t 主要是由实际收入水平 y_t 物价水平和利率 r_t 决定的。可建立如下货币需求模型：

$$\ln m_t = \alpha + \beta_1 \ln y_t + \beta_2 \ln p_t + \beta_3 r_t + \varepsilon_t \tag{11-6}$$

在货币市场均衡的情况下，$\ln m_t$，$\ln y_t$，$\ln p_t$ 和 r_t 之间存在长期均衡关系，意味着在这四个变量构成的经济系统内，不存在破坏这种长期均衡关系的内在机制。虽然，某个时期，变量在受到干扰后会偏离其长期均衡点，但长期均衡机制的存在将会在下一个时期或下几个时期对变量进行修正，以使其重新回到均衡状态。如果将式（11-6）表示为

$$\varepsilon_t = \ln m_t - \alpha - \beta_1 \ln y_t - \beta_2 \ln p_t - \beta_3 r_t$$

则意味着随机变量 ε_t 是平稳时间序列；否则，如果 ε_t 存在随机趋势，变量对均衡状态的偏离将会被积累，将导致均衡机制的破坏。因此，货币市场均衡的关键条件是随机变量 ε_t 是平稳时间序列。一般情况下，$\ln m_t$，$\ln y_t$，$\ln p_t$ 和 r_t 都是非平稳时间序列，而这四个非平稳时间序列的线性组合 $\ln m_t - \alpha - \beta_1 \ln y_t - \beta_2 \ln p_t - \beta_3$ 为 $I(0)$，这就意味着非平稳时间序列的组合

变为一个平稳时间序列。

从上面的实例可以看出,非平稳时间序列的线性组合可能为平稳时间序列,引出了要介绍的协整概念。

设 $X_t \sim I(d)$ 和 $Y_t \sim I(d)$ 为两个 d 阶单整的非平稳时间序列,并且 X_t 和 Y_t 的线性组合形成的时间序列 aX_t+bY_t 的单整阶数为 $d-b$,即 $aX_t+bY_t \sim I(d-b)(d \geqslant b \geqslant 0)$,则称 X_t 和 Y_t 为 (d,b) 阶协整的,记为 $(X_t,Y_t) \sim CI(d,b)$。这里 CI 是协整的符号,(a,b) 称为协整向量。

例如,经典实例 1 中私人总消费(CS_t)为 1 阶单整序列,个人持久可支配收入(Y_t)也为 1 阶单整序列,如果二者的线性组合 aCS_t+bY_t 构成的新序列为 0 阶单整序列,那么 CS_t 和 Y_t 就是 $(1,1)$ 阶协整。

由此可见,只有两个变量时,它们的单整阶数相同才可能协整。三个以上的变量,如果具有不同的单整阶数,经过线性组合也有可能存在协整关系。以三个变量为例:

$$Y_t \sim I(1), X_{1t} \sim I(2), X_{2t} \sim I(2)$$
$$V_t = aX_{1t}+bX_{2t} \sim I(1)$$
$$U_t = cY_t+eV_t \sim I(0)$$

那么认为:$X_{1t}, X_{2t} \sim CI(2,1)$ $Y_t, V_t \sim CI(1,1)$

从上述协整的定义以及两变量协整的实质含义可以看出,两个变量协整的经济含义在于:虽然两个非平稳时间序列变量存在各自的波动规律,但如果它们是协整的,则它们之间存在一个长期稳定的比例关系;但是,如果它们不是协整的,则它们之间就不存在一个长期稳定的比例关系。所以,协整性检验也是区别真实回归与伪回归的有效方法。

三、协整检验

协整检验分为两变量检验和多变量检验,这里仅介绍检验两个非平稳时间序列是否存在协整关系的 E-G 两步法。关于多变量协整关系检验,有兴趣的读者可参考相关的书籍。

第一步:若两变量是同阶单整的,如:$Y_t \sim I(1), X_t \sim I(1)$,即 X_t 和 Y_t 是平稳的,用 OLS 对回归方程 $Y_t = \alpha + \beta X_t + m_t$ 进行估计,得到残差 $e_t = Y_t - (\hat{\alpha} + \hat{\beta} X_t)$。

第二步:检验 e_t 的平稳性。如果 e_t 为平稳的,则 Y_t 与 X_t 之间存在协整关系;反之,不存在协整关系。因为 Y_t 与 X_t 不是协整的,则它们的任意线性组合都是非平稳的,因此 e_t 将为非平稳的。对残差序列 e_t 平稳性的检验,即是对 Y_t 与 X_t 之间是否存在协整的检验。

对 e_t 进行单位根检验,方法即是上述的 DF 检验或是 ADF 检验。

相关链接

协 整 检 验

EViews 6.0 软件操作步骤:

已知厦门房地产开发投资额 LX 与厦门税收收入 LY 都为一阶单整序列,用 E-G 两步法判断两变量是否存在协整。

(1) 协整回归。首先，对 LY、LX 序列直接进行简单的 OLS 回归，结果为

$$L\hat{Y} = -2.784\,182 + 1.143\,181 LX$$

得到用于检验协整关系的残差为 $e_t = L\hat{Y} + 2.784\,182 - 1.143\,181 LX$。

(2) 生成残差序列。选择 Quick/Generate Series 菜单命令如图 11-16 所示。在弹出对话框的 Enter equation 文中框中输入 e=resid，如图 11-17 所示，将回归后的残差值赋给新的序列 e（不能在系统保留的 resid 序列中进行单位根检验）。

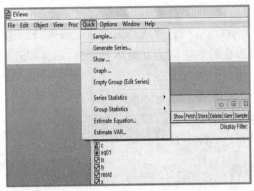 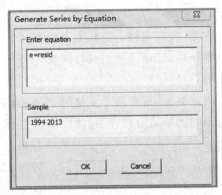

图 11-16　选择生成残差序列菜单命令　　　　图 11-17　设置 e＝resid

(3) 双击新序列，打开 e 序列，进行水平项的单位根检验。检验结果如图 11-18 所示。由该图可知，残差序列的 t 统计量为 $-4.194\,394$，小于各个水平下的临界值，从而拒绝原假设，说明残差序列不存在单位根，是平稳序列，厦门房地产开发投资额（LX）与厦门地税税收收入（LY）之间存在协整关系。

```
Null Hypothesis: E has a unit root
Exogenous: Constant
Lag Length: 4 (Automatic based on SIC, MAXLAG=4)

                                        t-Statistic   Prob.*

Augmented Dickey-Fuller test statistic   -4.194394    0.0065
Test critical values:  1% level          -3.959148
                       5% level          -3.081002
                      10% level          -2.681330
```

图 11-18　残差序列单位根检验结果

第四节　误差修正模型

误差修正模型是将平稳时间序列方法和协整方法结合得出的一种模型。

基本思路：若变量间存在协整关系，即表明这些变量间存在着长期稳定的关系，而这种长期稳定的关系是在短期动态过程的不断调整下得以维持。之所以能够这样，是一种调节过程——误差修正机制在起作用，防止了长期关系偏差的扩大。因此，任何一组相互协整的时间序列变量都存在误差修正机制，反映短期调节行为。Granger 证明了，如果若干变量存

在协整关系,则这些变量必有误差修正模型表达形式存在。下面以两变量模型为例,说明误差修正模型的建立过程。

假设 X_t, Y_t 均为一阶单整序列,并且具有协整关系:

$$Y_t = \alpha + \beta X_t + u_t$$

式中 $u_t \sim I(0)$。

第一步:用普通最小二乘法估计协整回归方程,得到变量间的长期关系模型。

$$Y_t = \hat{\alpha} + \hat{\beta} X_t + e_t$$

式中,e_t 为非均衡误差的估计,$e_t = Y_t - \hat{\alpha} - \hat{\beta} X_t$。

第二步:建立短期动态关系,即误差修正模型。将长期关系模型中各变量以一阶差分形式重新加以构造,并将长期关系模型所产生的残差序列作为解释变量引入,共同构造误差修正模型,并用 OLS 法估计。误差修正模型为

$$\Delta Y_t = \gamma_0 \Delta X_t + \gamma_1 (Y_{t-1} - \hat{\alpha} - \hat{\beta} X_{t-1}) + v_t = \gamma_0 \Delta X_t + \gamma_1 e_{t-1} + v_t \tag{11-7}$$

式中,$\gamma_1(Y_{t-1} - \hat{\alpha} - \hat{\beta} X_{t-1})$ 是误差修正项。

这里有几点需要注意:

(1) Y_t, X_t 存在协整关系,那么 $e_t = Y_t - \hat{\alpha} - \hat{\beta} X_t \sim I(0)$,又因为 $Y_t, X_t \sim I(1)$,所以 $\Delta Y_t, \Delta X_t \sim I(0)$,误差修正模型中所有项都是 $I(0)$ 的,可以用 OSL 法估计(11-5)。

(2) 如认为式(11-6)动态性不足,即 v_t 中存在序列相关,可以在模型右侧加入 $\Delta Y_t, \Delta X_t$ 的滞后项,实践操作中,经常选择滞后两项。

(3) γ_1 的值应该为负,误差修正机制应该是一个负反馈过程。如果 $t-1$ 期 $Y_{t-1} > \hat{\alpha} + \hat{\beta} X_{t-1}$,则 e_{t-1} 为正,$\gamma_1 e_{t-1}$ 为负,使得 ΔY_t 减小,向长期均衡 $\hat{\alpha} + \hat{\beta} X_{t-1}$ 趋近;反之,如果 $t-1$ 期 $Y_{t-1} < \hat{\alpha} - \hat{\beta} X_{t-1}$,则 e_{t-1} 为负,$\gamma_1 e_{t-1}$ 为正,使得 ΔY_t 增加,向长期均衡 $\hat{\alpha} + \hat{\beta} X_{t-1}$ 趋近。不难看出,趋近的快慢取决于参数 γ_1 的大小。无论哪种情况,都体现了非均衡误差的反向修正作用。

相关链接

误差修正模型

EViews 6.0 软件操作步骤:

已知厦门房地产开发投资额(LX)序列与地税税收收入(LY)之间存在协整关系,可建立它们之间的误差修正模型。为了使误差修正模型中随机扰动项为白噪声,先估计含有较多滞后项的模型。例如尝试建立回归模型:

$$\Delta LY_t = \alpha + \sum_{i=0}^{2} \beta_i \Delta LX_{t-i} + \sum_{i=1}^{2} \gamma_i \Delta LY_{t-i} + \lambda e_{t-1} + v_t$$

在软件回归窗口输入 $d(ly) \; c \; d(lx) \; d(lx(-1)) \; d(lx(-2)) \; d(ly(-1)) \; d(ly(-2)) \; e(-1)$,可以得到回归结果,如图 11-19 所示。

去掉一些不显著因素,对模型重新进行调整回归,最终回归结果如图 11-20 所示,模型表示为

$$\Delta LY_t = 0.257\,955 + 0.207\,415 \Delta LX_t - 0.486\,969 \Delta LY_{t-2} - 0.131\,155 e_{t-1}$$

可见 LY 关于 LX 的短期弹性为 0.207 415。

Dependent Variable: D(LY)
Method: Least Squares
Date: 01/19/15 Time: 14:15
Sample(adjusted): 1997 2013
Included observations: 17 after adjusting endpoints

Variable	Coefficient	Std. Error	t-Statistic	Prob.
C	0.237115	0.058005	4.087831	0.0022
D(LX)	0.126218	0.112718	1.119771	0.2890
D(LX(-1))	0.178211	0.111881	1.592855	0.1423
D(LX(-2))	-0.176291	0.104490	-1.687156	0.1225
D(LY(-1))	0.081785	0.219765	0.372147	0.7175
D(LY(-2))	-0.377581	0.193126	-1.955104	0.0791
E(-1)	-0.146396	0.072664	-2.014697	0.0716

R-squared	0.670022	Mean dependent var	0.180322
Adjusted R-squared	0.472035	S.D. dependent var	0.101466
S.E. of regression	0.073727	Akaike info criterion	-2.084007
Sum squared resid	0.054356	Schwarz criterion	-1.740920
Log likelihood	24.71406	F-statistic	3.384172
Durbin-Watson stat	2.472283	Prob(F-statistic)	0.043364

图 11-19　税收数据的可能误差修正模型

Dependent Variable: D(LY)
Method: Least Squares
Date: 01/17/15 Time: 01:30
Sample (adjusted): 1997 2013
Included observations: 17 after adjustments

Variable	Coefficient	Std. Error	t-Statistic	Prob.
C	0.257955	0.048368	5.333136	0.0001
D(LX)	0.207415	0.104817	1.978842	0.0694
D(LY(-2))	-0.486969	0.195031	-2.496874	0.0267
E(-1)	-0.131155	0.066906	-1.960279	0.0718

R-squared	0.498980	Mean dependent var	0.180322
Adjusted R-squared	0.383361	S.D. dependent var	0.101466
S.E. of regression	0.079678	Akaike info criterion	-2.019330
Sum squared resid	0.082531	Schwarz criterion	-1.823280
Log likelihood	21.16431	Hannan-Quinn criter.	-1.999842
F-statistic	4.315697	Durbin-Watson stat	2.524758
Prob(F-statistic)	0.025561		

图 11-20　税收数据的最终误差修正模型估计

关键术语

时间序列　非平稳时间序列　单位根检验　协整　误差修正模型

闯关习题

一、选择题

1. 若一个时间序列呈上升趋势，则这个时间序列是(　　)。

A. 平稳时间序列　　B. 非平稳时间序列

C. 一阶单整序列　　D. 一阶协整序列

2. 某一时间序列经一次差分变换成平稳时间序列，此时间序列称为(　　)。

A. 1 阶单整　　B. 2 阶单整

C. k 阶单整　　D. 以上答案均不正确

3. 如果两个变量都是一阶单整的，则(　　)。

A. 这两个变量一定存在协整关系

B. 这两个变量一定不存在协整关系

C. 相应的误差修正模型一定成立

D. 要通过协整检验来判断是否存在协整关系

4. 对协整回归模型残差项 ADF 检验的说法正确的是(　　)。

A. 拒绝零假设说明被检验变量之间存在协整关系

B. 接受零假设说明被检验变量之间存在协整关系

C. 拒绝零假设说明被检验变量之间不存在协整关系

D. 接受零假设说明被检验变量之间不存在协整关系

5. 若已知某时间序列至少存在一阶单整，又构造单位根检验的辅助模型为 $\Delta^2 Y_t = \rho Y_{t-1} + \mu_t$，则检验结果为(　　)。

A. 若接受原假设 $\rho=0$，时间序列存在一阶单整

B. 若拒绝原假设 $\rho=0$，时间序列存在一阶单整

C. 若接受原假设 $\rho=0$，时间序列至少存在二阶单整

D. 若拒绝原假设 $\rho=0$，时间序列存在二阶单整

二、简述题

1. 描述平稳时间序列的条件。
2. 单整变量的单位根检验为什么从 DF 检验发展到 ADF 检验？
3. 协整理论的提出，有何重要意义？
4. 简述误差修正模型的建立过程。

三、计算分析题

1. 用图形法和 ADF 法检验 1978—2013 年我国基尼系数（见表 11-3）GINI 时间序列的平稳性。

表 11-3　我国 1978—2013 年基尼系数数据

年份	基尼系数	年份	基尼系数	年份	基尼系数
1978	0.357	1990	0.336	2002	0.401
1979	0.354	1991	0.343	2003	0.479
1980	0.358	1992	0.35	2004	0.473
1981	0.350	1993	0.356	2005	0.485
1982	0.340	1994	0.362	2006	0.487
1983	0.338	1995	0.369	2007	0.484
1984	0.339	1996	0.372	2008	0.491
1985	0.338	1997	0.378	2009	0.49
1986	0.336	1998	0.38	2010	0.481
1987	0.338	1999	0.386	2011	0.477
1988	0.341	2000	0.383	2012	0.474
1989	0.337	2001	0.392	2013	0.473

数据来源：中国统计局-2014。

2. 利用表 11-2 中的数据，对我国基尼系数时间序列进行单整性分析。

3. 自从开始鼓励和引导"走出去"的政策至今，我国对外直接投资得到了高速发展。为进一步发挥对外直接投资与出口贸易两者在我国经济发展过程中所起的作用，分析对外直接投资对我国货物出口贸易的影响对我国经济发展有重要的作用。表 11-4 列出了我国 1982—2013 年对外直接投资（OFDI）、货物贸易出口（EX）数据。

表 11-4　我国 1982—2013 年对外直接投资和货物出口数据　　（单位：亿美元）

年份	对外直接投资 OFDI	货物出口额 EX	年份	对外直接投资 OFDI	货物出口额 EX
1982	0.44	223.21	1998	26.34	1 837.09
1983	0.93	222.26	1999	17.74	1 949.31
1984	1.34	261.39	2000	9.16	2 492.03
1985	6.29	273.50	2001	68.85	2 661.55

续表

年份	对外直接投资 OFDI	货物出口额 EX	年份	对外直接投资 OFDI	货物出口额 EX
1986	4.50	309.42	2002	27.08	3 255.96
1987	6.45	394.37	2003	28.55	4 382.28
1988	8.50	475.16	2004	54.98	5 933.26
1989	7.80	525.38	2005	122.61	7 619.53
1990	8.30	620.91	2006	211.64	9 689.36
1991	9.13	718.43	2007	265.06	12 181.55
1992	40.00	849.40	2008	559.07	14 288.05
1993	44.00	917.44	2009	565.29	12 020.48
1994	20.00	1 210.06	2010	688.11	15 784.47
1995	20.00	1 487.80	2011	746.50	18 992.81
1996	21.14	1 510.48	2012	878.00	20 501.09
1997	25.62	1 827.92	2013	901.70	22 096.00

数据来源：中国统计局。

对变量分别取对数，得到 lnOFDI 和 lnEX，用 E-G 两步检验法对 lnOFDI 和 lnEX 进行协整性检验。

4. 利用表 5-2 湖南省人均实际可支配收入和人均实际消费支出的数据，判断 lnY 和 lnX 的平稳性；用 E-G 两步检验法对 lnY 和 lnX 进行协整性检验并建立误差修正模型，分析该模型的经济意义。

课外修炼

阅读课外期刊文献

时间序列数据是经济分析中最常见，也是最重要的一类数据。因此，对时间序列数据的分析也就成了计量经济分析最为重要的内容之一。建立在协整理论基础上的误差修正模型既能反映不同经济序列间的长期均衡关系，又能反映短期偏离向长期均衡修正的机制，是长短期结合的、具有高度稳定性和可靠性的一种模型。因此，协整与误差修正模型在实际检验中得到了广泛的应用。

[1] 陈延林. 基于误差修正模型的地价与房价关系理论与实证分析[J]. 广东社会科学，2015(1):34-42.

[2] 朱建华，等. 中国环保投资与经济增长实证研究——基于误差修正模型和格兰杰因果检验[J]. 中国人口，2014(11):100-103.

[3] 马丽平，张建辉. 基于误差修正模型的汽车需求影响因素分析[J]. 科技管理研究，2014(7):106-109.

[4] 耿志民，王尚忠. 我国外汇储备与货币供应量的关系——基于协整和误差修正模型[J]. 洛阳师范学院学报，2014(3):80-82.

[5] 王琦,马斌. 国际产业转移背景下构建现代产业体系研究——基于协整与误差修正模型的实证检验[J]. 中共济南市委党校学报,2014(1):37-42.

[6] 赵会茹,等. 基于协整理论和误差修正模型的电网投资需求预测研究[J]. 电网技术,2011(9):193-198.

[7] 孙海涛,宋荣兴. 基于误差修正模型的能源消费与经济增长关系研究[J]. 生态经济,2011(8):61-63.

[8] 陈辉民. 基于误差修正模型的湖南省城镇居民收入与消费的关系[J]. 安徽农业科学,2011(6):3692-3694.

[9] 李国璋,江金荣,陈敏. 协整理论与误差修正模型在实证应用中几个问题的研究[J]. 统计与信息论坛,2010(4):21-24.

[10] 刘广迎,李翔. 基于协整和误差修正模型的电力需求分析[J]. 煤炭技术,2009(11):159-161.

[11] 黄飞雪,等. 基于协整和向量误差修正模型的中国主要城市房价的联动效应研究[J]. 中大管理研究,2009(4):122-141.

[12] 李亚明,佟仁城. 中国房地产财富效应的协整分析和误差修正模型[J]. 系统工程理论与实践,2007(11):1-6.

[13] 崔到陵. 单位根检验和误差修正模型:原理及应用[J]. 南京审计学院学报,2005(8):15-18.

[14] 汪红驹. 用误差修正模型估计中国货币需求函数[J]. 世界经济,2002(5):55-61.

美国前总统杰斐逊的10条忠告:1. 今天能做的事绝不拖到明天;2. 自己能做的事绝不麻烦别人;3. 绝不花未到手的钱;4. 绝不贪便宜购买不需要的东西;5. 骄傲比饥饿和寒冷更有害;6. 不要贪食;7. 只有心甘情愿才能把事做好;8. 对于不可能发生的事不要庸人自扰;9. 凡事讲究方式方法;10. 当你气愤时,要数到十再说话!

附录 统计分布表

附录 A　标准正态分布表

$$\Phi(Z) = \int_{-\infty}^{z} \frac{1}{\sqrt{2\pi}} e^{-\frac{w^2}{2}} dw$$

$$[\Phi(-z) = 1 - \Phi(z)]$$

z	0.00	0.01	0.02	0.03	0.04	0.05	0.06	0.07	0.08	0.09
0.0	0.500 0	0.504 0	0.508 0	0.512 0	0.516 0	0.519 9	0.523 9	0.527 9	0.531 9	0.535 9
0.1	0.539 8	0.543 8	0.547 8	0.551 7	0.555 7	0.559 6	0.563 6	0.567 5	0.571 4	0.575 3
0.2	0.579 3	0.583 2	0.587 1	0.591 0	0.594 8	0.598 7	0.602 6	0.606 4	0.610 3	0.614 1
0.3	0.617 9	0.621 7	0.625 5	0.629 3	0.633 1	0.636 8	0.640 6	0.644 3	0.648 0	0.651 7
0.4	0.655 4	0.659 1	0.662 8	0.666 4	0.670 0	0.673 6	0.677 2	0.680 8	0.684 4	0.687 9
0.5	0.691 5	0.695 0	0.698 5	0.701 9	0.705 4	0.708 8	0.712 3	0.715 7	0.719 0	0.722 4
0.6	0.725 7	0.729 1	0.732 4	0.735 7	0.738 9	0.742	0.745 4	0.748 6	0.751 7	0.754 9
0.7	0.758 0	0.761 1	0.764 2	0.767 3	0.770 3	0.773 4	0.776 4	0.779 4	0.782 4	0.785 2
0.8	0.788 1	0.791 0	0.793 9	0.796 7	0.799 5	0.802 3	0.805 1	0.807 8	0.810 6	0.813 3
0.9	0.815 9	0.818 6	0.821 2	0.823 8	0.826 4	0.828 9	0.831 5	0.834 0	0.836 5	0.838 9
1.0	0.841 3	0.843 8	0.846 1	0.848 5	0.850 8	0.853 1	0.855 4	0.857 7	0.859 9	0.862 1
1.1	0.864 3	0.866 5	0.868 6	0.870 8	0.872 9	0.874 9	0.877 0	0.879 0	0.881 0	0.883 0
1.2	0.884 9	0.886 9	0.888 8	0.890 7	0.892 5	0.894 4	0.896 2	0.898 0	0.899 7	0.901 5
1.3	0.903 2	0.904 9	0.906 6	0.908 2	0.909 9	0.911 5	0.913 1	0.914 7	0.916 3	0.917 7

续表

z	0.00	0.01	0.02	0.03	0.04	0.05	0.06	0.07	0.08	0.09
1.4	0.919 2	0.920 7	0.922 2	0.923 6	0.925 1	0.926 5	0.927 9	0.929 2	0.930 6	0.931 9
1.5	0.933 2	0.934 5	0.935 7	0.937 0	0.938 2	0.939 4	0.940 6	0.941 8	0.942 9	0.944 1
1.6	0.945 2	0.946 3	0.947 4	0.948 4	0.949 5	0.950 5	0.951 5	0.952 5	0.953 5	0.954 5
1.7	0.955 4	0.956 4	0.957 3	0.958 2	0.959 1	0.959 9	0.960 8	0.961 6	0.962 5	0.963 3
1.8	0.964 1	0.964 9	0.965 6	0.966 4	0.967 1	0.967 8	0.968 6	0.969 3	0.969 9	0.970 6
1.9	0.971 3	0.971 9	0.972 6	0.973 2	0.973 8	0.974 4	0.975 0	0.975 6	0.976 1	0.976 7
2.0	0.977 2	0.977 8	0.978 3	0.978 8	0.979 3	0.979 8	0.980 3	0.980 8	0.981 2	0.981 7
2.1	0.982 1	0.982 6	0.983 0	0.983 4	0.983 8	0.984 2	0.984 6	0.985 0	0.985 4	0.985 7
2.2	0.986 1	0.986 4	0.986 8	0.987 1	0.987 5	0.987 8	0.988 1	0.988 4	0.988 7	0.989 0
2.3	0.989 3	0.989 6	0.989 8	0.990 1	0.990 4	0.990 6	0.990 9	0.991 1	0.991 3	0.991 6
2.4	0.991 8	0.992 0	0.992 2	0.992 5	0.992 7	0.929	0.993 1	0.993 2	0.934	0.993 6
2.5	0.993 8	0.994 0	0.994 1	0.994 3	0.994 5	0.994 6	0.994 8	0.994 9	0.995 1	0.995 2
2.6	0.953	0.995 5	0.995 6	0.995 7	0.995 9	0.996 0	0.996 1	0.996 2	0.996 3	0.996 4
2.7	0.996 5	0.996 6	0.996 7	0.996 8	0.996 9	0.997 0	0.997 1	0.997 2	0.997 3	0.997 4
2.8	0.974	0.997 5	0.997 6	0.997 7	0.997 7	0.997 8	0.997 9	0.997 9	0.998 0	0.998 1
2.9	0.998 1	0.998 2	0.998 2	0.998 3	0.998 4	0.998 4	0.998 5	0.998 5	0.998 6	0.998 6
3.0	0.998 7	0.998 7	0.998 7	0.998 8	0.988	0.998 9	0.998 9	0.998 9	0.999 0	09 990

附录 B　　t 分布表

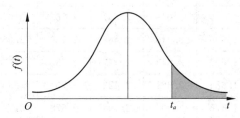

（v 指自由度，并分单侧和双侧两种类型）

（单侧）	40%	30%	20%	10%	5%	2.5%	1%	0.5%	0.05%
1	0.325	0.727	1.376	3.078	6.314	12.706	31.821	63.657	636.619
2	0.289	0.617	1.061	1.886	2.920	4.303	6.965	9.925	31.599
3	0.277	0.584	0.978	1.638	2.353	3.182	4.541	5.841	12.924
4	0.271	0.569	0.941	1.533	2.132	2.776	3.747	4.604	8.610
5	0.267	0.559	0.920	1.476	2.015	2.571	3.365	4.032	6.869
6	0.265	0.553	0.906	1.440	1.943	2.447	3.143	3.707	5.959

续表

(单侧)	40%	30%	20%	10%	5%	2.5%	1%	0.5%	0.05%
7	0.263	0.549	0.896	1.415	1.895	2.365	2.998	3.499	5.408
8	0.262	0.546	0.889	1.397	1.860	2.306	2.896	3.355	5.041
9	0.261	0.543	0.883	1.383	1.833	2.262	2.821	3.250	4.781
10	0.260	0.542	0.879	1.372	1.812	2.228	2.764	3.169	4.587
11	0.260	0.540	0.876	1.363	1.796	2.201	2.718	3.106	4.437
12	0.259	0.539	0.873	1.356	1.782	2.179	2.681	3.055	4.318
13	0.259	0.538	0.870	1.350	1.771	2.160	2.650	3.012	4.221
14	0.258	0.537	0.868	1.345	1.761	2.145	2.624	2.977	4.140
15	0.258	0.536	0.866	1.341	1.753	2.131	2.602	2.947	4.073
16	0.258	0.535	0.865	1.337	1.746	2.120	2.583	2.921	4.015
17	0.257	0.534	0.863	1.333	1.740	2.110	2.567	2.898	3.965
18	0.257	0.534	0.862	1.330	1.734	2.101	2.552	2.878	3.922
19	0.257	0.533	0.861	1.328	1.729	2.093	2.539	2.861	3.883
20	0.257	0.533	0.860	1.325	1.725	2.086	2.528	2.845	3.850
21	0.257	0.532	0.859	1.323	1.721	2.080	2.518	2.831	3.819
22	0.256	0.532	0.858	1.321	1.717	2.074	2.508	2.819	3.792
23	0.256	0.532	0.858	1.319	1.714	2.069	2.500	2.807	3.768
24	0.256	0.531	0.857	1.318	1.711	2.064	2.492	2.797	3.745
25	0.256	0.531	0.856	1.316	1.708	2.060	2.485	2.787	3.725
26	0.256	0.531	0.856	1.315	1.706	2.056	2.479	2.779	3.707
27	0.256	0.531	0.855	1.314	1.703	2.052	2.473	2.771	3.690
28	0.256	0.530	0.855	1.313	1.701	2.048	2.467	2.763	3.674
29	0.256	0.530	0.854	1.311	1.699	2.045	2.462	2.756	3.659
30	0.256	0.530	0.854	1.310	1.697	2.042	2.457	2.750	3.646
40	0.255	0.529	0.851	1.303	1.684	2.021	2.423	2.704	3.551
50	0.255	0.528	0.849	1.299	1.676	2.009	2.403	2.678	3.496
60	0.254	0.527	0.848	1.296	1.671	2.000	2.390	2.660	3.460
70	0.254	0.527	0.847	1.294	1.667	1.994	2.381	2.648	3.435
80	0.254	0.526	0.846	1.292	1.664	1.990	2.374	2.639	3.416
90	0.254	0.526	0.846	1.291	1.662	1.987	2.368	2.632	3.402
100	0.254	0.526	0.845	1.290	1.660	1.984	2.364	2.626	3.390
110	0.254	0.526	0.845	1.289	1.659	1.982	2.361	2.621	3.381
120	0.254	0.526	0.845	1.289	1.658	1.980	2.358	2.617	3.373
∞	0.253	0.524	0.842	1.282	1.645	1.960	2.326	2.576	3.291

附录 C χ^2 分布表

本表对自由度 n 的 χ^2 分布给出上侧分位数(χ^2_α)表,$P(\chi^2_n > X^2_\alpha) = \alpha$

n	0.995	0.99	0.975	0.95	0.05	0.025	0.01	0.005
1	0.000 039 3	0.000 157	0.000 92	0.003 93	3.841	5.024	6.635	7.879
2	0.010 0	0.020 1	0.050 6	0.103	5.991	7.387	9.210	10.579
3	0.071 7	0.115	0.216	0.352	7.815	9.348	11.345	12.838
4	0.207	0.297	0.484	0.711	9.488	11.143	13.277	14.860
5	0.412	0.554	0.831	1.145	11.070	12.832	15.086	16.750
6	0.676	0.872	1.237	1.635	12.592	14.449	16.812	18.548
7	0.989	1.239	1.690	2.167	14.067	16.013	18.475	20.278
8	1.344	1.646	2.180	3.733	15.507	17.535	20.090	21.955
9	1.735	2.086	2.700	3.325	16.919	19.023	21.666	23.589
10	2.156	2.558	3.247	3.940	18.307	20.483	23.209	25.188
11	2.603	3.053	3.186	4.575	19.675	21.920	24.725	26.757
12	3.074	3.571	4.404	5.226	21.026	23.337	26.217	28.300
13	3.565	4.107	5.009	5.892	22.362	24.736	27.688	29.819
14	4.075	4.660	5.629	6.571	23.685	26.119	29.141	31.319
15	4.601	5.229	6.262	7.261	24.996	27.488	30.578	32.801
16	5.142	5.812	6.908	7.962	26.296	28.845	32.000	34.267
17	5.697	6.408	7.564	8.672	27.587	30.191	33.409	35.718
18	6.265	7.015	8.231	9.390	28.869	31.526	34.805	37.156
19	6.844	7.633	8.907	10.117	30.144	32.852	36.191	38.582
20	7.434	8.260	9.591	10.851	31.410	34.170	37.566	39.997
21	8.034	8.897	10.283	11.591	32.671	35.479	38.932	41.401
22	8.643	9.542	10.982	12.338	33.924	36.781	40.289	42.796
23	9.260	10.196	11.689	13.091	35.172	38.076	41.638	44.181
24	9.886	10.856	12.401	13.848	36.415	39.364	42.980	45.558
25	10.520	11.524	13.120	14.611	37.652	40.646	44.314	46.928
26	11.160	12.198	13.844	15.379	38.885	41.923	45.642	48.290
27	11.808	12.879	14.573	16.1 1	40.113	43.194	46.963	49.645
28	12.461	13.365	15.308	16.928	41.337	44.461	48.278	50.993
29	13.121	14.256	16.047	17.708	42.557	45.722	49.588	52.336
30	13.787	14.953	16.791	18.493	43.773	46.979	50.892	53.672

附录 D　F 分布表

$(\alpha=0.01)$

k_2 \ k_1	分子自由度									
	1	2	3	4	5	6	8	12	24	∞
1	4 052	4 999	5 403	5 625	5 764	5 859	5 981	6 106	6 234	6 366
2	98.49	99.01	99.17	99.25	99.30	99.33	99.36	99.42	99.46	99.50
3	34.12	30.81	29.46	28.71	28.24	27.91	27.49	27.05	26.60	26.12
4	21.2	18.00	16.69	15.98	15.52	15.21	14.8	14.37	13.93	13.46
5	16.26	13.27	12.06	11.39	10.97	10.67	10.29	9.89	9.47	9.02
6	13.74	10.92	9.78	9.15	8.75	8.47	8.10	7.72	7.31	6.88
7	12.25	9.55	8.45	7.85	7.46	7.19	6.84	6.47	6.07	5.65
8	11.26	8.65	7.59	7.01	6.63	6.37	6.03	5.67	5.28	4.86
9	10.56	8.02	6.99	6.42	6.06	5.80	5.47	5.11	4.73	4.31
10	10.04	7.56	6.55	5.99	5.64	5.39	5.06	4.71	4.33	3.91
11	9.65	7.20	6.22	5.67	5.32	5.07	4.74	4.40	4.02	3.60
12	9.33	6.93	5.95	5.41	5.06	4.82	4.50	4.16	3.78	3.36
13	9.07	6.70	5.74	5.20	4.86	4.62	4.30	3.96	3.59	3.16
14	8.86	6.51	5.56	5.03	4.69	4.46	4.14	3.80	3.43	3.00
15	8.68	6.36	5.42	4.89	4.56	4.32	4.00	3.67	3.29	2.87
16	8.53	6.23	5.29	4.77	4.44	4.20	3.89	3.55	3.18	2.75
17	8.40	6.11	5.18	4.67	4.34	4.10	3.79	3.45	3.08	2.65
18	8.28	6.01	5.09	4.58	4.25	4.01	3.71	3.37	3.00	2.57
19	8.18	5.93	5.01	4.50	4.17	3.94	3.63	3.30	2.92	2.49
20	8.10	5.85	4.94	4.43	4.10	3.87	3.56	3.23	2.86	2.42
21	8.02	5.78	4.87	4.37	4.04	3.81	3.51	3.17	2.80	2.36
22	7.94	5.72	4.82	4.31	3.99	3.76	3.45	3.12	2.75	2.31
23	7.88	5.66	4.76	4.26	3.94	3.71	3.41	3.07	2.70	2.26
24	7.82	5.61	4.72	4.22	3.90	3.67	3.36	3.03	2.66	2.21
25	7.77	5.57	4.68	4.18	3.86	3.63	3.32	2.99	2.62	2.17
26	7.72	5.53	4.64	4.14	3.82	3.59	3.29	2.96	2.58	2.13
27	7.68	5.49	4.60	4.11	3.78	3.56	3.26	2.93	2.55	2.10
28	7.64	5.45	4.57	4.07	3.75	3.53	3.23	2.90	2.52	2.06
29	7.60	5.42	4.54	4.04	3.73	3.50	3.20	2.87	2.49	2.03
30	7.56	5.39	4.51	4.02	3.70	3.47	3.17	2.84	2.47	2.01
40	7.31	5.18	4.31	3.83	3.51	3.29	2.99	2.66	2.29	1.80
60	7.08	4.98	4.13	3.65	3.34	3.12	2.82	2.50	2.12	1.60
120	6.85	4.79	3.95	3.48	3.17	2.96	2.66	2.34	1.95	1.38
∞	6.64	4.60	3.78	3.32	3.02	2.80	2.51	2.18	1.79	1.00

附录 E DW检验上下界表

($\alpha = 0.05$)

n	k=1		k=2		k=3		k=4		k=5	
	d_L	d_U	d_L	d_U	d_L	d_U	d_L	d_U	d_L	d_U
15	1.08	1.36	0.95	1.54	0.82	1.75	0.69	1.97	0.56	2.21
16	1.10	1.37	0.98	1.54	0.86	1.73	0.74	1.93	0.62	2.15
17	1.13	1.38	1.02	1.54	0.90	1.71	0.78	1.90	0.67	2.10
18	1.16	1.39	1.05	1.53	0.93	1.69	0.82	1.87	0.71	2.06
19	1.18	1.40	1.08	1.53	1.97	1.68	0.86	1.85	0.75	2.02
20	1.20	1.41	1.10	1.54	1.00	1.68	0.90	1.83	0.79	1.99
21	1.22	1.42	1.13	1.54	1.03	1.67	0.93	1.81	0.83	1.96
22	1.24	1.43	1.15	1.54	1.05	1.66	0.96	1.80	0.86	1.94
23	1.26	1.44	1.17	1.54	1.08	1.66	0.99	1.79	0.90	1.92
24	1.27	1.45	1.19	1.55	1.10	1.66	1.01	1.78	0.93	1.90
25	1.29	1.45	1.21	1.55	1.12	1.66	1.04	1.77	0.95	1.89
26	1.30	1.46	1.22	1.55	1.14	1.65	1.06	1.76	0.98	1.88
27	1.32	1.47	1.24	1.56	1.16	1.65	1.08	1.76	1.01	1.86
28	1.33	1.48	1.26	1.56	1.18	1.65	1.10	1.75	1.03	1.85
29	1.34	1.48	1.27	1.56	1.20	1.65	1.12	1.74	1.05	1.84
30	1.35	1.49	1.28	1.57	1.21	1.65	1.14	1.74	1.07	1.83
31	1.36	1.50	1.30	1.57	1.23	1.65	1.16	1.74	1.09	1.83
32	1.37	1.50	1.31	1.57	1.24	1.65	1.18	1.73	1.11	1.82
33	1.38	1.51	1.32	1.58	1.26	1.65	1.19	1.73	1.13	1.81
34	1.39	1.51	1.33	1.58	1.27	1.65	1.21	1.73	1.15	1.81
35	1.40	1.52	1.34	1.58	1.28	1.65	1.22	1.73	1.16	1.80
36	1.41	1.52	1.35	1.59	1.29	1.65	1.24	1.73	1.18	1.80
37	1.42	1.53	1.36	1.59	1.31	1.66	1.25	1.72	1.19	1.80
38	1.43	1.54	1.37	1.59	1.32	1.66	1.26	1.72	1.21	1.79
39	1.43	1.54	1.38	1.60	1.33	1.66	1.27	1.72	1.22	1.79
40	1.44	1.54	1.39	1.60	1.34	1.66	1.29	1.72	1.23	1.79
45	1.48	1.57	1.43	1.62	1.38	1.67	1.34	1.72	1.29	1.78

续表

n	$k=1$		$k=2$		$k=3$		$k=4$		$k=5$	
	d_L	d_U	d_L	d_U	d_L	d_U	d_L	d_U	d_L	d_U
50	1.50	1.59	1.46	1.63	1.42	1.67	1.38	1.72	1.34	1.77
55	1.53	1.60	1.49	1.64	1.45	1.68	1.41	1.72	1.38	1.77
60	1.55	1.62	1.51	1.65	1.48	1.69	1.44	1.73	1.41	1.77
65	1.57	1.63	1.54	1.66	1.50	1.70	1.47	1.73	1.44	1.77
70	1.58	1.64	1.55	1.67	1.52	1.70	1.49	1.74	1.46	1.77
75	1.60	1.65	1.57	1.68	1.54	1.71	1.51	1.74	1.49	1.77
80	1.61	1.66	1.59	1.69	1.56	1.72	1.53	1.74	1.51	1.77
85	1.62	1.67	1.60	1.70	1.57	1.72	1.55	1.75	1.52	1.7
90	1.63	1.68	1.61	1.70	1.59	1.73	1.57	1.75	1.54	1.78
95	1.64	1.69	1.62	1.71	1.60	1.73	1.58	1.75	1.56	1.78
100	1.65	1.69	1.63	1.72	1.61	1.74	1.59	1.76	1.57	1.78

参 考 文 献

[1] 李子奈,潘文卿.计量经济学[M].(第3版).北京:高等教育出版社,2009.

[2] 于俊年.计量经济学[M].(第2版).北京:对外经济贸易大学出版社,2007.

[3] 高铁梅.计量经济分析方法与建模:EViews应用及实例[M].北京:清华大学出版社,2006.

[4] 古扎拉蒂.计量经济学原理与实践[M].李井奎,译.北京:中国人民大学出版社,2013.

[5] 古扎拉蒂.计量经济学[M].(第5版).林少宫,译.北京:中国人民大学出版社,2011.

[6] 斯托克.计量经济学导论[M].(第3版).张涛,译.北京:中国人民大学出版社,2014.

[7] 伍德里奇.计量经济学导论[M].(第4版).费剑平,译.北京:中国人民大学出版社,2010.

[8] 张晓峒.计量经济学基础[M].(第3版).天津:南开大学出版社,2007.

[9] 朱平芳.现代计量经济学[M].上海:上海财经大学出版社,2004.

[10] 王耀东.经济时间序列分析[M].上海:上海财经大学出版社,1996.

[11] 张保法.经济计量学[M].(第4版).北京:经济科学出版社,2000.

[12] 于俊年.计量经济学软件——EViews的使用[M].北京:对外经济贸易大学出版社,2006.

[13] 易丹辉.数据分析与EViews应用[M].北京:中国统计出版社,2002.

[14] 张大维.EViews数据统计与分析教程[M].北京:清华大学出版社,2010.

[15] 张晓峒.计量经济学软件EViews使用指南[M].天津:南开大学出版社,2003.

[16] 伍德里奇. Econometric Analysis of Cross Section and Panel Data[M]. Hardcover,2001.

[17] 伍德里奇. Introductory Econometrics: A Modern Approach[M]. 2th ed. Thomson, South-Western,2003.

[18] Johnston J. Econometric Methods[M]. 4th ed. McGraw-Hill,1997.

[19] Ramanthan R. Introductory Econometrics with Applications[M]. 4th ed. The Dryden Press,1998.

[20] Maddala G S. Introduction to Econometrics[M]. 3td ed. John Wiley&Sons,2001.

教师服务

感谢您选用清华大学出版社的教材！为了更好地服务教学，我们为授课教师提供本书的教学辅助资源，以及本学科重点教材信息。请您扫码获取。

» 教辅获取

本书教辅资源，授课教师扫码获取

» 样书赠送

经济学类重点教材，教师扫码获取样书

清华大学出版社

E-mail: tupfuwu@163.com
电话：010-83470332 / 83470142
地址：北京市海淀区双清路学研大厦 B 座 509

网址：http://www.tup.com.cn/
传真：8610-83470107
邮编：100084